JN086032

会計システム理論

出口　弘 [著]

東京 白桃書房 神田

はじめに：本書の概要と観点

　本書「会計システム理論」では，複式簿記という複式（Double Entry）の状態記述の枠組みを，財務会計のみならず，財やサービスの生産を中心とした価値形成のあらゆる局面で用いるために拡張することを試みている。そもそも財務会計で用いる複式の状態記述は，物理学など多くの自然科学や工学で用いる，単式の状態（Stock）とその変化（Flow）に基づく状態記述とは大きく異なる。その表現も，マトリクス簿記などいくつかの拡張はあるが，基本的にテーブル形式で，左右を借方・貸方と区別して，状態の変化とその一定期間での蓄積を，金額ベースで評価して記述している。本書ではこの複式の状態記述が，単式の状態記述の拡張であり，単式簿記が複数の基底を持つベクトル形式で数式表現されるように，複式簿記にも勘定科目を基底とした拡張されたストック・フロー型の数式表現が与えられることを示す。その公理による厳密な扱いは付録1で示すが，数式としての記述そのものは，∧（ハット）と ￣（バー）という双対基底と残高計算を表す二つのオペレータを理解すれば，極めて容易となり，それに基づく関数型の情報処理も導入できる。

　結果として簿記の状態表現と状態に対する諸計算は，テーブル形式や行列によってではなく，勘定科目を基底とした数式処理により可能となることが示される。この数式体系を本書では交換代数と呼んでいる。交換代数により，従来の借方・貸方という左右の位置情報を用いた記述は，左右の位置情報を用いない数式により可能となり，数式による状態とその変化の記述に対する複式の計算が可能となる。この交換代数により表現される状態空間は，自然科学のベクトル形式の状態空間と異なる大きな特色がある。それがマイナスの数を用いないことと，自然科学にない負債というマイナスのストック概念が用いられることである。これにより簿記では取引や生産に関する価値の生成や交換，消滅を扱うことが可能となった。この価値の生成や交換，消滅を扱う複式の状態表現の対象領域は，「会計公準」と呼ばれる原理によりその適用範囲を決められてきた。そこでは永続性を持つとみなせる企業組織のような対象に対して，実現された損益と財の金銭評価に基づく，一定期間単位でのストック（貸借対照表）とその間のフロー（損益計算書）の計算が行われる。

本書では，この会計公準に基づくシステム記述の制約（システム境界）を拡張している。まず会計測定を金銭的評価により行うという制約を外して，価値の変動を記述するために実物単位（Multi-dimensional）での会計測定を認める。また対象の永続性に関する制約も外す。これにより財やサービスの非永続的な生産工程での，原料や仕掛品，人的資本サービス，物的資本サービスを投入とし，製品あるいは次の工程の仕掛品，副産物を産出とする単位生産工程（タスク）を単位とした投入産出関係を，投入を貸方，産出を借方とした複式の状態変化として記述することが可能となる。この財やサービスに対する単位生産工程（タスク）単位での投入産出関係の複式記述を，投入産出仕訳と呼ぶ。財やサービスの生産に関するタスク単位での投入産出仕訳の記述は，個数や重量，容量，時間など当該の財やサービスに対応した実物単位での会計測的での記述が求められる。その限りではいわゆる簿記の借方・貸方のバランスは成立しないように見える。だが財やサービス及び原料や人的資本サービス，物的資本サービスの実物単位あたりの価格がわかれば，そこから振替計算を行うことで，価格単位で，産出された財やサービス或いは仕掛品のそのタスクでの仕切り値が求められる。これは価値形成の場では，価格評価は二次的にバランスするように計算されることを示している。複数の単位生産工程（タスク）が結びつくことで一つの財やサービスの生産工程が示される。この製品やサービス全体としての投入産出仕訳は，個々のタスク単位での投入産出仕訳を合算する形で計算できる。

　この財やサービスの生産に関する，多元実物簿記による状態とその変化の記述を本書では，生産会計（Production Accounting）と呼んでいる。生産会計では，実物単位での会計測定が重要である。それは同時に計画値の計算や見積もりなどの書類でも用いられる。さらにこの投入産出仕訳に，CO_2 のような地球温暖化ガスや廃棄物をマイナスの価値を持つ財（バッズ）として導入することで，従来非財務情報として別扱いされていた，環境に関する諸情報も，複式の生産会計により扱うことが可能となる。また個々のタスクで投入項目となる人的資本サービスと物的資本サービスは，このサービス自体の生産に必要な投入項目として，スキル別の人的資本と生産技術別の物的資本，エネルギーなどを計測することで，生産に必要なスキル別の人的資本サービスや生産技術別の物的資本サービス，エネルギーなどの所要量計算も可能となる。原料に関する所要量計算も含め，生産工程の生産管理の諸情報もまた生産会計の中での複式の数式計算で求めることが可能となる。

　本書ではさらに，財務会計・生産会計を含む複式の情報処理を，交換代数による数式表現とそれに対する関数計算として捉える。これにより会計情報処理を，関数計算に基づく疎結合で組替えの容易なデータフロー型の情報処理として設計することができる。この具体的な処理系は，GitHub 上で公開しており，その概要は付録 2 に記されている。従来の会計情報処理は，ERP に代表されるデータベースソリューションによるものと，XBRL や電子インボイスの国際規格である Peppol のようなデジタルドキュメントによるものに大別される。そのどちらも会計計算は手続的な情報処理となり，疎結合型にはなり難く，処理系を超えてデータオブジェクトのやり取りができる関数計算に基づくマイクロサービス化は困難である。

　会計計算では古くから，振替伝票に基づく振替計算が一般的な計算アルゴリズムとして用いられてきた。我々は，振替伝票の数式表現を宣言型のデータとみなすことで，振替伝票を，対象の数式に足して残高をとるという振替計算を一種のユニバーサル関数として扱えられることを示す。振替伝票は計算の内容を会計処理の現場にとって理解可能な形で表現している。これにより会計処理の現場が必要な会計情報処理の仕様設計に関与することが容易となる。

　状態空間をきちんと定義することはシステム記述の基本である。それが十分できていなかったことが従来の会計概念の課題であった。本書で論じた生産会計では，生産の現場から，その事務処理，財務会計，企業間取引，サプライチェーン，産業のコモディティフローを経て，全体経済に至るさまざまな会計認識のスコープが対象となる。そこでは価値の形成から販売，流通，投資，償却，除却などの価値の変動のプロセスを複式状態空間で捉えることが可能となる。本書では，このさまざまな会計認識のスコープで，複式状態空間により価値の変動を記述するという課題に対して，ブレークスルーをもたらすことができたのではないかと考えている。

　なお，本書の出版にあたっては，筆者の所属する千葉商科大学から，学術図書出版助成金をいただいた。ここに記して謝辞としたい。

　最後に本書を公認会計士であった亡き父，出口茂に捧げる。

2023 年 12 月

著者

目　次

序章
本書の範囲と目的

　本書では，従来簿記で用いられていた複式の状態記述を一般化して勘定科目に応じた実物計測の単位を定めた多元実物簿記（multi-dimensional book-keeping system）とその数式表現（代数的実物簿記）により，主体の活動時点（Point of Event）での状態変化を実物単位での複式状態記述により把握する。それを必要とされるマネジメント範囲で集約することで，財務会計の会計公準で定められた範囲を超えて，工場の生産現場などの組織内部から，組織単位，サプライチェーンや組織間連携単位，さらに地域や国のレベルでのさまざまなマネジメントに利活用したい。そのために財務会計の複式簿記によるシステム記述を，実物計測の複式状態空間のモデル上でのストック・フローダイナミクスへと拡張する。その上でシステムの状態記述とその情報処理の基本アーキテクチャについて論じる。

　先ず複式簿記による取引や財務状態の表現を，離散イベントシステム（Discrete Event System）の状態表現であると捉える。その上で，複式簿記で表現される離散時間のシステム記述が，既存の物理学的な単式の離散時間のシステム記述とどのように異なっているのかを明らかにする。その上で，会計公準に基づき永続性のあるエンティティとして想定している企業を対象に，財務的な視点から実現された損益に関する取引を金額評価に基づき記録し，一定期間ごとに損益と現在の財務状態を記述するという，会計公準に従った財務会計の複式簿記による記述がどのようなシステム記述となっているかを明らかにする。

　その上で，複式で実物単位での状態記述をミクロな複式の活動時点データ（Point of Event Data: POE Data）として，離散時間で捉えた活動時点での状態変化の把握に用いるシステム認識と，さまざまなシステム境界（スコープ）での POE データに基づくマネジメントを課題とする。システムの状態とその変化を記述するためには，ストック・フロー型の状態記述が広く用いられている。この従来からのシステムの状態記述では，状態の種類を区別するためにベクトルの基底を用いる。ベクトルのそれぞれの基底ごとに，区別された状態の量的な変化を実数或いは整数で記録する。このベクトル型の代

数的な記述を用い，基底ごとにマイナスの数を含む量的な状態とその変化を記述し，その加減乗除の計算を行う。これをベクトルの基底ごとに一つの計算のエントリーがあるという意味でシングルエントリー（単式）によるシステム記述と呼ぶ。物理的なシステム記述は基本的に単式記述である。

　これに対して，ここでは複式（ダブルエントリー）のシステム記述に着目する。複式簿記という名で知られるストック・フロー型のシステム記述は，従来，会計という極めて限定された領域でのシステムの記述の方法であり，物理的なシステムで用いられた単式のシステム記述との関係は問われてはこなかった。複式簿記は，15 世紀イタリアでルカ・パチョーリにより著述された数学書，「Summa de arithmetica, geometria, proportioni et proportionalita」に記載されたことで，広く知られるようになり，その後資本主義の根幹を支える状態記述として発展してきた［Gleeson-White, 2014］。この複式の状態記述は，「マイナスの数を用いないこと」，「同じ勘定科目（基底）に対して借方と貸方の二つのエントリーで変化の記述が行われる（Double Entry）こと」，「負債というマイナスのストック概念が状態記述に用いられること」「価値の生成を示す損益概念と価値の消滅を示す損失概念を状態記述に用いること」などの特色を持つ。状態概念によるシステムの記述は，物理的な状態記述の枠組みが，20 世紀に現代の状態制御の枠組みに拡張・抽象化され，分布定数系や集中定数系などの力学系の一般的な記述や制御の領域で広く使われるようになった。対象となるシステムのある時点 t の状態（ストック）を観測・記述し，Δt の間に生じた状態の変化（フロー）を観測・記述し，t の状態に加えることで，t＋1＝t＋Δt の時点のシステムの状態を求めることができる。この状態概念によるシステム記述は，状態を望む目的に従って変化させるためには，どのようなマネジメント（制御）を行えばよいかという制御概念と結びつき，制御を含む人工物の科学の基本的な枠組みとして広く普及してきた。しかし複式簿記による企業などの経済主体の記述は，「マイナスのストック」や「マイナスの数を用いない複式記述という」物理的なシステムには見られない特質によって，それが状態記述であるという認識が共有されているとは言い難い。本書では，複式簿記によるシステムの状態記述が，価値の生成，流通，投入，投資，減耗，毀損のダイナミクスを記述することのできる，拡張された状態記述であることを示す。さらにこの拡張された状態記述の対象となるシステムのスコープは，従来の簿記が対象としてきた企業主体のみならず，生産の基本単位としてのロットとそれを構成するタ

スク，企業間関係，地域経済，国民経済にまで広げることができ，それにより，価値の生成，流通，投入，投資，減耗，毀損のダイナミクスを記述するための，共通のミクロな状態空間が構築できることを示す。

　簿記による複式の状態記述の数学的な構造については，残念ながら歴史的には十分に検討されてこなかった。また複式簿記による状態記述とその利活用は，現代に至るまで，その応用範囲が，企業の財務状態の記述と，国民経済の一部の記述に限定されている。

　しかし近年この複式簿記の状態空間の代数的構造が公理的に解明され，その状態記述の持つ意味と可能性が明確になりつつある ［Deguchi, 1986; 2004］。その結果，複式による状態とその変化の記述が，単式のベクトル空間による状態記述を，「マイナスのストック概念に関する記述を許し，かつ投入と産出，或いは振替や交換による状態の変化を，マイナスの数を用いないで記述できる，拡張されたストック・フロー型の状態空間であることが明らかとなった。この複式の状態空間は後述するように，主体が関与する社会経済システムの変化を活動時点で捉え，ミクロな状態記述を与えるために極めて本質的な状態空間である。複式簿記に代数的な表現を与えることで，状態とその変化は，勘定科目を基底とした数式で表現される。これは複式簿記が前提としてきた，借方・貸方という位置情報に依拠した状態記述を，位置情報に依拠しない代数的な計算体系に置き換えることができるということを意味している。クロード・レヴィ＝ストロースはその構造主義的人類学の中で，繰り返し現れる現象とである親族関係の背後にある数学的構造を代数的に特徴づけるという構造主義の方法を，数学的構造主義を展開したフランスの数学者グループ，ブルバキのメンバーでもあるアンドレ・ヴェイユの協力を得て展開した ［Lévi-Strauss, 2000］。これは構造主義の一つの典型例として，今日でも引用されることが多いが，実際に表層構造の背後にある深層構造を見出すという試みは，アメリカ構造主義言語学でのチョムスキーの生成文法など一部の例外を除き，必ずしも広く用いられる方法論とはなっていない ［Chomsky, 2014］。簿記は典型的な繰り返しの操作パターンが見られる領域であり，その背後に代数的な構造を見出すことは極めて自然に思われる。他方で簿記に対する公理的なアプローチは，実はかなりの数試みられてきた歴史がある ［Mattessich, 2007］。さらに国民経済計算の公理化の試みも行われてきた ［Aukrust, 1966］。それにもかかわらず，これらの定式化の間にはほぼ代数的な公理系としての同型性は見られない。これらで公理化と主張され

ているものは，数学的な意味での代数的な公理ではない。多くの場合システ
ムの境界設定や状態測定をどのように行うかというシステム認識の基準を公
準と呼んでおり，これと代数的な公理の間に混乱が見られる。本来，簿記と
いう借方・貸方を区別して位置情報に基づいて行う計算操作そのものが共通
である以上，そこから得られる代数的公理は，同型を除き一意となるはずで
ある。

　加えて複式簿記というマイナスのストックを認め，負の数を用いないとい
う拡張されたストック・フローの状態記述そのものが，自然科学のシステム
記述では見られない構造である。そのため従来知られている線形代数などの
公理系のアナロジーの範囲では定式化ができない。これに対して，筆者が定
式化した公理系では，ストック・フロー型の状態の拡張そのものを交換代数
の公理として直接定式化している [Deguchi, 1986; 2004]。そこでは複式簿
記固有の計算体系を特徴づけるために，マイナスの数を用いず，ハット（^）
とバー（ ̄）という特殊な演算子を導入している。交換代数の公理系につい
ては，付録 1 で概要を説明しているが，本書の範囲ではこの公理系の詳細
を知る必要はない。公理系によって保証される，簿記を抽象化した交換代数
の代数式の記述法と計算法を理解すれば十分である。本書の 1 章と 2 章で
は，この拡張されたストック・フロー型の状態空間の数式記述について事例
を挙げながら説明する。

　その上でさまざまなシステム境界をスコープとしたマネジメントのための
状態記述を当該のスコープで集約された複式の活動時点データ（複式 POE
データ）を用いて把握する。さらにこの数式で表現された状態に関する情報
処理として，データフロー型の関数計算を宣言型のプログラミングにより行
う枠組みを提示する。従来の複式簿記のデータベースソリューションによる
計算では，ER 図により複式伝票の摘要項目も含めてデータ構造が定義され
る。その会計計算はデータベース上の手続的なプログラミングとして記述さ
れる。この ER 図によるデータ構造の定義や手続的なプログラミングは，複
式簿記の深層構図と無関係に定義されるという意味でアドホックであり，処
理系間で共通である保証はなく，会計情報処理システムや ERP のプラット
フォーマに規格を依存する構図になりやすい。さらに ER 図や手続的プログ
ラムの詳細は，簿記の伝票操作や決算操作との間に概念ギャップが大きく，
現場の会計専門家にとってはブラックボックスとなりやすい。

　しかし状態と状態変化が勘定科目を基底とする代数式として与えられるの

であれば，それに対する計算は関数式になる。基底の選択は，会計の専門家の選択による。さらに異なった基底の間は，按分や振替により変換することは容易である。代数式で記述された状態に対してであれば，基底の変換は振替変換という関数式と，振替伝票を表す数式で宣言型の関数プログラムとして表現できる。振替伝票の意味理解と作成はプログラミングの専門家の領域ではなく現場の専門家の領域である。この関数式による計算の連鎖は，会計計算に対するデータフロー型の情報処理モデルを与える。一般に関数型の計算に基づくデータフロー型の情報処理は，組み替えが容易でロバストな計算体系を与える。この計算モデルを会計計算に広く利活用するためには，複式の POE データに付随する摘要項目と代数式を含むデータ伝票のクラスや，その JSON シリアライズなど，周辺体系の整備が必須となる。これについては 5 章で扱う。交換代数の代数式とその関数型のデータ処理のための開発環境として我々の開発した FALCON-SEED は，GitHub 上で公開され，利用可能である＜https://github.com/degulab/FALCON-SEED＞。処理系については，付録 2 で簡単に説明する。

　本書では，生産会計というロット単位の生産工程での財やサービスの生産を新たなシステム認識のスコープとして設定する。これにより従来の会計公準で前提とされてきた，「永続的なエンティティとみなされる企業を対象とすること」，「発生した損失と実現した損益を対象とすること」という前提は取り払われる。会計公準が定めるスコープを取り払い，マイナスのストックと価値の生成と消滅を記述することのできる拡張された複式のストック・フロー型状態空間に着目すると，生産工程を中心に，付随する見積書・受発注書などの記述に複式の状態記述が用いられ得る。何らかの製品や仕掛品が，原料と機械装置の稼働（物的資本サービス）と労務（人的資本サービス）を投入することで生産される工程は，投入を貸方，産出を借方とした複式の生産活動時点データとみなされる。財やサービスの生産は，財務会計の視点からは価値の実現された状態変化ではない。それが販売された時点で，財務会計のスコープに入る。他方で，何らかの財やサービスを製造するというプロセス自体が価値の創出であるという視点からは，生産そのものを複式の状態記述で測定し記録することは極めて自然である。この生産を複式状態記述のスコープとして捉える，新しい会計システムの枠組みを本書では生産会計と呼ぶ。生産会計については，3 章で詳述する。

　生産会計のスコープは，ロット単位の生産工程と，それを構成する生産の

タスクである。このスコープには永続性はない。しかし財やサービスを生み出す中心的な場である。生産に関しては，従来財務会計とは切り離されて，生産管理システムという名称でさまざまな生産に関する支援や情報処理が行われてきた。生産会計は，生産管理の中核部分を複式化することで，従来アドホックで，単式の台帳管理されてきた生産に関する多くのデータを，複式の状態記述により統合的に扱うことが可能となる。

　生産会計で，原料や仕掛品及び人的資本サービスと物的資本サービスを投入として，製品や仕掛品，副産物を産出する工程を，投入産出仕訳として特徴づける。この投入産出仕訳に，地球温暖化ガス（Green House Gas: GHG）としての CO_2 や廃棄物などの負の価値を持つ財を実物計測単位により導入し，投入産出仕訳に加えることで，環境に関する非財務情報を実物計測の複式状態空間により統合的に扱う道が開かれる。これは国際サステナビリティ基準審議会（ISSB）の「IFRS S2」（気候関連開示事項）で開示が要請されているスコープ 123 での排出情報を，複式の状態概念で統合的に扱えることを意味している。今後，環境のみならず人的資本など，ESG（Environment（環境），Social（社会），Governance（ガバナンス））に関する多くの非財務情報の開示が求められるようになる。これは企業に過大な情報処理負荷を掛けるのみならず，情報の正確性と手続の正当性を巡って監査上の大きな課題が生じる。本書では，実物計測の複式状態を基礎に置くことで，会計的な監査の枠組みを環境監査にも持ち込むことを提案する。これについては 4 章で扱う。

　生産会計は，ロットや企業をスコープとするのみならず，サプライチェーンや地域や国をスコープとして集約して利活用することで，企業のマネジメントのみならず，国の産業・経済政策の基盤となるデータを提供し得る。今日，従来の企業単位の粒度で，四半期単位の時間インターバルで測定したデータに基づいた経営や経済のマネジメントを，より細かい粒度で，短い時間インターバルで測定したデータを元にしたマネジメントに転換することが重要という認識が連続監査やリアルタイム・エコノミーという概念と共に広がりつつある。しかしそのための具体的なデータ取得と記述，情報処理の枠組みは未開拓である。現在の会計情報処理は，二つの異なった情報処理技術の基盤の上で行われている。一つは，ER 図に基づくデータベースソリューションである。これは ERP を含め広く一般的に用いられている。このデータベースに非財務情報の情報も付け加え，企業情報処理システムのプラット

フォーマによる規格化が進む可能性がある。他方で，会計報告やインボイスなどの書類をデジタル文書とみなして，デジタル文書のマークアップ言語による定式化により会計情報の記述を行うアプローチがある。こちらは財務情報の報告用に定式化されている XBRL（eXtensible Business Reporting Language）やデジタルインボイスなどの電子文書の交換に用いる Peppol（Pan European Public Procurement Online）が用いられている。この二つの情報処理の枠組みは，そのコンセプトが全く異なる。前者は会計情報の蓄積と計算が中心で，後者はデジタル文書の形式の定義が中心である。そこで記述されているデータの利活用は，どちらも手続的なプログラミングを必要とする。これに対し本書では，状態概念を代数的に定式化することで，そこでのさまざまな会計計算を関数計算として表現できることを示す。これはアジャイルでロバストな会計情報処理を実現するためには重要な技術となる。これについては 5 章で論じる。

　次の時代の社会のさまざまな領域で細かい粒度で短い時間インターバルの複式のデータを測定し利活用するための枠組みと情報処理のインフラ基盤を構想することもまた本書の目的となる。これについては 6 章で論じている。

　本書では，複式で実物計測の状態概念を公理的にその計算が保証された代数式として扱うことで，財務会計の範囲を超えて，広く財やサービスとしての価値の生成，流通，原料としての投入，在庫投資，設備投資，減耗，除却のプロセスと，そこでの地球温暖化ガスや廃棄物などのバッズの生産や処理も含めて統合的に扱うための枠組みを提示した。これは，人間社会の価値の流れをさまざまなスコープで記述するためシステム理論である。ここで述べた新しい会計記述とその計算の体系は，現在実現されている現実ではない。あり得るべき可能な現実を示したものに過ぎない。しかしこの新しい状態空間が導入され利活用できるシステムが導入された時，人間社会の価値形成のマネジメントは，家計・企業・産業・国のそれぞれの意思決定主体にとって大きく変化し，それがより良き社会的現実を構築する道筋となることを確信している。

第一部

多元実物簿記と
　生産会計

第 1 章
複式簿記の状態記述とその数式表現

1.1　単式と複式の状態変化

　本節ではまず単式の状態記述と複式の状態記述の間の関係を明らかにする。ここで対象とするのは，離散イベントで状態変化が生じるストック・フロー型のシステムである。

　財務会計システムのシステム記述では，複式簿記を用いた財務状態とその変化の記述が行われる。このシステム記述を複式（Double Entry）簿記と呼んできた。複式簿記による財務状態の記述は，ある時点での財の状態を表すストック量としてのバランスシート（B/S）と，時点間での状態の変化を表すフロー量としてのプロフィット・ロスシート（P/L）を中心とした，離散イベントによる離散時間の動的なストック・フローシステムとみなせる。そこで科学・工学でしばしば用いる離散時間のシステムの状態記述法と，複式簿記での一定会計期間ごとの，決算に伴う会計記述という状態記述を比較する。

　貸借対照表（バランスシート：B/S）は，今までの変化の累積された状態変数（ストック）を表し，損益計算書は，会計期間での状態の増減の変化（フロー）を表していると考えられる。つまり，複式簿記で記述された会計システムは，会計期間を Δt とした，離散時間のストック・フローシステムとみなすことができる。

　しかしながら複式簿記を用いた状態記述と科学・工学での単式でマイナスの数を用いる状態記述は明らかに異なる。科学・工学でのマイナスの数を用いたベクトル形式でのストック・フロー型の状態記述と複式簿記の状態記述は，見かけ上も大きく異なっている。複式簿記では，なにより状態記述にマイナスの数を用いない。また借方貸方の両サイドに状態変化が記入される。この差はどこからくるのだろうか？ここでは科学・工学で標準的に用いるマイナスの数を用いたベクトルによる状態記述を単式のシステム記述と呼び，単式のシステム記述と複式のシステム記述の特色を比較する。そのためにストック・フローシステムの典型的な事例とされ，水のタンクへの流入・流出

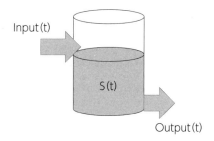

図 1.1.1　単式の状態変化を示すウォータ・タンクモデル

の状態変化を扱うウォータ・タンクモデルを用いる。図 1.1.1 はウォータ・タンクモデルを図示したものである。

　ウォータ・タンクモデルでは，水の時刻 t 時点での状態（ストック量）は S(t) で表される。時刻 t と t+1 の間隔Δt の間に生じた，状態の変化はΔS（フロー量）で表される。このΔS は，Δt の間にタンクに流入する水量ΔS1 と流出する水量ΔS2 との差引として，ΔS＝ΔS1－ΔS2 で表される。このとき，流出する水量を表すΔS2 は，マイナスのそれゆえ，t+1 でのストックの変化は，S(t+1)＝S(t)＋ΔS＝S(t)＋ΔS1－ΔS2 となる。

【事例 1：ウォータ・タンクモデルの数値例】

　ウォータ・タンクモデルの数値例を示す。

　S(t)＝10L，　ΔS1＝10L，　ΔS2＝7L，　ΔS＝ΔS1＋ΔS2＝10L－7L＝3L

　S(t+1)＝10L＋3L＝13L となる。

　これをベクトル形式で表す。そのために水を勘定科目としてベクトル空間の基底を計測単位であるリットル(L)も含めた＜水，L＞という基底を用いる。上記の例は，このベクトル形式でベクトルの基底を明示化して計算できる。

　S(t)＝10＜水，L＞，　S(t+1)＝S(t)＋ΔS＝10＜水，L＞＋10＜水，L＞－7＜水，L＞＝13＜水，L＞

となる。

　このように借方・貸方の複式記述ではないマイナスの数を用いた状態とその変化の記述を単式記述と呼ぶ。この単式記述としてベクトルで表現された水の状態変化を，複式簿記の表形式で表現すると表 1.1.1 のようになる。

表 1.1.1　水の状態変化の複式簿記での表現

(1)

借方		貸方	
水	10L		

$S(t)=10<水, L>$

(2)

借方		貸方	
水	10L		

$\Delta S1=10<水, L>$

(3)

借方		貸方	
		水	7L

$\Delta S2=-7<水, L>$

　(1) では水が借方に 10L 記録されている。水は資産勘定の財であるとする。これは 10L の水がストックとして存在することを意味し $S(t)=10<水, L>$ と表される。(2) は，フローとしての状態変化 $\Delta S1=10<水, L>$ を表示している。これは，水の入手（流入）を示している。(3) は，フローとしての状態変化 $\Delta S2=-7<水, L>$ を示している。これは，水の流出を示している。

　これは，ベクトル表記でプラスの変化が借方に，マイナスの変化が貸方に記録されることを意味する。その上で，簿記の記述では水に関して残高をとると，$S(t+1)=13L$ という計算が行われる。

　このようにマイナスの数を用いた状態とその変化の記述は，マイナスの変化を貸方に，プラスの変化を借方に記すことにして，その差引の演算を，残高計算により行うことで複式簿記により記述することも可能である。しかし一般には科学や工学ではそのような面倒な計算は行わずマイナスの数を用いたベクトル表記で計算している。もし水の変化が，水ビジネスによる取引の結果生じたものであれば，その状態変化の記述は，水の量の物理的変化だけでなくそれを引き起こした取引に対する認識と価値形成をそれに関係した基底（勘定科目）を用いて記述することが必要になる。そこでウォータ・タンクモデルを拡張した，水を仕入れて転売するビジネスを考える。

【事例 2：水取引のビジネスの決算仕訳のプロセス】

　水を 1L あたり 50 円で仕入れて 100 円で販売するビジネスを考える。このビジネスでは，水の仕入れ販売に用いる水のタンクのリース代金を支払う必要があり，さらに預貯金に対する受取利息という営業外利益があると仮定する。それに基づいて，売上総利益，営業利益，経常利益，当期純利益（税

引前）を計算する仕訳と振替の手続は次のようになる。

(1) 売上と売上原価から売上総利益を計算する。

　　水を 10L 仕入れ，そのうち 5L 売り上げるとする。このとき売上を売上総利益（貸方）に，売上原価を売上総利益（借方）に振替えて，残高をとることで売上総利益を計算する。

(2) 一般管理費を計上することで，営業利益を計算する。

　　水のタンクのリース代をコスト（一般管理費）として計上する。このとき売上総利益を営業利益（貸方）に，タンクリース代を営業利益（借方）に振替えて，残高をとることで営業利益を計算する。

(3) 営業外利益，営業外損失を計上することで経常利益を計算する。

　　受取利息を営業外利益として計上する。このとき営業利益を経常利益（貸方）に，受取利息を経常利益（貸方）に振替えて，残高をとることで経常利益を計算する。

(4) 特別利益と特別損失を計上することで当期純利益（税引前）を計算する。

　　水の漏出損を特別損失として計上する。このとき経常利益を当期純利益税引前の（貸方）に，漏出損を当期純利益税引前の（借方）に振替えて，残高をとることで当期純利益税引前を計算する。

　このように水の流入流出をビジネスとして認識することで認識すべき項目が増え，記述の複雑性が増大する。これらをどのように記述するかは財務会計の決算手続として定められている。なおこの例では，公租公課（税金など）を計上することで当期純利益を計算する手続は省いた。

【事例 3：水取引のビジネスの決算仕訳の数値例】

　ここでは事例 2 の，「水を 1L あたり 50 円で仕入れて 100 円で販売するビジネス」に具体的な取引数値を代入し，水ビジネスの決算仕訳における，売上総利益，営業利益，経常利益，当期純利益（税引前）を具体的に計算する。

　以下複式簿記で標準となる売上から決算仕訳までの振替計算の流れを示す。

(1) 売上と売上原価から売上総利益を計算する。

　1）水 10L を 500 円で買掛金により購入する

2）水 5L を 500 円で現金で売り上げる。これを売上原価対立法で記述する

3）売上を売上総利益（貸方）に，売上原価を売上総利益（借方）に振替

4）売上総利益の残高をとることでこの取引の粗利となる売上総利益が求まる

これらをテーブル形式で示したものが表 1.1.2 となる。

表 1.1.2　テーブル形式での売上総利益の振替計算

借方（資産勘定の増大）	量	測定	貸方（資産勘定の減少）	量	測定
水	500	円	買掛金	500	円
現金	500	円	売上	500	円
売上原価	250	円	水	250	円
売上	500	円	売上総利益	500	円
売上総利益	250	円	売上原価	250	円
			売上総利益	250	円

(2)　一般管理費を計上することで，営業利益を計算する。

1）タンクリース代をコスト（一般管理費）として計上

2）売上総利益を営業利益（貸方）に，タンクリース代を営業利益（借方）に振替

3）営業利益の残高をとることで営業利益が求まる

これらをテーブル形式で示したものが表 1.1.3 となる。

表 1.1.3　テーブル形式での営業利益の振替計算

借方（資産勘定の増大）	量	測定	貸方（資産勘定の減少）	量	測定
タンクリース代	100	円	現金	100	円
営業利益	100	円	タンクリース代	100	円
売上総利益	250	円	営業利益	250	円
			営業利益	150	円

(3) 営業外利益，営業外損失を計上することで経常利益を計算する。
  1）受取利息を営業外利益として計上
  2）営業利益を経常利益（貸方）に振替，受取利息を経常利益（借方）に
    振替
  3）経常利益の残高をとることで経常利益が求まる
  これらをテーブル形式で示したものが表 1.1.4 となる。

表 1.1.4　テーブル形式での経常利益の振替計算

借方（資産勘定の増大）	量	測定	貸方（資産勘定の減少）	量	測定
現金	100	円	受取利息	100	円
受取利息	100	円	経常利益	100	円
営業利益	150	円	経常利益	150	円
			経常利益	250	円

(4) 特別利益と特別損失を計上することで当期純利益（税引前）を計算する。
    ここではタンクが故障して水が 2L 漏出してしまった損失を仕訳する。
  1）水の漏出を特別損失として仕訳する。この例では特別利益はない
  2）経常利益を当期純利益税引前（貸方）に，漏出損を当期純利益税引前
    （借方）に振替える
  3）当期純利益の残高をとることで当期純利益税引前が求まる
  これらをテーブル形式で示したものが表 1.1.5 となる。

表 1.1.5　テーブル形式での当期純利益税引前の振替計算

借方（資産勘定の増大）	量	測定	貸方（資産勘定の減少）	量	測定
漏出損失	100	円	水	100	円
当期純利益	100	円	漏出損失	100	円
経常利益	250	円	当期純利益	250	円
			当期純利益	150	円

　さらに公租公課（税金など）を計上することで当期純利益税引後を計算することができるが，この例では公租公課の支払いは割愛する。

　複式簿記では，このように，プラスのストックとしての諸財の状態変化だけでなく，マイナスのストックとしての負債項目（資本，買掛金，借入金等），コスト科目（販売費，人件費，事務経費，管理費，特別損失等）や利益科目（売上，売上総利益，営業利益，特別利益，経常利益，税引前当期純利益，当期純利益など）という多次元で正値だけしか用いない状態記述に基づく状態変化を扱う。物理的なウォータ・タンクモデルに基づく水の量の変化に比べて，ビジネスとして見ると多くの勘定科目を用いることで，単式記述と比べて遥かに多くの区別（勘定科目）に基づく状態と状態変化の記述が可能となる。

　財務会計的な視点での勘定科目はベクトルの基底に対応して，非常に多くの種類の，資産，負債，損失，損益の勘定科目を区別してその量（ストック）とその変化（フロー）を一定期間（会計期間）ごとに振替計算することで，財務的な視点からのさまざまな視点からの利益の計算を行っている。

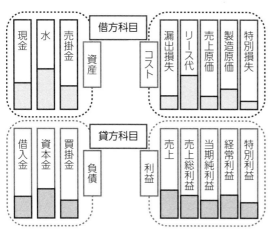

図 1.1.2　勘定科目という多次元基底

1.2 複式のシステム記述

　複式簿記のシステム記述は単式のベクトル空間を用いたストック・フロー型のシステム記述の拡張とみなせる。他方で複式簿記による財務状態とその変化の記述は，自然科学でよく用いられるベクトル空間によるシステムの状態記述と大きく異なっているようにも見える。本節ではまずその差を説明し，複式簿記のシステム記述は，ベクトル空間によるストック・フローダイナミクスとしてのシステム記述の拡張であり，かつそれがどのような特徴を持った拡張であるかを示す。

【複式簿記による状態記述の三つの特徴】
　複式簿記には，科学や工学で用いられるベクトル空間でのシステム記述にはない，三つの大きな特徴がある。
(1) マイナスの数が用いられないこと。それに代わり会計的状態の変化は，借方（左）と貸方（右）の両側が変化する会計イベントによって生じ記録される。これにより残高をとると等しくなる状態が無限に存在する。
(2) 負債というマイナスの価値を持つストックを表す状態が用いられること。
(3) 複式簿記での状態変化は，借方と貸方が同時に変化するイベントによって生じること。この借方と貸方が同時に変化するイベントは，さらに三つのタイプ（1：他の会計主体との取引イベント，2：会計認識の変換に関する振替イベント，3：財やサービスの生産（投入産出）のイベントに分けられる。

　以下では借方，貸方の区別をしたテーブル形式の表現に替えて，文中で借方貸方の複式記述を表を用いずにを行うために，「／」という記号を導入し，「／」の左側にテーブル形式の表現での借方勘定での記述を「借方勘定科目　量　測定単位」の順で記述する。同様に／の右側には，貸方勘定での記述を，「貸方勘定科目　量　測定単位」の順で記述する。これを複式簿記の文中でのインライン形式の記述（Inline Style Description）と呼ぶ。なお金額評価で記述する簿記では，測定単位は円やドルのような通貨単位，量はその通貨単位での金額を意味する。

　例えば，水 1L が 50 円で買えるとする。このとき水 10L を買掛金で購入した複式の取引仕訳は，テーブル形式で表 1.1.2 の最初の行のように表される。これに対するインライン形式の記述は「水　500　円／買掛金　500　円」となる。またこの水を 1L あたり 100 円で 5L を現金で売り上げるという取引の売上原価対立法による仕訳は，テーブル形式で表 1.1.2 の 2 行目，3 行目のように示される。これはインライン形式の記述では「現金　500　円／売上　500　円」「売上原価　250　円／水　250　円」となる。インライン形式の記述では，借方や貸方の項目が複数にわたるときは，／の左側（借方）では，「(借方勘定科目 1　評価 1　測定単位 1)，(借方勘定科目 2　評価 2　測定単位 2)，…」右側（貸方）では，「(貸方勘定科目 1　評価 1　測定単位 1)，(貸方勘定科目 2　評価 2　測定単位 2)，…」のように並べて記述するものとする。

　複式簿記では，表（テーブル）の左右の位置で借方・貸方を表す状態記述が行われている。これはインライン記述でも同様である。これを位置と関係しない，数式により表現にすることが本節の課題となる。
　対象の状態をシステムとして認識し記述するためのシステム境界の設定や，状態変数の設定や状態の測定について，財務会計では「会計公準」と呼ばれる基準によってこれを定めている。この会計公準を拡張することで，財やサービスの生産やそれに関する人的資本サービスと物的資本サービスの投入や，負の価値を持つ廃棄物の産出とその処理など幅広い領域で複式簿記に基づく状態記述の拡張を行うのが本書の大きな課題となる。

【マイナスの数を用いない替わりに借方・貸方を使った複式簿記での状態記述】

　複式簿記ではマイナスの数を用いないで状態を記述するために借方と貸方の区別を用いる。資産のような借方勘定とみなされる勘定科目では，借方への記述がその勘定科目を基底とする量の増大を示し，貸方への記述がその勘定科目を基底とする量の減少を意味する。さらに負債のように貸方勘定とみなされる勘定科目では貸方への記述がその勘定科目を基底とする量の増大を示し，借方への記述がその勘定科目を基底とする量の減少を示す。このように借方勘定と貸方勘定では，その増大と減少を記述する借方・貸方の場所が逆になるという特徴がある。

また複式簿記による借方・貸方両建てのシステム記述では，マイナスの数値を用いない。これを状態記述に，マイナスの数を用いる単式のベクトル形式での記述と比較すると，ベクトル形式で同じ状態と認識される状態が，無限に冗長性を持って存在するシステム記述となっている。

　このことを，説明するために簿記の借方・貸方の記述として先に導入した記号「／」を用いた「勘定科目　金額　円／勘定科目　金額　円」のようなインライン表示を用いる。

　いま「現金　500　円／現金　250　円」と「現金　300　円／現金　50　円」と「現金　250　円／現金　0　円」という三つの状態記述を考える。この三つの記述は簿記の意味での残高をとるといずれも『現金　250　円／現金 0　円』となる。ここで残高をとった記述を標準記述と呼ぶ。簿記では，残高をとると標準記述に等しくなる。マイナスの数を用いない記述では残高をとれば同じ状態となる無限の異なる複式の状態記述が存在する。これをテーブル形式で表現すると次のようになる。表 1.2.1 で（1）（2）の二つの簿記の記述は異なる状態を示している。しかしその残高をとると同じ（3）になる。

表 1.2.1　テーブル形式での等価な三つの会計状態記述

	借方	量	単位	貸方	量	単位
(1)	現金	500	円	現金	250	円
(2)	現金	300	円	現金	50	円
(3)	現金	250	円	現金	0	円

　これに対して，マイナスの数を，勘定科目と単位を基底としたベクトル空間の記述で同じ例を表現してみよう。

（1）500＜現金, 円＞－250＜現金, 円＞

（2）300＜現金, 円＞－ 50＜現金, 円＞

（3）250＜現金, 円＞

　この（1）～（3）の三つの記述は，マイナスの数を用いるベクトル空間の記述では等しくなる。これは複式簿記の記述では違う状態として認識され，残高をとることで同じ状態とみなせる状態が，マイナスの数を用いたベクトル記述では最初から同じ状態とみなされることを意味している。

　このマイナスの数を用いず，残高をとると同じとなる無数の表現が存在す

るという意味で冗長性を保つことが複式簿記による状態表現の大きな特色の一つである。しかし借方と貸方を用いマイナスの数を使わないことは複式簿記の状態記述の特色の一部に過ぎない。「負債」という「マイナスのストック概念」を用いる点が，通常のベクトルによるシステム記述と比べた時，さらに重要な拡張となっている。

　「マイナスのストック概念」を表す勘定科目として基本となるのは，資本と負債である。マイナスのストック量を記述するための勘定科目である資本や負債は，資産などのプラスのストックを表す勘定科目と同様に，当該の勘定科目の蓄積の変化を測定し複式で記述する状態量である。

　例えば，「現金を借りる取引」は，負債である勘定科目の"借入金"と資産である勘定科目"現金"が同時に増える取引を意味する。また，商品を買掛金で購入することは，負債である"買掛金"と商品が同時に増える取引を意味する。これらの取引では，資本・負債勘定の増加と資産勘定の増加は同時に生じる。

　これはプラスのストック量としての資産の増加とバランスする形で負債というマイナスのストック量が増加する変化が，取引で生じることを意味している。このマイナスのストックの増加とプラスのストックの増加が同時に生じるという状態変化の記述は，科学や工学では見られない状態変化の記述である。負債を伴う取引は，相互の信用によって初めて成立可能となる取引である。この負債を含む取引が可能であることにより，ビジネスに必要な財を所有していない主体も，負債と引き換えで必要な財を入手しビジネスを行うことが可能となる。この負債概念の会計認識と負債を含む取引が，社会がより豊かでよりダイナミックに成長し変化するための価値形成の基盤となる原動力の一つとなっている。

　複式簿記を用いた状態変化の記述は，「借方科目と貸方科目のペア」或いは，「借方科目一つに貸方科目複数」など，貸方科目と借方科目の組み合わせで生じる。この変化は何らかの会計的な複式の活動時点データ（複式 POE データ）の発生に基づく。その複式イベントが含まれる期間での（フローの発生）は，借方（左）と貸方（右）の両側が変化するイベントとして認識さ

れ，複式POEデータとして記録される。この会計イベントとしては「主体間の取引」と「勘定科目の付け替え（認識の変換）のための振替」と「主体内での生産」という三つの原因となる会計的イベントが主に区別される。これら会計イベントごとの状態変化を分類して記述するのが簿記の仕訳（journal entry）の役割である。

　「主体間の取引」と「勘定科目の付け替え（認識の変換）のための振替」と「主体内での生産」という三つの会計的イベントによる複式の状態記述は下記の（1）〜（3）のように詳細に分類される。
(1) 財やサービスの主体間での取引を表す複式記述
　　これは一般的な財やサービスの仕入れと販売に関する仕訳である。

(2) 勘定科目の認識を変換するための振替を表す複式記述
　A：売上を売上総利益の貸方に振り替え，売上原価を売上総利益の借方に振り替えて売上総利益を計算するように，勘定科目の認識を変換することで計算を行う振替。
　B：円とドルのように会計測定をどの単位で表現するかで単位を変換するための振替。
　C：現金，普通預金，受取手形，売掛金などが，より集約された勘定科目である流動資産に分類し振り替えることができるように，勘定科目の粒度認識の変換を可能とするための振替。
　D：実物計測表示と価格表示との間の相互変換の振替。

(3) 財やサービスの生産プロセスでは，原料や人的資本サービス，物的資本サービスの投入により製品或いは仕掛品が産出される工程が記録される。この変換は，複式簿記で記述できる。しかし後述するように，これは原価計算でのコストの計算とは異なり，それぞれの工程単位での製造プロセスを表現する複式記述になる。このような工程そのものを複式簿記で記述することは，「実現した利益の記述」という現在の財務会計の視点からは，記述の範囲外になる。しかし本書ではこの会計公準の拡張を含め，広く複式のシステム記述の拡張を行う。

　これらのうち，（1）と（2）は，財務会計で広く行われている。これに対

して（3）は従来の会計公準の範囲外であり，本書で後ほど導入する生産会
計の基礎となる複式状態記述である。

【四つの勘定科目の類型の間の取引パターンとしての仕訳】

　複式簿記での取引の仕訳は，借方勘定科目と，貸方勘定科目の間の振替を
含む広義の取引を分類し特徴づけている。その勘定科目の大元となる分類
が，資産勘定，資本・負債勘定，損失勘定，損益勘定であり，簿記の取引は
これらの勘定に関して借方と貸方の間の一組の状態変化の記述で表現され
る。このとき，資産科目と損失科目の増加は借方へ記述され，これらの減少
は貸方の量の変化として記述され，資本・負債科目と収益科目の増加は借
方，減少は貸方に記述すると規約されている。この複式の取引記述の仕訳の
基本は，借方を左，貸方を右とする位置情報による表形式の記述に基づいて
いる。

　このように借方，貸方というタグ付けをして状態記述を行うのではなく，
数式として状態記述をできるようにすることが複式簿記の数式による状態表
現の目的である。

　複式簿記の数式による状態表現を扱い，より広義の複式のストック・フ
ローシステムを記述するためには，財務会計固有の，資産（Asset），負債
（Liability），利益（Profit），損失（Cost）の四つの勘定科目の概念を，一段
階抽象化して扱う必要がある。まず資産は一般に正のストック（Plus Stock），
負債は負のストック（Minus Stock）として認識する。さらに利益は生成さ
れた価値（Generated Value），損失は消滅した価値（Lost Value）とみなす。
これは実質的には財務会計で扱っている，資産，負債，利益，損失の内容を
示しているが，ストック・フローシステムとして財務会計の複式簿記による
状態記述を，広く生産や汚染物質などのマイナスの価値を持つ財を扱うなど
の拡張をするためには必要な抽象化である。複式簿記ではこの四種類の勘定
科目の間で可能な取引の類型が定められている。

　借方科目のプラスストック（資産科目）及び損失（コスト科目）が借方へ
記入されるときには，その勘定科目の量の増大を意味している。他方で本来
貸方科目であるマイナスのストック（負債科目）及び損益を借方に記入する
ときには，その勘定科目の量の増大を意味している。逆に，借方科目の貸方
への記入では，借方科目の量の減少を意味している。また貸方科目の借方へ

の記入では，貸方科目の量の減少を意味している。

　借方側では，プラスのストックの増加，マイナスのストックの減少，損失の増加，収益の減少という四つの状態変化のパターンが記述され，貸方側ではプラスのストックの減少，マイナスのストックの増加，損失の減少，収益の増加という四つの状態変化のパターンが記述される。この借方と貸方での四つの状態変化の借方と貸方での複式記述での同時状態変化の取引パターンは図 1.2.1 のように表される。ここでは組み合わせを実線と波線の 16 通りで示しており，この 16 通りの借方・貸方の同時状態変化のパターンが，複式のストック・フロー型のシステム記述での基本的な仕訳パターンとなる。このうち実線で示されるものはしばしば用いられる代表的な組み合わせである。なお全ての勘定科目は必ず借方科目か貸方科目かが定められているとする。あらゆる勘定科目がなぜ借方と貸方の二つに分類されるかについては，付録 1 を参照されたい。

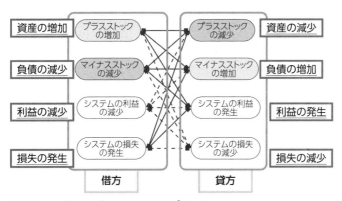

図 1.2.1　複式記述の 16 通りのパターン

　この借方と貸方の同時状態変化という複式簿記の取引パターンを，数式としてどのように表現するかが課題となる。従来の借方・貸方の左右の位置情報に依拠して行う，複式簿記の計算は，一見直感的だが，これをプログラムとして表現するためには複雑で手続的な計算を必要としていた。これに対して，複式の状態記述を数式として表現し，その数式に対する演算（作用素ともいう）によって計算を表すことができれば，簿記の計算体系は，数式に対する関数計算となる。この関数計算による会計情報処理は，データフロー型の疎結合の計算モデルを提供してくれる。それによりロバストで組み替えの

24

容易な会計情報処理が可能となる。これについては 5 章で扱う。

　これは財務会計での金銭評価の簿記であっても，生産会計での実物評価の多次元実物簿記であっても同様である。そのために，ここでは数式としての簿記の状態記述に対する計算の基本となる演算としてハット（＾）とバー（￣）という二つの作用素を導入する。これについては次節で扱う。

1.3　複式簿記の数式表記と関数計算

　複式簿記では，複式の状態記述をテーブル形式で行う。これは左右の位置情報を用いた状態記述であり，そのままでは数理的な計算に用いることができない。さらに会計データをデータベースに格納して情報処理を行うにしても，左右の入れ替えに関する手続的な処理を必要とし，会計処理を疎結合型の関数計算に基づくデータフロー型の情報処理により扱うことはできない。他方で会計文書のデジタルドキュメントの形式を定める，XBRL や PEPPOL のようなマークアップ言語での記述も，その操作のためには複雑な手続的なプログラミングを必要とする。

　我々は，複式の状態空間の上で，関数的な作用素により状態変数に対するさまざまな計算を行えるようにしたい。そのためには複式簿記の状態表現に対して代数的な数式としての定式化を与えて，その状態表現に対する演算（関数型のオペレータ）を定義できれば良い。この複式簿記の代数的定式化は，出口により会計ベクトルとして定義された [Deguchi, 1986]。さらにそれは勘定科目の評価に勘定科目固有の金銭評価以外の実物財としての評価も認める多元実物簿記（Multi-dimensional Bookkeeping System）へと拡張され，交換代数（Exchange Algebra）と呼ばれている [Deguchi, 2001; 2004]。なおここで多元実物簿記と多元を強調するのは，実物単位での計測と言っても，その単位は単一ではなく，勘定科目ごとに重量や個数や時間などさまざまな計測単位を多元的に用いるからである。ただ Multi-dimensional という用語は，会計情報を扱う際にさまざまに用いられている [Kovalev, 2020]。ここでは我々の定義に基づいて多元という用語を用いる。

　この簿記の持つ数理構造を理解することで，複式の状態記述では多元実物記述の方が根源的な状態記述であり，価格評価に振り替えて収益を計算することで結果的にバランスするように設計されていることも理解できる。

本書では，複式の状態記述のための数理枠組みとして，交換代数という計算体系を背後の理論として用いる。交換代数自体は，公理系により規定される。交換代数の公理については，付録1の「代数的多元実物簿記の公理的基礎」で最小限の説明を行う。本書の議論の中では公理自体に対する知識そのものは不要である。その代わり，構成的な計算体系として交換代数によって定式化される関数計算に基づいた計算体系を用いる。交換代数の式（以下，代数式或いは数式と呼ぶ）は，勘定科目とその会計測定の単位を順序対として，＜現金，円＞のように記述したものを基底とし，係数に正値のみをとるベクトル表現で表される。これは厳密には，基底からの自由生成で表現される代数式であるが本書の範囲では事例を通じて計算操作が行えることで十分である。

　複式簿記は，借方と貸方の状態が同時変化する拡張されたストック・フロー型の状態記述体系であり，借方の変化と貸方の変化がペア（ダブルエントリー）で生じる。その代数的な構造を公理で示したのが交換代数の公理であるが，本書では公理的な定式化については付録1で簡単に説明することとして，主に数式としての表現とその計算を具体的に扱っていく。まず交換代数の代数式の計算に必要な複式状態の数式表現とその上での演算についての説明を行い，それに基づき具体的な計算例を示す。また第5章では，この複式状態の数式表現に基づいた，関数型の情報処理について論じる。

　ここで用いる三つの複式の表現形式について整理しよう。なお勘定科目の多元実物評価を用いるか金銭評価を用いるかは問わない。

　第一の表形式表現は，通常の複式簿記の表形式での表現である。

　第二のインライン表現は，表形式表現を「／」の左右に順序対で表現したもので，本書では表形式表現の代わりに用いるほか，数式的な計算の表現にも一部用いる。

　第三の表現が，本書で中心的に用いる数式表現である。そこでは，＾（ハット）と ￣（バー）という作用素を数式の表現と計算に用いる。

　複式簿記で状態記述を表す代数式の元に対して＋は，基底間の形式和として表現できる。同じ基底は一つとして，同一基底の数値は加算される。複式状態の数式表現では，左右の位置によらない記述が可能となる。さらに簿記固有の計算を表すために，数式表現では＾（ハット）と ￣（バー）という二つの演算を導入している。また代数式の特定の基底の部分を抽出する射影

（Projection）演算とノルム（絶対値）という演算を導入する。代数式のノルムは，全ての基底に対して，その正値の数値を足し合わせたもので，代数式の大きさを表す。

　＾（ハット）という演算は，勘定科目を表す基底の前につけたとき，当該の勘定科目の減少を表す勘定科目（これを双対基底と呼ぶ）を表すものとする。例えば＜現金, 円＞が借方の資産勘定で現金を円で測定した量がフローとして増えたこと或いはストック（蓄積）として計測されることを記述するための基底であるのに対して，＾＜現金, 円＞は貸方で現金を円で測定した量がフローとして減ることを記述するための基底となる。交換代数の数式に対して，そこで用いる全ての基底に＾（ハット）をつけた基底が導入できる。この数式記述ではマイナスの数は用いていない。交換代数の式ではマイナスの数値の替わりに＾（ハット）という記号をつけた基底を用いる。ハットは演算子として用いると同時に，基底に対する＾をつけた基底の表現にも用いている。そのため＾＾＜現金, 円＞＝＜現金, 円＞のように，任意の基底 e に対して ＾＾e＝e と規約しておく。

　この代数式による記述を用いれば，例えば，

『現金　50　円／負債　50　円』の数式表現は，X＝50＜現金, 円＞＋50＜負債, 円＞

『負債　50　円／現金　50　円』の数式表現は，Y＝50＾＜現金, 円＞＋50＾＜負債, 円＞

と表される。ここで"＋"の前後を入れ替えても数式の意味は同じである。

　この数式表現では当該の勘定科目が本来属さない側の勘定科目での記述（すなわちその勘定科目が減ることを意味する記述）をテーブルの左右によってではなく，勘定科目につけた「＾（ハット）」という記号で表現している。すなわち，プラスのストック或いは損失を表す勘定科目であればテーブル形式で貸方にこれを記述する代わりに，当該の基底に＾をつける。これがマイナスのストック或いは利益を表す勘定科目であれば，借方にこれを記述する代わりに，当該の基底に＾をつける。この＾記号をつけた基底を導入することで，この拡張されたベクトル空間ではテーブル形式の複式簿記と同様に，量の記述にプラスの値だけを用いることができる。

　次に簡単な取引（りんごの仕入）でのインライン表現（従来の借方貸方に

よる複式簿記の記法）とその数式表現を比較することで＾（ハット）の意味を説明する。

　数式表現では，本来の勘定科目の反対側の勘定科目の基底に対して＾（ハット）という記号をつける。これにより借方・貸方という左右の位置に関係ない数式表現が可能となる。

「リンゴ　500　円／現金　500　円」

X＝500＜リンゴ, 円＞＋500＾＜現金, 円＞＝500＾＜現金, 円＞＋500＜リンゴ, 円＞

「リンゴ　500　円／買掛金　500　円」

X＝500＜リンゴ, 円＞＋500＜買掛金, 円＞＝500＜買掛金, 円＞＋500＜リンゴ, 円＞

　ここで用いる複式の状態表現は，通常は金銭評価で記述されるが，多元的実物評価を用いて記述することもできる。ここではりんごに対して，kgという評価単位を用いたが，状況によっては個数による計測も用いられる。

「リンゴ　2　kg／現金　500　円」

X＝2＜リンゴ, kg＞＋500＾＜現金, 円＞

　この多元実物評価の詳細については次章で扱う。

【＾（ハット）作用素と　 ̄（バー）作用素の意味】

　＾（ハット）のついた勘定科目の基底は意味的には，当該の勘定科目が相殺すべき反対側の勘定科目，すなわち当該の勘定科目が借方の勘定科目であれば貸方にその勘定科目が記されること，貸方の勘定勘定であれば借方にその勘定科目が記されることを表す。例えば，現金は，資産勘定であり借方に本来属する，現金の状態或いはそれが増えることを表す基底が＜現金, 円＞，それが減ることを表す基底が，＾＜現金, 円＞となる。

　上記の例で用いた，基底を「プラスストック（資産）」「マイナスストック（負債）」「価値の生成（損益）」「価値の消滅（損失）」とそれに＾をつけた，「プラスのストックの減少」「マイナスのストックの減少」「価値の生成の減少」「価値の消滅の減少」と分けて記載しよう。図1.2.1で示したように，借方勘定に対応するのは，「プラスストック（資産）」「価値の消滅（コスト）」「マイナスのストックの減少」「価値の生成の減少」となり，借方勘定に対応

第1章　複式簿記の状態記述とその数式表現

するのが,「マイナスストック（負債)」,「プラスストックの減少」「価値の
消滅の減少」となる。これらに対応して，基底を整理すると次のようにな
る。

(1) 借方項目

　1-1) プラスストック(資産)＝{＜現金, 円＞,＜売掛金, 円＞,＜リンゴ,
　円＞,＜リンゴ, kg＞,＜水, L＞,＜水, 円＞}

　1-2) 価値の消滅(損失)＝{＜売上原価, 円＞,＜タンクリース代, 円＞,
　＜一般管理費, 円＞,＜営業外損失, 円＞,＜特別損失, 円＞,＜公租公
　課(税金など), 円＞,＜漏出損失, 円＞}

　1-3) マイナスのストックの減少＝{＾＜買掛金, 円＞,＾＜負債, 円＞,＾＜資
　本金, 円＞}

　1-4) 価値の生成の減少＝{＾＜売上, 円＞,＾＜営業利益, 円＞,＾＜売上総
　利益, 円＞,＾＜経常利益, 円＞,＾＜当期純利益(税引前), 円＞,＾＜当
　期純利益, 円＞,＾＜営業外利益, 円＞,＾＜特別利益, 円＞}

(2) 貸方項目

　2-1) マイナスストック(負債)＝{＜買掛金, 円＞,＜負債, 円＞,＜資本
　金, 円＞}

　2-2) 価値の生成(損益)＝{＜売上, 円＞,＜営業利益, 円＞,＜売上総利
　益, 円＞,＜経常利益, 円＞,＜当期純利益(税引前), 円＞,＜当期純利
　益, 円＞,＜営業外利益, 円＞,＜特別利益, 円＞}

　2-3) プラスのストックの減少＝{＾＜現金, 円＞,＾＜売掛金, 円＞,＾＜リ
　ンゴ, 円＞,＾＜リンゴ, kg＞,＾＜水, L＞,＾＜水, 円＞}

　2-4) 価値の消滅の減少＝{＾＜売上原価, 円＞,＾＜タンクリース代, 円＞,
　＾＜一般管理費, 円＞,＾＜営業外損失, 円＞,＾＜特別損失, 円＞,＾＜公
　租公課(税金など), 円＞,＾＜漏出損失, 円＞}

　となる。

　この 1-1)〜2-4) までの8種類の基底は，図1.2.1の借方4種類，貸方
4種類の勘定科目に対応する。＾（ハット）をつけた基底は，＾（ハット）の
つかない基底の借方，貸方の分類の逆の側になるので，本質的には，1-1),
1-2), 2-1), 2-2) の4種類の基底を定めることで多元実物簿記での複式の

29

状態記述は可能となる。さらに勘定科目に対する多元実物評価と金額評価の変換は，当該の勘定科目の実物計測単位に対する金額評価を表す価格表が与えられていれば，金額評価と実物計測の間の振替によって可能となる。

　＾（ハット）を用いると，マイナスの数を代替する表現が与えられる。ただし＾（ハット）を用いた表現は，相殺すれば同じ状態を表現する式が複数あるという冗長性がある。そこで相殺という操作を表す作用素（オペレータ）として，￣（バー）という作用素を導入する。

「現金　100　円／現金　500　円」
「現金　200　円／現金　600　円」
「現金　300　円／現金　700　円」
「現金　　0　円／現金　400　円」
という四つの簿記表現を考えよう。これらは，いずれも残高をとると「現金　0　円／現金　400　円」となる。これを数式表現で表すと，

X1＝100＜現金, 円＞＋500＾＜現金, 円＞
X2＝200＜現金, 円＞＋600＾＜現金, 円＞
X3＝300＜現金, 円＞＋700＾＜現金, 円＞
X4＝　0＜現金, 円＞＋400＾＜現金, 円＞＝400＾＜現金, 円＞
X1≠X2≠X3≠X4 だが ￣X1＝￣X2＝￣X3＝X4 となる。

　これは X1, X2, X3, X4 はそれぞれ異なった元だが，￣（バー）作用素を用い相殺することで，同じ状態 X4 となることを示している。

　なお＾（ハット）を計算に用いるとき 30＾＾＜現金, 円＞＝30＜現金, 円＞のようにハットを2回つけると元に戻る。

y1＝30＾＜現金, 円＞＋30＜リンゴ, 円＞
とする。このとき，

y2＝＾y1＝＾(30＾＜現金, 円＞＋30＜リンゴ, 円＞)＝30＾＾＜現金, 円＞＋30＾＜リンゴ, 円＞＝30＜現金, 円＞＋30＾＜リンゴ, 円＞となる。また

y3＝y1＋y2＝30＜現金, 円＞＋30＾＜現金, 円＞＋30＜リンゴ, 円＞＋30＾＜リンゴ, 円＞に対して，￣y3＝￣(y1＋y2)＝￣(30＜現金, 円＞＋30＾＜現金, 円＞＋30＜リンゴ, 円＞＋30＾＜リンゴ, 円＞)＝0 となる。

　このように＾（ハット）と￣（バー）という二つの作用素を持つように拡

張された簿記の交換代数による数式表現では，借方・貸方のような位置の記述を用いるテーブル形式表現やインライン表現によらずに状態や状態の変化を記述できるだけでなく，簿記のさまざまな計算が＋（プラス），＾（ハット），￣（バー）の演算子により計算可能となる。なおこの他に交換代数の絶対値を表すノルムと特定の基底の数式部分を抽出するプロジェクションという演算子も必要に応じて用いる。この交換代数という計算体系の公理的基礎付けは付録1で簡単に述べる。

第 2 章

会計公準の拡張と多元簿記に基づく
生産会計

2.1　POE データと複式状態記述

　第 2 章では，複式簿記による財務会計の暗黙の前提である，会計公準
（Accounting Postulate）の拡張を課題とする。会計公準を拡張することで多
元実物簿記とその数式表現による状態記述を生産領域の広範な状態測定と状
態記述に用いることが可能なる。

　企業簿記は，20 世紀の初頭に，会計公準に依拠した会計認識のスコープ
が定められ，長い間それを踏まえた財務会計への利活用が行われてきた。そ
こでは，財務会計の範囲を定めるためのシステム認識の基本原理が会計公準
として定められている。

　会計公準については次節で詳しく論じるが，おおよそは，1）企業を単位
とした記述を行うこと，2）財やサービスをその価値の変化が実現或いはコ
ストが発生した時点で，金銭評価により記述すること，3）一定期間ごとに
期間内の状態変化を集計し状態の更新を行うことという，三つの基準がしば
しば言及される。すなわち会計公準は，複式の状態記述の対象となるシステ
ムの範囲（境界条件）と会計測定の方法を定めることで，システム認識の基
準を定めている。

　これは公準（Postulate）という名称だが，幾何学の公準のような数学的な
公理に準じるものではない。実質的に複式でのシステム状態記述の範囲と状
態測定の方式を示すことで，システム認識の範囲の決定（スコーピング）を
行う枠組みを公準と呼んでいる。

　第 2 章では，このシステム認識の範囲と測定を拡張することで，従来の
財務会計の範囲外であった，企業の生産を中心とした非財務情報に関して，
複式のシステム記述がどのように可能となるかを示す。

　本節では，その前提として，取引や生産などのイベントで生じる組織や家
計の状態変化を，離散時間の複式イベント事象のデータとして把握するため

の，POE（Point of Event）データについて説明する。

　さまざまな組織的活動のポイント（活動時点）で，それに関係するステークホルダーの協創によって作られ，収集されるデータのことをここでは POE データと呼ぶ。POE データは，IOT 時代にさまざまな状況で生成されるデータを特徴づける概念で，下記のようにさまざまな種類が区分される。とりわけこの POE データの多くが実物計測の複式データとして，本書で提案している多元的実物簿記の数式によって，表現され得る。POE データが複式のストック・フロー型のデータとして数式記述されるとき，それに対応した関数型の計算とそれに基づく，疎結合型の計算モジュールを結びつけたデータフロー型の計算が可能となる。これについては本書の 5 章で扱う。

　我々は本稿で，システムの状態記述のスコープの大幅な変更とそれに基づいたシステムのマネジメント（コントロール）のスコープの変更を提案する。ここでは会計公準という企業単位で金銭評価に基づくシステム認識のスコーピングの規定に変わり，主体の活動時点のデータ（Point of Event Data）を複式（Double Entry）で把握し，それを目的に応じたスコープで集約することで組織内の活動から，サプライチェーンや組織間連携に基づく活動，さらには国単位での活動に関するマネジメントを可能とするシステム記述とマネジメントの基礎的な枠組みを提起する。

　ここでは主体のさまざまな活動のイベント単位ごとに把握する活動時点データとしての POE データを次のように区分する［Deguchi, 2014］。またそれらの内で複式の記述ができるものを区分する。なおここで言及する実物計測単位による複式の数式記述が可能なデータのうち，現在は複式の記述が標準ではないデータもあるが，それについては後述する。

(1) Sales POE Data: Point of Sales Event Data：POS データは販売時点データとしてすでに利活用されているが，これを販売イベント単位に発行される，販売 POE データとして把握する。B2C での販売で発行されるレシートには，例えば，牛乳 1L 入り 1 個，豚肉 200g のように価格と同時に実物計測単位が記載されている。つまり Sales POE Data は実物計測単位による複式数式記述可能なデータである。

(2) Medical POE Data: Point of Medical Event Data：医療では電子カルテの要素としてさまざまな診療単位ごとに，レセプトデータや検査データ，診

療の記録等が生成される。これらは通常まとめて EHR（Electronic Health Record）と呼ばれるが，我々はこれを個々のイベント単位で把握して医療 POE データと呼ぶ。日本ではこの診療データは，保険点数という一種の実物計測単位での評価が定められており，それに基づき，医療サービスは患者に販売されその場で患者に投入される。これについては，3.8で論じる。なお介護保険に基づく介護サービスも同様に扱える。

(3) Energy POE Data: Point of Energy Event Data：エネルギーの生成，投入などの利活用に関するイベントの記述をエネルギー POE データと呼ぶ。HEMS（Home Energy Management System），BEMS（Building Energy Management System），CEMS（Community Energy Management System）などのエネルギーマネージメントシステムでエネルギーの利活用に関する変化を記述する際，エネルギーの投入産出に関する多元実物複式データとして記述することができる。

(4) Production POE Data: Point of Production Event Data：生産に関するロット単位，タスク単位での投入産出プロセスは，複式の多元実物簿記で記述できるイベントとみなせる。生産管理ではすでに POP（Point of Production）生産時点データという名称で，工場管理に用いられている。だが，そこでは，機械の稼働状況に関する数値データが得られても，それを利活用する方式は確立していない。我々は3章でこの課題を扱う。

(5) 生産関連 POE Data: Point of Production Related Event Data：生産プロセスは，そこでの投入産出関係が，複式の多元実物簿記で記述できる。だが他方で見積書，発注書，発注請書，納品・請求書などの諸帳票の発行は，発生主義の視点からも実現主義の視点からも財務会計の対象にならない。しかしこれらは，生産に関連する重要なワークフローの過程でのイベントである。しかも生産の投入産出関係に基づいて，複式で「何をどれだけ幾らで販売する」という取引の計画情報が実物単位と金銭単位で記載されている。これについては5章で扱う。

この他にも，さまざまな人間やマシン等の活動に伴い何らかの形で電子的に収集可能なイベント単位のデータが生成される。これを POE データとして把握して，それらのデータを上流として，個人や組織や行政の活動に関する状態や状態変化を記述し，それをもとにさまざまな政策指標，評価指標等を構築することができる。

次節では，この IOT 時代の膨大な POE データのうち，実物計測単位による複式の数式記述が可能な POE データを，拡張された会計公準のもとでどのように利活用するかについて論じる。

　ここでは，POE データの多元実物複式簿記による状態把握に基づいたシステム認識のための基準を次のように定める。

1) 活動時点複式データ（複式 POE データ）把握の原則：主体の活動（イベント）時点で，活動に伴う状態変化を実物単位での複式の離散イベントとして把握する（Point of Event Data の取得）。そこでは「実現された状態変化の測定と記述」のみならず，製造工程での計画としての原料と製品の投入産出関係のように，実現された投入産出関係だけでなく，「計画」段階での投入産出の複式データも POE データとして認識しその多元実物簿記による複式記述を行うことを認める。計画と実際の差を調整することはマネジメントの基本であり，POE データの利活用では，計画と実際の比較は重要なマネジメント項目となる。

2) 多元実物簿記の原則：複式の状態記述の測定系は，金額に限らず対象の財やサービスに対応した，重量や体積，個数や時間といった多元的な実物単位の計測を定め，それによる状態と状態変化を計測する。

3) マネジメントのスコープの原則：活動時点データを把握し，マネジメントするための主体の活動システムの範囲を決め，それに応じてデータを集約，それに基づいたマネジメントを設計・実行する。

　この三つの新しいシステム記述の基準は，主体の活動に伴う変化を活動時点でミクロに捕捉し，それを適当なマネジメントの対象範囲で集約し，利活用するための基本枠組みとなる。我々がここで POE Data（Point of Event Data）と呼ぶデータの中には，POS（Point of Sales）データや POP（Point of Production）データや電子インボイスデータなどさまざまな POE データが含まれる。このような POE データは従来からエッジサイドでの取得と利活用が言われつつも，これを複式のデータオブジェクトとして実物単位で記述し計算し，情報処理を行い，社会的な基盤インフラの上でセキュアに利活

用するための枠組みができていなかったことでその利活用が極めて限定された形でしか行われてこなかった領域である。

　次章では製造工程とそれに関連したプロセスで用いられる複式の状態表現について，多元実物簿記による状態とその変化の記述を試みる。生産に関する多元実物簿記を用いた状態記述は従来非財務情報としてアドホックに扱われてきた生産計画から地球温暖化ガスの排出や廃棄物の記述まで広範な情報を統合した新たな会計領域を切り拓く。これを本書では生産会計（Production Accounting）と呼ぶ。生産会計ではそのシステム境界は，ロット単位の生産プロセス中心となり，会計測定も実物単位による，重さ，体積，個数，時間などの多元的な評価が用いられる。生産会計は，財務会計と補完的に用いられることで，組織や家計の価値形成のプロセスを統合的に扱うための数式表現を用いた新たな会計計算の領域を提供する。

　さらにこの会計計算の新しい方式では，生産を含む広範な複式の状態を数式として記述できることで，データベース概念を中心に構築されてきた会計情報システムとそれを含む ERP のような企業の情報システムを，複式のデータオブジェクトに対するデータフロー型の計算を中心とした情報システムへと再構築する可能性を提供する。

2.2　会計公準とその生産会計への拡張

　財務会計では，企業会計原則に従った会計処理が行われなければならない。この企業会計原則は，会計とはどのように行われるべきかの行動規則を，歴史的な経緯を含め帰納的な方法により定めている実践的指導原則である。これに対して，いわゆる会計公準（Accounting Postulates）は，演繹的で理論的な視点から，会計処理の満たすべき原則を公準（Postulates）として記述している。企業簿記では，前世紀の初頭に，会計公準により，財務会計のための会計認識のシステム境界が企業であると定められ，長い間それを踏まえた利活用が行われてきた。そこでは，会計公準と呼ばれる，システム認識の基本原理が定められている［Wolk, 2016; Chap.5］。

　これには，1922 年の W. A. Paton による 7 つの公準が一番古いものとして援用されているが，ここではよりシンプルな 1939 年の S. Gilman による三つの会計公準（1. 会計実体の公準，2. 継続企業の公準，3. 貨幣的測定の公

準）と，関連する会計測定対象の選択に関する三つの主義についてシステム的な視点から説明し，実物簿記とその代数的扱いによる会計システムの再構築がどのようなアプローチであるかを簡単に示したい［Paton, 1938; Gilman, 1944］。

　会計公準ではまず，1）永続的なエンティティとしての企業をシステム境界とする記述を行うことが求められる。その上で，2）さまざまな勘定科目（基底）で認識する財やサービスや負債は金銭単位で評価することが求められる。さらに，3）一定期間ごとに期間内の状態変化を集約し状態の更新を行うことという会計期間を定めた記述が求められる。これに加えて，何を会計測定し記述すべきかに対して三つの考え方がある。一つが現金の動きにだけ着目して費用や損益を会計測定・記述する方式でこれを現金主義という。現金主義は現在の会計ではほぼ用いない。これに対して価値が発生した時点で損益を会計測定・記述する方式を発生主義と言う。また費用の支払いや代金の受け取りにより，費用や収益が実現した時点で会計測定・記述を行う方式を実現主義と呼ぶ。現代の会計では，費用に関しては，例えば減価償却を費用として記述するなどのために発生主義を用いる。収益に関しては，契約はなされていても未実現の収益のリスクを避けるために実現主義での会計測定と記述を行う。この三つの会計公準と，発生主義による費用把握，実現主義による収益把握により財務会計のシステム記述は行われている。

　我々が前提とする財務会計の会計公準は，次の三つとなる。
(1) 永続的なエンティティとしての企業をシステム境界とする記述を行う。これは永続性に関する「Going Concern」と，企業をシステム境界とする「Business Entity」に分けて論じられることがある。
(2) さまざまな勘定科目（基底）で認識する財やサービスや負債は金銭単位で評価すること（Monetary Measurement）が求められる。
(3) 一定期間ごとに期間内の状態変化を集約し状態の更新を行うという会計期間（Accounting Period）を定めた記述が求められる。

　この三つの会計公準と，発生主義による費用把握，実現主義，及び「費用収益対応の原則」による収益把握という基準に基づいて財務会計のシステム記述は行われている。

　そこでは対象となるシステムを複式の状態記述が行われるシステムとして認識し記述するための境界の設定や，状態変数の設定や状態の測定単位は，「会計公準」により定められていると言える。(1) はシステムとして記述する境界＝対象範囲（スコープ）が企業となることを示している。従来は，この財務会計の会計公準を満たす企業システム単位が，複式簿記でのシステム記述のスコープとなっていた。

　しかし複式簿記が可能とするのは，複式での状態記述（BS）と状態変化の記述（PL）であり，どのようなシステム境界に対して状態変化を把握し複式で記述するかのスコープ設定は，複式簿記の記述能力とは別の問題である。その意味では財務会計のスコープ外での複式状態記述を考える上で既存の会計公準に縛られる必要はない。

　従来の会計公準の三つの基本である，(1) 金銭評価による会計測定の原則，(2) システム認識の境界を企業とした上での永続性を求める原則，(3) 一定期間ごとのストックとフローの状態評価の原則を変えるには，まず企業を対象領域（スコープ）としたシステム認識から財やサービスの生産プロセスを対象領域としたシステム認識へとスコープを拡張し，金銭による評価の原則を，財の多元的な実物単位での評価へと拡張する。さらに財やサービスの生産としての一貫性はあるが，永続的に生産を続けるわけではないロット単位での生産を対象とする新たな会計原則にも続く会計を導入する。これを我々は「生産会計」と呼ぶ。

　会計公準を変えて，複式の状態変化を測定するということは，システム認識の範囲（境界）を変化させるということである。生産領域では，システム境界は個々の製品やサービスの製造ロットであり，これをどのように認識するかが課題となる。

　さらに，ロット単位で認識された状態測定を，企業のような組織単位でどのように集約して扱うかも課題となる。システム境界を広げた時，広がったシステム境界での状態をどのようにその内部の状態を集約して構成するが課題となる。この集約の単位は，企業のような組織だけではない。企業間関係でサプライチェーン上での集約や，地域の産業レベル，国レベルでのコモディティーフローとしての取引の把握と集約，国民経済全体の国民経済計算（SNA）としての価値形成の把握と GDP としての集約などさまざまなスコー

プでの集約が求められる。これについては 6 章で扱う。

　会計公準を満たす財務会計での会計測定の外側には，驚くほど膨大な複式のデータ群が存在する。その多くは，事実上複式の構造を持ちながらも複式のデータとして扱われてこなかった。これらの複式データは，さまざまな活動イベント（Point of Event）単位で生成され，ビジネスプロセスの中で利活用がなされている場合もあれば，ほとんど利活用されていない場合もある。さらにそのデータの多くは複式でありかつ実物単位での計測と記述が行われている。納品・請求書は，当該の品物を量的に表現する，個数或いはキログラムなど品物の固有の計測単位を用いることで，どれだけの量を納品し，それに対しいくら請求するかを記載している。見積書，発注書，発注請書，納品・請求書などの諸帳票は，企業のバックオフィスプロセスとして会計処理と連動して発行・承認・送付がなされる。

　これらのデータは，バックオフィスの見積や発注などのイベント時点で生成されるデータである。しかしそこでは積極的に複式のデータとして処理が行われているわけではない。この見積イベント時点，発注イベント時点，発注請イベント時点，納品請求イベント時点でのデータ記録とバックオフィスプロセスはビジネス・モデルや商習慣によりさまざまなバリエーションがある。また会社法・国際会計基準などによっても一連の流れは異なる。だがそこで用いられているデータは 5 章で示すように実物単位の複式データに，付加的な摘要データが付随した構造で示される。これらのデータを適切なデータ構造でデータレジスタに格納し，それをバックオフィス処理のみならず，製造プロセスの複式記述をはじめさまざまな実物複式 POE データの共通の情報処理単位とすることができれば，実物複式 POE データを用いるさまざまな領域に共通のデジタル利活用基盤が構築できることになる。

　我々は本書で，複式によるシステムの状態記述を適用するシステム境界の大幅な拡張とそれに基づいたシステムのマネジメント概念の拡大を試みる。企業をシステム境界として，金銭評価に基づくシステム認識を行い，発生主義或いは実現主義で測定し記述するという会計公準に変わり，さまざまな領域でのマネジメントと実物複式状態空間の構築を可能とする，新しい状態測定とシステム境界の認識原理を明らかにする。その上で主要なマネジメント項目を示し，それを設計するための複式状態空間での仕様記述法を明らかに

したい。その仕様記述は数理的に定式化された多元実物簿記とその数式表現に基づく計算体系で与えられる。さらにデータの蓄積と利活用を行うためには，絶えざる組み替えに耐えられる情報処理フレームワークの設計と実装が求められる。

　実物複式 POE データを測定しそれを集約するシステム境界は，同時にそれをマネージメントするためのシステム境界となる。従来は，永続的エンティティ（として想定される）企業と国家が，企業会計と国民経済計算のシステム境界とされ，そこでの認識関心も損益や付加価値の変化（GDP など）に限定されてきた。しかし実物単位での POE データの測定では，財とサービスの生産，エネルギー，CO_2，廃棄物，人的資本サービス，医療・介護サービス，物流などさまざまな領域のデータが含まれる。これらの多くでは従来複式のデータ構造で記述できることが認識されていなかった。しかし後述するように主体の活動で，交換を含む何らかの価値の変化が生じるポイントでは，その変化を実物複式データとして捉えることが自然であり，従来単なるビックデータとして別々に認識されていたものが，同じ複式のデータ構造を持つことが示される。

　3 章では，生産に関するプロジェクト型のシステム境界の認識方法とそこでのマネージメントの諸課題をまず示す。ここでいうプロジェクトとは，タスクの半順序の連結によるプロジェクトのことである。本書では対象がロット単位の生産など小規模なものが多い。プロジェクトとして想定されるものには，ロット単位の製造プロセス，疾病単位のクリニカルパス，さまざまなサービスプロセス，バックオフィスでの受発注プロセスなどタスクの連結によるさまざまな価値形成活動が挙げられる。これらプロジェクトを対象とした複式実物 POE データの把握と集約とそれに基づくマネージメントは生産ロットを境界とするシステム把握とマネジメントとなる。

第二部

生産会計の応用と
非財務情報

第 3 章
生産会計と投入産出仕訳

　我々は，第 2 章で，財務会計の会計公準の範囲外に多くの複式の活動時点（Point of Event: POE）データが存在することについて述べた。本章では，まず 3.1 で，財やサービスの生産に関する投入産出の諸プロセスを具体的に記述し，財やサービスの生産を仕掛り品や製品を製造をするタスクとその連結としてのプロジェクト形式で把握する。3.2 では生産工程での投入産出関係を投入産出仕訳として把握することについて論じ，その事例を 4 つのタスクからなる生産プロジェクトを対象として詳述する。3.3 では生産管理全般について，投入産出仕訳との関連を論じる。3.4 では生産工程の実行管理について，生産のタスクの内部状態の遷移の測定と，複数の生産プロジェクトに対する資源の割り当てという課題を扱う。3.5 では，投入産出仕訳を，人的資本サービス及び物的資本サービスの生産のための投入産出工程へと拡張する。さらにマイナスの価値を持つバッズの産出を含む製造工程への拡張を扱う。3.6 では家計内でのサービスの産出と人的資本への自家投入を生産としてどのように扱うかについて論じる。3.7 ではエネルギーの産出・変換を行う工程での投入産出仕訳について論じる。3.8 では，医療サービスを事例に，その場で販売され投入・利用される Value in Use としてのサービス財の生産と販売と人的資本への自己投入について論じる。

3.1　生産会計と投入産出関係

　本節ではロット単位の製造の事例を取り上げプロジェクト領域での複式POE データとその利活用によるマネジメントについて論じる。従来から工場では製造プロセスは，複数のタスクの連結したプロジェクトとして認識され，その生産管理や受発注管理のマネジメントが行われてきた。そこではプロジェクトとして，計画と実際の落差を埋めるマネジメント，原価計算，人的資本計測，廃棄物管理，タスクの実行管理，プロジェクトの実行管理，人的資本や物的資本の資源割り当てのスケジューリングなどの多様なマネジメントが共通のシステム認識のもとで行われてきたわけではない。またプロ

ジェクトとして認識可能な対象領域（スコープ）は広範囲に及ぶ。建築領域でのマンションなどの集合住宅の内装工事は，1室の内装工事が100工程以上のタスク（墨出し，配管，電気工事，床工事などなど）からなるプロジェクトと見なされる。集合住宅で200室以上の工事をするということは，部屋のタイプ別に，個々の部屋の工事のプロジェクトでの投入産出管理や進捗管理をするだけでなく，複数のプロジェクトに対して人的資源を割り付けるスケジューリングがマネジメント上の大きな課題となる［Deguchi, 2011］。

　ソフトウェア開発などプロジェクト型のビジネスプロセスでは，個々のタスクの実行時間を想定した上で，プロジェクトを構成するタスクの前後の連結関係を半順序関係で結んだPERT（Program Evaluation and Review Technique）図が，時間管理のツールとして用いられる。そこでは，クリティカルパス分析などの手法が用いられる。ただしPERT図ではタスクの実行時間は記載されるが，プロジェクトとして各タスクでの投入産出関係は考慮されていない。

　これに対して，生産会計では，ロット生産を表すプロジェクトをタスクごとの投入産出関係とタスク間の連結として記述する。プロジェクトを構成する個々のタスクに対して，必要とされる原料の所要量を求めることもできる。これは生産管理でBOM（Bill of Materials）が果たしている機能である。さらに製造工程では，労働者による作業を表す人的資本サービスや，機械装置の稼働を表す物的資本サービスも，生産タスクへの投入となる。人的資本サービスと物的資本サービスは，複数タスク間での同時利用が限定されるという制約のあるリソースだが，タスクでの作業が終了すれば解放され再度投入が可能なリソースでもある。一般にこのような機械や人の投入を，どのプロジェクトのどのタスクに対して順次行うかの計画を立てるのがスケジューリングである。整数計画問題としてのジョブショップスケジューリングや，フローショップスケジューリングが有名だが，実際の工場での多品種小ロット生産の現場では，ほぼこれらは使われることはない。代わりに使われているのが，大日程計画，中日程計画，小日程計画と山積み，山崩しという，属人性の高い手法である。本章では，複数プロジェクト（プロジェクト集合）に人的資本サービスや物的資本サービスを割り当てることのできる，著者らが開発したアルゴリズムについても3.4で簡単に言及する。

　生産のロット単位を表すプロジェクトをシステム認識の境界とした上で，

それを構成するタスク単位で財やサービスの生産のための原料や人的資本サービス（労働）と物的資本サービス（装置の稼働サービス）の投入と仕掛品や製品及び副産物などの産出を複式の状態記述の対象とすることは，従来の財務会計の複式簿記記述では想定されていない。

　財務会計では，会計公準に基づき企業単位で発生したコストと実現した損益に関する状態変化を複式記述することにそのシステム認識の範囲を限定している。財務会計は，生産工程という企業内部での活動プロセスを対象として，財やサービスの生産に関する投入産出プロセスを認識し，そこでの計画レベルから実現までの状態変化を，複式の状態変化として把握し記述すべき対象であるとは想定してこなかった。

　生産プロセスは，原料の購入，減価償却費の積算，労賃の支払い，製品の販売を通じて，財務会計的な視点での状態変化をもたらす。しかし生産に伴う投入産出プロセスで投入が産出に変化するという状態変化そのものは，財務会計の範囲では記述されてはこなかった。財務会計で複式簿記により記述されるのは，関連した売買と発生主義に基づく減価償却などの費用の発生と実現主義に基づく収益の把握であり，生産プロセスそのものではない。生産プロセスでの状態変化を記述するためには，産出される財やサービスごとにロット単位の生産工程をプロジェクトとして把握する必要がある。その上でプロジェクトを構成するタスク単位で，投入産出関係を，多元実物計測に基づく複式の活動時点データとして把握する必要がある。

　これは企業組織の内部での，ロット単位の生産工程をシステム境界とし，生産の開始から終了までを期間とした複式での状態と状態変化の記述となる。このロット単位の投入産出の記述では，その対象となるシステム境界も期間も会計公準の制約下にはない。他方で，この財やサービスの生産を単位とした状態と状態変化の多元実物簿記による把握は，企業のマネジメントにとって極めて重要であり，今後ますますその重要性を高めつつある。

　従来から生産プロセスそのものは，財務会計とは別に，生産管理システムとして扱われてきた。生産管理システムでは，受発注や原料の在庫や調達の管理，さらに製造指示書の発行，スケジューリング，実行管理などの諸機能が，複式の情報として統合化されることなく，その情報処理が行われている。近年では，会計情報システムと生産管理システム，さらに人事管理システムなど企業の諸システムを ERP（Enterprise Resources Planning）パッケー

ジの中で捉えて標準化が試みられている。

　また会計以外の多元的な情報処理を会計情報と併せて行うという意味で，多次元会計モデル（Multidimensional Model of Accounting）という概念も用いられている［Kovalev, 2020］。しかし ERP などのデータベースソリューションの中でも，また多次元会計モデルの中でも，複式の状態記述の持つ数学的な性質は十分に把握されておらず，情報処理にも生かされていない。結果的に会計情報処理を中心とした企業の情報処理は，手続的な情報処理に基づくモノリシック（一体型）なシステムとなり，その組み替えや新規機能の追加には多くのコストと時間がかかる。これは，サービス指向で，必要なサービスを組み替えることを前提としたマイクロサービスのアーキテクチャに基づく情報処理とは真逆の方向になる。現状では，企業情報処理のアーキテクチャーを構成するモデル・ビュー・コントロール（Model, View, Control: MVC）のうち，ビューの部分については，ビジネスインテリジェンス（BI）などの発展で，さまざまな視点からの見える化を組み替えたり追加したりできるようになりつつある。他方で根幹のデータベースモデルやその上の手続的情報処理についてはアーキテクチャ上大きな変化はない。

　工場などの生産現場では，生産ラインの組み替えが月単位で頻繁に行われる。ところがそれに関連した情報処理システムの改変の方が，生産ラインの組み替えよりも長くかかるという現状がある。情報処理のマイクロサービス化を可能とするアーキテクチャに関数計算に基づくデータフロー型の情報処理がある。複式簿記を数式化できる交換代数の状態記述では，計算は関数計算となり，データフロー型の情報処理が容易に実現できる。

　しかし現状では，そもそも複式のデータ処理は，会計公準に基づく財務会計にその範囲を限定しており，そこでは生産プロセスそのものを複式の活動時点データとして把握して複式のデータ処理を行うという枠組みそのものが存在していない。しかし他方で財務会計に捉えられていない企業・組織活動に伴う広義の状態変化は生産活動にとどまらない，受注に関する見積処理，倉庫と工場との受払い処理，これらはいずれも複式の伝票処理が可能な領域だが，財務会計の範囲には必ずしも入らない。さらに地球温暖化ガスの排出や廃棄物の処理などは，サプライチェーンにまたがるデータ処理を必要とするが，その基盤となるデータは個々のタスクの投入産出関係にある。

　この複式 POE データ全般にわたる，データフロー型のマイクロサービスアーキテクチャについては，5 章で取り扱う。

3.2　投入産出仕訳の事例

【生産活動の伴う投入産出関係の状態変化の記述】

　ここでは生産活動をロット単位の生産をスコープとした状態変化の記述として捉える。工場での製造ロットを対象範囲（スコープ）とした場合，ロット内部の最小製造単位として，ロットの生産工程を構成するタスク単位での状態変化の記述に着目する。ロットは，タスクを作業単位としたプロジェクトとみなされる。こでは簡単な事例として，図 3.2.1 で示されるような，四つのタスクからなる 1 ロット 1 製品（筐体）の単品生産プロジェクトとしての製造工程を考える。

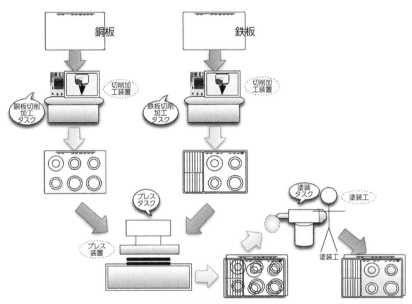

図 3.2.1　四つのタスクからなる筐体生産のロット

　筐体生産のロットは，銅板の切削加工のタスク（タスク A），鉄板の切削加工のタスク（タスク B），プレスのタスク（タスク C），塗装タスク（タスク D）からなる。それぞれ原料と，人が作業に従事する人的資本サービス及び機械装置の稼働という物的資本サービスが投入され，仕掛品或いは製品及び副産物が産出される。また生産工程では，地球温暖化ガス（GHG）とし

ての二酸化炭素（CO_2）や，汚染物質のような廃棄物の排出も必要に応じて捕捉され記述される。

これら生産に伴う投入産出関係を，個々のタスクを最小のシステム境界として，多元実物簿記で状態記述したものを生産に伴うタスク単位の活動時点複式生産データ（Point of Production Event Double Entry Data）と呼ぶ。この生産プロセスを構成する個々のタスクでは，投入項目が貸方，産出項目が借方に記述される。また次章で扱うマイナスの価値を持つ地球温暖化ガスや産業廃棄物の排出は，マイナスのストックとして認識され貸方に記述される。生産活動そのものを仕掛品や製品を産出する工程別にタスクとして捉えるという視点は，従来の原価計算にはない。

個々のタスクA〜Dでの加工（投入産出）に伴う状態変化は実物単位の交換代数の数式表現を用いて以下のように記述される。ここでの多元実物簿記の数式表現によって記述される変化は，生産に伴う投入産出関係を表している。

タスクA〜Dで用いる範囲での新たな勘定科目の基底についての図1.2.1で示された，プラスストック，マイナスストック，価値の消滅（損失），価値の生成（損益）の4種の分類のうちここでは，借方のプラスストックを示す。

プラスストック(資産)＝{＜鉄板切削加工仕掛品, 個＞，＜鉄屑, kg＞，＜鉄材, kg＞，＜切削加工_物的資本サービス, 時間＞，＜切削加工_人的資本サービス, 時間＞，＜銅板切削加工仕掛品, 個＞，＜銅屑, kg＞，＜銅材, kg＞，＜プレス成形仕掛品, 個＞，＜プレス加工_物的資本サービス, 時間＞，＜プレス加工_人的資本サービス, 時間＞，＜塗装済完成品, 個＞，＜塗料, kg＞，＜塗装_人的資本サービス, 時間＞，＜塗装_物的資本サービス, 時間＞}
またこれらを価格表示した基底を必要に応じて用いる。

生産会計の投入産出仕訳では，原料となるプラスのストックが投入され，新たな仕掛品や製品，販売可能な屑などが産出される。その仕訳では，基本プラスのストックからプラスのストックへの変換が行われる。ただし鉄屑，

銅屑などは販売可能な副産物としてこの事例では扱われている。地球温暖化ガスや，廃棄物などのマイナスの価値を持つ財は，マイナスのストックとして扱われる必要がある。これについて 3.5 で扱う。また労働サービスを表す人的資本サービスと，機械の稼働サービスを表す物的資本サービスは，各タスクの生産工程の中で生成され，それが同時に生産に投入される。この人的資本サービスと物的資本サービスを生産する投入産出仕訳についても 3.5 で扱う。ここではその時間単位での実物計測と，単価が与えられているものとして扱う。

（タスク A）鉄板切削加工による仕掛品製造での投入産出仕訳

X［鉄板切削加工仕掛品製造］＝1＜鉄板切削加工仕掛品，個＞＋5＜鉄屑，kg＞＋20^＜鉄材，kg＞＋2^＜切削加工_物的資本サービス，時間＞＋0.4^＜切削加工_人的資本サービス，時間＞

この投入産出仕訳では，鉄板材 20kg を原料として，切削加工の機械装置の稼働サービスである物的資本サービスを 2 時間投入し，さらにオペレータの作業としての人的資本サービスが 0.4 時間投入され，鉄板切削加工仕掛品 1 個と副産物として鉄屑 5kg が産出されている。ただし銅屑は，廃棄にコストのかかる産業廃棄物ではなく，有料販売可能な副産物とする。これを表形式の多元実物簿記で書くと次の表 3.2.1 のようになる。

表 3.2.1　鉄板切削加工タスクの投入産出仕訳

借	方		貸	方	
鉄板切削加工仕掛品	1	個	鉄材	20	kg
鉄屑	5	kg	切削加工_人的資本サービス	0.4	時間
			切削加工_物的資本サービス	2	時間

（タスク B）銅板切削加工による仕掛品製造での投入産出仕訳

X［銅板切削加工仕掛品製造］＝1＜銅板切削加工仕掛品，個＞＋2＜銅屑，kg＞＋8^＜銅材，kg＞＋1^＜切削加工_物的資本サービス，時間＞＋0.2^＜切削加工_人的資本サービス，時間＞

この投入産出仕訳では銅板材 8kg を原料として，切削加工の機械装置の稼働サービスである物的資本サービスを 1 時間投入し，さらにオペレータ

の作業としての人的資本サービスが0.2時間投入され，銅板切削加工仕掛品1個と副産物として銅屑2kgが生成されるという取引を示している。これを表形式の実物簿記で書くと表3.2.2のようになる。

表 3.2.2　銅板切削加工タスクの投入産出仕訳

借	方		貸	方	
銅板切削加工仕掛品	1	個	銅材	8	kg
銅屑	2	kg	切削加工_人的資本サービス	0.2	時間
			切削加工_物的資本サービス	1	時間

（タスク C）プレス成形による仕掛品生産での投入産出仕訳

X［プレス成形仕掛品製造］＝1＜プレス成形仕掛品，個＞＋1^＜鉄板切削加工仕掛品，個＞＋1^＜銅板切削加工仕掛品，個＞＋1^＜プレス加工_物的資本サービス，時間＞＋1^＜プレス加工_人的資本サービス，時間＞

これは，鉄板切削加工仕掛品1個と銅板切削加工仕掛品1個を用いて，それに対してプレス加工を1時間行うとプレス成形仕掛品が1個製造されることを示している。

表 3.2.3　プレス加工タスクの投入産出仕訳

借	方		貸	方	
プレス成形仕掛品	1	個	鉄板切削加工仕掛品	1	個
			銅板切削加工仕掛品	1	個
			プレス加工_人的資本サービス	1	時間
			プレス加工_物的資本サービス	1	時間

（タスク D）塗装済製品生産での投入産出仕訳

X［塗装済製品製造］＝1＜塗装済完成品，個＞
＋1^＜プレス成形仕掛品，個＞＋2^＜塗料，kg＞
＋1^＜塗装_人的資本サービス，時間＞＋1^＜塗装_物的資本サービス，時間＞

これは，プレス成形仕掛品1個に塗料2kgを原料として，塗装作業を1時間行うと，塗装済完成品が1個製造されることを意味する取引を交換代数で示したもの。

表3.2.4　塗装タスクの投入産出仕訳

借　　方			貸　　方		
塗装済完成品	1	個	プレス成形仕掛品	1	個
			塗料	2	kg
			塗装_人的資本サービス	1	時間
			塗装_物的資本サービス	1	時間

（タスク1）〜（タスク4）の4つのタスクのそれぞれの製造工程では，原料或いは仕掛品を中心とした生産加工イベントが，それぞれ多元実物簿記による投入産出関係として複式で記述されている。ここでの記述は，4つのタスクの各々に対して

1) 原料（鉄板或いは銅板や塗料）や仕掛品の投入，
2) 設備を用いて原料や仕掛品を加工するためのサービス（物的資本サービス）とさまざまな加工作業で人が行うサービス（人的資本サービス）の投入，という二種類のサービスの投入，
3) 産出項目としての製品（仕掛品）の産出，
4) プラスの価値を持つ副産物の産出，

という項目からなる生産に伴う状態変化を生産会計の投入産出仕訳に基づき，多元実物簿記の表形式表現と数式表現で投入産出関係を記述した。

これらの4つのタスクをスコープとした投入産出仕訳をプロジェクトとしての筐体製造のロットをスコープとして集約することで，筐体製造のロット（プロジェクト）単位の投入産出関係を得ることができる。この計算プロセスは，4つのタスクの投入産出仕訳を合算して，￣（バー）演算子により残高をとることで，次のよう示される。

Z[ロット単位塗装済製品製造]=￣{X[鉄板切削加工仕掛品製造]+X[銅板切削加工仕掛品製造]+X[プレス成形仕掛品製造]+X[塗装済製品製造]}

$= \overline{}\{1<鉄板切削加工仕掛品, 個>+5<鉄屑, \text{kg}>+20\char94<鉄材, \text{kg}>+2$
$\char94<切削加工\_物的資本サービス, 時間>+0.4\char94<切削加工\_人的資本サービス, 時間>$

$+1<\text{銅板切削加工仕掛品, 個}>+2<銅屑, \text{kg}>+8\char94<銅材, \text{kg}>+1\char94<切削加工\_物的資本サービス, 時間>+0.2\char94<切削加工\_人的資本サービス, 時間>$

$+1<\text{プレス成形仕掛品, 個}>+1\char94<\text{鉄板切削加工仕掛品, 個}>+1\char94<\text{銅板切削加工仕掛品, 個}>+1\char94<プレス加工\_物的資本サービス, 時間>+1\char94<プレス加工\_人的資本サービス, 時間>$

$+1<塗装済完成品, 個>+1\char94<\text{プレス成形仕掛品, 個}>+2\char94<塗料, \text{kg}>+1\char94<塗装\_人的資本サービス, 時間>+1\char94<塗装\_物的資本サービス, 時間>\}$

$=1<塗装済完成品, 個>+5<鉄屑, \text{kg}>+2<銅屑, \text{kg}>$
$+20\char94<鉄材, \text{kg}>+8\char94<銅材, \text{kg}>+2\char94<塗料, \text{kg}>$
$+3\char94<切削加工\_物的資本サービス, 時間>+0.6\char94<切削加工\_人的資本サービス, 時間>+1\char94<プレス加工\_物的資本サービス, 時間>+1\char94<プレス加工\_人的資本サービス, 時間>+1\char94<塗装\_物的資本サービス, 時間>+1\char94<塗装\_人的資本サービス, 時間>$

表 3.2.5　筐体製造の投入産出仕訳

借 方			貸 方		
塗装済完成品	1	個	鉄材	20	kg
鉄屑	5	kg	銅材	8	kg
銅屑	2	kg	塗料	2	kg
			切削加工_人的資本サービス	0.6	時間
			切削加工_物的資本サービス	3	時間
			プレス加工_人的資本サービス	1	時間
			プレス加工_物的資本サービス	1	時間
			塗装_人的資本サービス	1	時間
			塗装_物的資本サービス	1	時間

　このように四つのタスクの各々を生産の境界として得た投入産出仕訳の数式表現から，この四つのタスクからなるロットを生産の境界とする投入産出仕訳を，四つのタスクの投入産出仕訳の数式表現を加え合わせてバー演算（残高計算）を行うという極めて簡単な計算によって得ることができる。

　これらの投入産出仕訳では，仕掛品や原料や製品などは，それぞれの多元実物計測によって計測されている。仕掛品や製品は個数単位で，鉄材や銅材，塗料，鉄屑，銅屑などは kg 単位で計測されている。また人的資本サービスと物的資本サービスは，時間単位で計測されている。

　それゆえ，財務会計での簿記で基本となる借方と貸方のバランスは成立していない。しかしそれは多元実物簿記が財務会計の簿記に比べ，その性質に欠陥があるわけではない。それどころか，多元実物単位を，価格情報をもとにして金額評価へと変換することで，財務会計での借方と貸方のバランスがある記述へと変換することが可能となる。この変換により，塗装済完成品の製造仕切り値が計算され，それにより借方・貸方のバランスがとられる。この計算に先行して，塗装済完成品の価格が借方・貸方バランスする形で存在しているのではない。これは多元実物計測と，そこでの原料や物的資本サービス，人的資本サービスの価格がより上流のデータとなっていることを示している。この投入産出仕訳の価格評価への変換は，価格表をもとに多元実物記述から金額評価の記述への振替伝票を発行することで容易に計算できる。

　上記の例で，仮に鉄材 300 円/kg，銅材 1000 円/kg，塗料 500 円/kg，副産物の銅屑の販売価格 400 円/kg，鉄屑の販売価格 40 円/kg，切削加工の人的資本サービスの時間単価を 2000 円/時間，切削加工の物的資本サービスの時間単価を 1500 円/時間，プレス加工の人的資本サービスの時間単価を 2000 円/時間，プレス加工の物的資本サービスの時間単価を 1200 円/時間，塗装の人的資本サービスの時間単価を 1500 円/時間，塗装の物的資本サービスの時間単価を 150 円/時間，とする。なおこれらの数値はリアルな製造技術に依拠した数値ではなく，あくまで事例計算のための仮置きの数値である。

　これらから多元実物計測から金銭評価への多元実物計測の，単位あたりの振替仕訳の数式表現を，下記のように得ることができる。

Y［鉄材_金銭評価振替］＝^＜鉄材, kg＞＋　300＜鉄材, 円＞
Y［銅材_金銭評価振替］＝^＜銅材, kg＞＋1000＜銅材, 円＞

Y［鉄屑_金銭評価振替］＝^＜鉄屑, kg＞＋ 40＜鉄屑, 円＞

Y［銅屑_金銭評価振替］＝^＜銅屑, kg＞＋ 400＜銅屑, 円＞

Y［塗料_金銭評価振替］＝^＜塗料, kg＞＋ 500＜塗料, 円＞

Y［切削加工_人的資本サービス_金銭評価振替］

＝^＜切削加工_人的資本サービス, 時間＞＋2000＜切削加工_人的資本サービス, 円＞

Y［切削加工_物的資本サービス_金銭評価振替］

＝^＜切削加工_物的資本サービス, 時間＞＋1500＜切削加工_物的資本サービス, 円＞

Y［プレス加工_人的資本サービス_金銭評価振替］

＝^＜プレス加工_人的資本サービス, 時間＞＋2000＜プレス加工_人的資本サービス, 円＞

Y［プレス加工_物的資本サービス_金銭評価振替］

＝^＜プレス加工_物的資本サービス, 時間＞＋1200＜プレス加工_物的資本サービス, 円＞

Y［塗装_人的資本サービス_金銭評価振替］

＝^＜塗装_人的資本サービス, 時間＞＋1500＜塗装_人的資本サービス, 円＞

Y［塗装_物的資本サービス_金銭評価振替］

＝^＜塗装_物的資本サービス, 時間＞＋150＜塗装_物的資本サービス, 円＞

　多元実物計測の単位あたりの金銭評価への計算には，振替仕訳の数式表現を用いる。これによりタスクごとの多元実物計測での投入産出仕訳に，多元実物計測から金銭評価への振替仕訳を足して，バー作用素を用いて残高計算を行い，タスクごとの金銭評価での投入産出仕訳の数式表現が得られる。以下で，鉄板切削加工のタスクに関して，この金銭評価への振り替え計算を示す。

(1) 多元実物評価での投入産出仕訳

　　X［鉄板切削加工仕掛品製造］＝1＜鉄板切削加工仕掛品, 個＞＋5＜鉄屑, kg＞

　　＋20^＜鉄材, kg＞＋2^＜切削加工_物的資本サービス, 時間＞＋0.4^＜切削加工_人的資本サービス, 時間＞

(2) 金銭評価への振替仕訳

振替仕訳の数式は，ハットのついた科目を振り替える場合には，振替仕訳にもハットをつけて対応する振替仕訳を作成する。

Z[鉄材_金銭評価振替]＝20Y[鉄材_金銭評価振替]＝^20＜鉄材，kg＞＋6000＜鉄材，円＞

Z[鉄屑_金銭評価振替]＝5Y[鉄屑_金銭評価振替]＝^5＜鉄屑，kg＞＋200＜鉄屑，円＞

Z[切削加工_人的資本サービス_金銭評価振替]＝0.4Y[切削加工_人的資本サービス_金銭評価振替]＝0.4^＜切削加工_人的資本サービス，時間＞＋800＜切削加工_人的資本サービス，円＞

Z[切削加工_物的資本サービス_金銭評価振替]＝2Y[切削加工_物的資本サービス_金銭評価振替]＝2^＜切削加工_物的資本サービス，時間＞＋12000＜切削加工_物的資本サービス，円＞

(3) 多元実物評価での投入産出仕訳から金銭評価での投入産出仕訳への振替計算

ここでは仕掛品の仕切り値としての価格を求めるために，仕掛品以外の投入産出項目を，金額評価に振り替えた X_Tr1 を求める。

X_Tr1[鉄板切削加工仕掛品製造]＝¯{X[鉄板切削加工仕掛品製造]＋^Z[鉄材_金銭評価振替]＋Z[鉄屑_金銭評価振替]＋^Z[切削加工_人的資本サービス_金銭評価振替]＋^Z[切削加工_物的資本サービス_金銭評価振替]}

＝¯{1＜鉄板切削加工仕掛品，個＞＋5~~＜鉄屑，kg＞~~

＋20^~~＜鉄材，kg＞~~＋20~~＜鉄材，kg＞~~＋6000^~~＜鉄材，円＞~~＋^5~~＜鉄屑，kg＞~~＋200＜鉄屑，円＞

＋2^~~＜切削加工_物的資本サービス，時間＞~~＋0.4^~~＜切削加工_人的資本サービス，時間＞~~

＋0.4~~＜切削加工_人的資本サービス，時間＞~~＋800^~~＜切削加工_人的資本サービス，円＞~~

＋2~~＜切削加工_物的資本サービス，時間＞~~＋12000^~~＜切削加工_物的資本サービス，円＞~~}

＝1＜鉄板切削加工仕掛品，個＞＋6000^＜鉄材，円＞＋200＜鉄屑，円＞

＋800^＜切削加工_人的資本サービス，円＞＋3000^＜切削加工_物的資本サービス，円＞

これを表形式で表現すると下表のようになる。ここから鉄板切削加工仕掛品のタスク内での仕切り値を求めることができる。

表 3.2.6　鉄板切削加工タスクの投入産出仕訳の金銭評価表示（1）

借　方			貸　方		
鉄板切削加工仕掛品	1	個	鉄材	6000	円
鉄屑	200	円	切削加工_人的資本サービス	800	円
			切削加工_物的資本サービス	3000	円

数式からの計算として仕切り値を求めるには，投入産出仕訳の式を借方項目と貸方項目に射影演算で分解し，バランス価格を求める。

Projection［借方］(XM［鉄板切削加工仕掛品製造］)＝1＜鉄板切削加工仕掛品，個＞＋200＜鉄屑，円＞

Projection［貸方］(XM［鉄板切削加工仕掛品製造］)＝6000^＜鉄材，円＞＋800^＜切削加工_人的資本サービス，円＞＋3000^＜切削加工_物的資本サービス，円＞

｜Projection［貸方］(XM［鉄板切削加工仕掛品製造］)｜＝9800

｜200＜鉄屑，円＞｜＝200

鉄板切削加工仕掛品の仕切り値は，バランス価格として，9800－200＝9600 円となる。ここから金額評価での鉄板切削加工タスクの投入産出仕訳の金銭評価表示 X_Tr2 が求められる。

X_Tr2［鉄板切削加工仕掛品製造］＝9600＜鉄板切削加工仕掛品，円＞＋6000^＜鉄材，円＞＋200＜鉄屑，円＞＋800^＜切削加工_人的資本サービス，円＞＋3000^＜切削加工_物的資本サービス，円＞

表 3.2.7　鉄板切削加工タスクの投入産出仕訳の金銭評価表示（2）

借　方			貸　方		
鉄板切削加工 仕掛品	9600	円	鉄材	6000	円
鉄屑	200	円	切削加工_人的 資本サービス	800	円
			切削加工_物的 資本サービス	3000	円

　このように個々のタスクごとの仕掛品及び製品のタスクごとの仕切り価格を，借方・貸方がバランスする形で求めることができる。同様の計算から

X_Tr1［銅板切削加工仕掛品製造］＝1＜銅板切削加工仕掛品，個＞＋800＜銅屑，円＞
＋8000^＜銅材，円＞＋1500^＜切削加工_物的資本サービス，円＞＋400^＜切削加工_人的資本サービス，円＞
X_Tr2［銅板切削加工仕掛品製造］＝9100＜銅板切削加工仕掛品，円＞＋800＜銅屑，円＞＋8000^＜銅材，円＞＋1500^＜切削加工_物的資本サービス，円＞＋400^＜切削加工_人的資本サービス，円＞

X_Tr1［プレス成形仕掛品製造］＝1＜プレス成形仕掛品，個＞＋9600^＜鉄板切削加工仕掛品，円＞＋9100^＜銅板切削加工仕掛品，円＞＋1200^＜プレス加工_物的資本サービス，円＞＋2000^＜プレス加工_人的資本サービス，円＞
X_Tr2［プレス成形仕掛品製造］＝21900＜プレス成形仕掛品，円＞＋9600^＜鉄板切削加工仕掛品，円＞＋9100^＜銅板切削加工仕掛品，円＞＋1200^＜プレス加工_物的資本サービス，円＞＋2000^＜プレス加工_人的資本サービス，円＞

X_Tr1［塗装済製品製造］＝1＜塗装済完成品，個＞
＋21900^＜プレス成形仕掛品，円＞＋1000^＜塗料，円＞
＋1500^＜塗装_人的資本サービス，円＞＋150^＜塗装_物的資本サービス，円＞
X_Tr2［塗装済製品製造］＝24550＜塗装済完成品，円＞

＋21900^＜プレス成形仕掛品，円＞＋1000^＜塗料，円＞
＋1500^＜塗装_人的資本サービス，円＞＋150^＜塗装_物的資本サービス，
円＞

　このように，四つのタスクの各々で，原料或いは仕掛品と物的資本サービ
スと人的資本サービスを投入項目とし，さらに鉄屑，銅屑の産出を考慮する
形でタスクごとの投入産出を明らかにし，それを合成することで塗装完成品
の仕切り値としての工場出荷原価は，24550円と算出される。なおこの塗装
済完成品の仕切り値は，ロット単位でまとめた投入産出仕訳から下記のよう
に直接求めることもできる。

　Z［ロット単位塗装済製品製造］＝1＜塗装済完成品，個＞＋5＜鉄屑，kg＞
＋2＜銅屑，kg＞
＋20＜鉄材，kg＞＋8^＜銅材，kg＞＋2^＜塗料，kg＞＋3^＜切削加工_物
的資本サービス，時間＞＋0.6^＜切削加工_人的資本サービス，時間＞＋1
^＜プレス加工_物的資本サービス，時間＞＋1^＜プレス加工_人的資本サー
ビス，時間＞＋1^＜塗装_物的資本サービス，時間＞＋1^＜塗装_人的資本
サービス，時間＞

　Z_Tr1［ロット単位塗装済製品製造］＝1＜塗装済完成品，個＞＋200＜鉄屑，
円＞＋800＜銅屑，円＞＋6000^＜鉄材，円＞＋8000^＜銅材，円＞＋1000
^＜塗料，円＞
＋4500^＜切削加工_物的資本サービス，円＞＋1200^＜切削加工_人的資本
サービス，円＞＋1200^＜プレス加工_物的資本サービス，円＞＋2000^＜プ
レス加工_人的資本サービス，円＞＋150^＜塗装_物的資本サービス，円＞
＋1500^＜塗装_人的資本サービス，円＞

　Z_Tr2［ロット単位塗装済製品製造］＝24550＜塗装済完成品，円＞＋200＜鉄
屑，円＞＋800＜銅屑，円＞＋6000^＜鉄材，円＞＋8000^＜銅材，円＞＋
1000^＜塗料，円＞
＋18000^＜切削加工_物的資本サービス，円＞＋1200^＜切削加工_人的資
本サービス，円＞＋4500^＜プレス加工_物的資本サービス，円＞＋2000
^＜プレス加工_人的資本サービス，円＞＋300^＜塗装_物的資本サービス，

円＞＋1500^＜塗装_人的資本サービス, 円＞

　生産会計では，財務会計と異なり，多元実物評価によるタスク単位の投入産出仕訳を最小単位のスコープとする。ロットのスコープではタスクの連結に基づき，タスク単位の投入産出仕訳を集約することで，ロット単位の投入産出が積算される。また原材料などの価格表が与えられれば，上記のように金銭評価への評価替えも容易である。

　さらに生産管理に付随した多くの財務情報，非財務情報をオンバランスの複式状態空間上で状態記述し，交換代数の数式表現を用いることでそこでの計算を関数計算として扱える。これらについての詳細は次節以降で扱う。なお一般に財務会計では，貸借対照表に載せることをオンバランスといい，載せないことをオフバランスという。これには，開示情報に載せないという意味合いと，複式の状態表現に入れずに別途サテライト勘定として開示するというニュアンスがある。本書では，生産のロット単位の投入産出仕訳の複式状態記述をスコープとして，投入原材料の所要量計算や，地球温暖化ガスの計算，その他バッズの計算，人的資本サービスの投入と物的資本サービスの計算，さらに見積の作成まで生産管理に関する非財務的情報を多元実物複式簿記により複式状態空間の上で扱うという意味でオンバランスという概念を用いている。

3.3　生産会計と生産管理

　本節では，前節で扱ったロット単位の投入産出仕訳に基づくさまざまな生産管理に関するオンバランス計算について，そこでの課題や論点，計算方法などについて論じる。

3.3.1　部品展開表上流から投入産出仕訳上流へ

　我々は 3.2 の事例を通じて，ロット単位での工場仕切り値を原価とする原価計算が，多元実物単位で記されたタスク単位での投入産出仕訳から計算できることを示した。財務会計の標準原価計算では，ロット単位での原価についてロットを構成するタスクから積み上げる形での原価計算を行うことはない。

　財務会計で用いる標準原価計算では，事業所や工場での月単位での原料や

納品の伝票から月単位での原価と損益を算出する。この財務会計での原価計算からはロット単位での原価を求めることはできない。換言すればどのロットが儲かっているのか判断ができない。ロットごとの損益率がわからないという問題は，小ロットリピート生産を行う柔軟な小規模な生産現場にとって深刻な問題となる。一般に営業部門はボリュームの大きなロットを受注してくるインセンティブがある。だがそれが利益を出すとは限らない。生産会計ではロットを生産のシステム境界とし，ロットを構成するタスク単位での計画時点の投入産出仕訳データをロットで集約することで仕切り値としての製品の原価が得られる。したがって，ロット単位での受注の選択のマネジメントが可能となる。むろんそのためには，見積・計画段階での投入産出仕訳のデータが必要となる。

標準的な生産管理では，計画段階での投入産出データの一部としての原料投入の工程（タスク）ごとの所要量計算を行う。これには資源計画の一環として部品展開表（Bill of Materials: BOM）によるオフバランス化された非財務情報を用いる。これに対して製品ロットごとの投入産出仕訳を用いることで，BOMに替わる資源計画の上流のオンバランスデータとして，原価から原材料の所要量計算まで多くの生産管理情報を統合的に扱うことが可能となる。

生産管理では，BOMがロット単位の生産での原料の投入に関する基本情報として認識されている。BOMからは多くの情報が得られるが，他方でBOMはコード体系の管理が煩雑である。本書では，複式の生産会計の投入産出仕訳を上流にすることで，生産管理のみならず環境や人的資本に関する非財務的な情報の多くを理論的にも，計算としても統合的に導くことができる。これはコード体系についても同様で，複式の多元実物簿記の勘定科目に基づいた交換代数の基底をコードとして用いることで，コード体系間の統合も可能となる。

BOM，特にM-BOM（製造部品表）は，MRPの概念と共に生産における所要量計算に用いられる。MRPでの所要量計算では，比較的大きな製造のプロジェクトに対する製造のリードタイムに基づいて資材の調達のリードタイムの計算が行われる。そこでは見込み生産での資材調達が製造計画の関心の中心となる。小ロット多品種受注生産の場合でも資材調達は重要であるが，同時に，機械や労働といった再利用可能でかつ限定された資源のスケジューリングも課題となる。

　先の筐体製造の事例では，物的資材としての，鉄材，銅材，塗料の投入に関して，それぞれのタスクでの投入産出仕訳に対して，^＜鉄材，kg＞，^＜銅材，kg＞，^＜塗料，kg＞で射影演算を行うことで，タスク A での資源投入＝20^＜鉄材，kg＞，タスク B での資源投入＝8^＜銅材，kg＞，タスク D での資源投入＝2^＜塗料，kg＞が得られる。

　一般に人的資本サービスの投入と物的資本サービスの投入は，MRP の BOM に基づく所要量計算には含まれていない。このような単純な BOM から構成された MRP による資材調達計画は，過剰な在庫をもたらすリスクがある。その原因は，生産機械や人員などの資源の制約にある。生産工程では原料や仕掛品とは別に，生産機械の割当や人員の割当等の時間単位での資源割当のスケジューリング計画が必要となる。

　生産管理では，部品展開表，スケジューリング，製造指示書，見積，原料調達などさまざまな情報が用いられる。とりわけ生産に必要な資源の積算と在庫の管理，発注作業は製造工程での資源計画では必須の作業である。現在の生産管理システムでは，資源計画の管理は，BOM を基軸とした MRP と在庫管理システムによりオフバランス化された非財務情報を元に扱われている。これに対して本書では，ロット単位で生産のための，見積，必要資材の積算，必要な人的資本サービスと物的資本サービスの多元実物単位での量の積算とその金額評価をタスクごとの多元実物簿記による投入産出仕訳を上流として把握し，これを広義の所要量計算と捉える。生産工程でのタスクごとの仕掛品の仕切り値及び製品の仕切り値は，投入産出仕訳から計算できることは 3.2 で示した。これに対して，BOM に基づいた塗装済筐体の価格は，投入原料のみから計算するため，塗装筐体価格＝銅材 8000 円＋鉄材 6000 円＋塗料 1000 円＝15000 円＋間接費，となる。これは投入産出仕訳から得られる仕切り値である 24550 円と大きく乖離している。これは人的資本サービスと物的資本サービスの積算が，間接費に一括されているためである。

　生産会計では，財務会計同様に発生時点活動データとしてのフローデータだけでなくフローデータの累積計算と，一定期間単位でのストックの処理をする必要がある。そのために財務会計同様に，投入産出仕訳だけでなく一種の総勘定元帳の概念を導入する必要がある。ただしそこでの勘定科目は生産勘定に関するものとし，生産勘定元帳（General Production ledger）と呼ぶこととする。

生産勘定元帳は投入産出仕訳に基づき，産出製品・仕掛品元帳，産出副産物元帳，投入原材料・仕掛品元帳，投入人的資本サービス元帳，投入物的資本サービス元帳，投入エネルギー元帳，排出・廃棄物元帳の7つの領域に分けられる。それぞれの領域での勘定科目はそこでの投入産出仕訳の詳細により異なる。

(1) 産出製品・仕掛品元帳：ロット生産でのタスクごとの投入産出仕訳から，製品と仕掛品の産出を記述する。

(2) 産出副産物元帳：ロット生産でのタスクごとの投入産出仕訳から，副産物の産出を記述する。

(3) 投入原材料・仕掛品元帳：ロット生産でのタスクごとの投入産出仕訳から，原材料の投入と仕掛品の投入を記述する。

(4) 投入人的資本サービス元帳：ロット生産でのタスクごとの投入産出仕訳から，人的資本サービスの投入を記述する。

(5) 投入物的資本サービス元帳：ロット生産でのタスクごとの投入産出仕訳から，物的資本サービスの投入を記述する。

(6) 投入エネルギー元帳：ロット生産でのタスクごとの物的資本サービスを生成するためは，物的資本サービスを産出する投入産出仕訳が別途必要となる。このとき機械装置を稼働させるのに必要なエネルギーの投入量を記録する。タスクごとのエネルギー投入を合算することで，製品やサービスを生産するロット単位でのエネルギーの所要量が計算できる。これについては4章で扱う。

(7) 排出・廃棄物元帳：ロット生産でのタスクごとのGHGの排出や廃棄物の産出などバッズとしてのマイナスのストックの産出を含めた各タスクの投入産出仕訳から，排出・廃棄物の産出を記述する。これについては4章で扱う。

　(1)～(5)について3.2の事例で計算すると次のようになる。

(1) X[産出製品・仕掛品元帳]＝Projection[{＜鉄板切削加工仕掛品, 個＞, ＜銅板切削加工仕掛品, 個＞, ＜プレス成形仕掛品, 個＞, ＜塗装済完成品, 個＞}](X[鉄板切削加工仕掛品製造]＋X[銅板切削加工仕掛品製造]＋X[プレス成形仕掛品製造]＋X[塗装済製品製造])

　＝1＜鉄板切削加工仕掛品, 個＞＋1＜銅板切削加工仕掛品, 個＞＋1＜プレス成形仕掛品, 個＞＋1＜塗装済完成品, 個＞

ただし Projection[{e_1, e_2, …}](X)＝Projection[e_1](X)＋Projection[e_2](X)＋, …とする。

(2) X[産出副産物元帳]＝Projection[{＜鉄屑, kg＞, ＜銅屑, kg＞}](X[鉄板切削加工仕掛品製造]＋X[銅板切削加工仕掛品製造]＋X[プレス成形仕掛品製造]＋X[塗装済製品製造])＝5＜鉄屑, kg＞＋2＜銅屑, kg＞

(3) X[投入原材料・仕掛品元帳]＝Projection[{^＜鉄材, kg＞, ^＜銅材, kg＞, ^＜鉄板切削加工仕掛品, 個＞, ^＜銅板切削加工仕掛品, 個＞, ^＜プレス成形仕掛品, 個＞}](X[鉄板切削加工仕掛品製造]＋X[銅板切削加工仕掛品製造]＋X[プレス成形仕掛品製造]＋X[塗装済製品製造])
＝20^＜鉄材, kg＞＋8^＜銅材, kg＞＋1^＜鉄板切削加工仕掛品, 個＞＋1^＜銅板切削加工仕掛品, 個＞＋1^＜プレス成形仕掛品, 個＞

(4) X[投入人的資本サービス元帳]＝Projection[{^＜切削加工_人的資本サービス, 時間＞, ^＜プレス加工_人的資本サービス, 時間＞, ^＜塗装_人的資本サービス, 時間＞}](X[鉄板切削加工仕掛品製造]＋X[銅板切削加工仕掛品製造]＋X[プレス成形仕掛品製造]＋X[塗装済製品製造])＝0.6^＜切削加工_人的資本サービス, 時間＞＋1^＜プレス加工_人的資本サービス, 時間＞＋1^＜塗装_人的資本サービス, 時間＞

(5) X[投入物的資本サービス元帳]＝Projection[{^＜切削加工_物的資本サービス, 時間＞, ^＜プレス加工_物的資本サービス, 時間＞, ^＜塗装_物的資本サービス, 時間＞}](X[鉄板切削加工仕掛品製造]＋X[銅板切削加工仕掛品製造]＋X[プレス成形仕掛品製造]＋X[塗装済製品製造])＝3^＜切削加工_物的資本サービス, 時間＞＋1^＜プレス加工_物的資本サービス, 時間＞＋1^＜塗装_物的資本サービス, 時間＞

なお 3.2 ではロット生産を構成する各タスクで産出されるのは仕掛品や製品としての「物」であった。しかしタスクが連結したプロジェクト型の生産工程には，医療におけるクリニカルパスのように，各タスクで，検査や診断，治療といったサービスが産出され，ものとして流通するのではなく，生産されたその場で患者が購入し自己投入するというプロセスもある。この場

合も，投入産出関係の仕訳により同様の議論が可能である。これについては
3.5 で扱う。

3.3.2　生産技術と投入産出仕訳の型

　タスクごとの多元実物計測による投入産出仕訳のデータを上流としてタス
クごとの投入の所要量計算をはじめとしてさまざまな計算を行う。この投入
産出仕訳は，BOM 同様に受注ごとに独立に設計図などから見積ることがで
きる。

　財務会計の仕訳では，取引の類型ごとにそれをどのように仕訳けるかを学
ぶ。生産会計でのタスクごとの投入産出仕訳でも，個々の受注に対応した投
入産出仕訳の前提となる類型化がどのように可能となるかが課題となる。受
注ごとに作成される投入産出仕訳は，製造手配に用いられるだけでなく，見
積にも用いることができる。何らかの形で類型化され標準化された投入産出
仕訳の型を用意することができ，そこからの個別案件ごとのブレークダウン
ができれば，生産計画の立案が迅速化できるだけでなく，案件に関する見積
そのものの迅速化とそれによる見積コストの低下も期待できる。

　本書では生産の技術類型ごとに標準化された投入産出仕訳の型を用意する
こと可能となると想定する。生産会計ではタスクごとに生産に用いる生産技
術は異なる。この生産技術をベースに，投入産出の類型を区別することがで
きる。この類型の下で，さらに個々のタスクの案件ごとに投入される材料の
量や，装置の稼働時間などの計測数値が異なってくる。これについては，個
別案件の設計図から積算することになる。

　例えば，溶接するというタスクであっても，MIG 溶接，TIG 溶接，MAG
溶接，二酸化炭素溶接などの溶接方法の差によって，用いるワイヤーや溶接
棒，装置やシールドガスの種類が異なる。これら投入する材料や廃棄物を投
入産出の型として分類整理したものを「投入産出仕訳の型」とここでは呼ぶ
ことにする。

　投入産出仕訳の型は，生産に用いる技術を示している。ただし投入産出仕
訳の型だけでは，借方（産出），貸方（投入）の勘定科目は定まっても，具
体的なタスクごとの投入産出仕訳に必要なそれぞれの勘定科目の測定単位に
基づいた数量はわからない。これを定めるには，溶接であれば溶接対象とな
る素材の種類と同時に，溶接対象の部位や形状が与えられる必要がある。こ
れにより原料の量のみならず，物的資本サービスとしての装置の稼働時間や

人的資本サービスとしての溶接技術者の種類と投入時間も定まる。

　生産工程での具体的な生産タスクに応じた仕訳は，前段階でそこに用いる生産技術の型を選択することにより，投入産出の類型が区別され，その類型を選択したのち，生産対象品の種類や形状に基づき，設計工程で具体的な投入産出の計画数値が求められることになる。この生産に用いる技術タイプごとに投入産出関係を借方，貸方別に勘定科目として整理したものを，生産技術別の投入産出仕訳の型と呼ぶ。技術別の投入産出仕訳の型には，地球温暖化ガス（GHG）や産業廃棄物のようなバッズを含めることもできる。当該の企業が利用可能な生産技術別の投入産出仕訳の型と，個別タスクごとに投入産出計画を設計する技術は，製造業にとって基本的なライブラリーとして管理されるべき技術資産となり得る。

　投入産出仕訳の型に対して，典型的な生産物を仮定して計算した具体的な投入産出の数値の入った投入産出仕訳は，技術タイプごとに標準化されたミクロな生産関数そのものとみなすことができる。産業全体で，生産に用いる投入産出仕訳の型の総体が，その時点で利用可能な技術の総体を可視化したものとなる。

　一つの企業にとっても，生産工程で用いている投入産出仕訳の型はその企業で利用可能な技術の総体を可視化しており，企業が技術導入や技術開発を進めるにあたって，現在の利用可能な技術とは何かを見える化を可能とするために，投入産出仕訳の型とそのライブラリーを用いることができる。

3.4　生産工程の実行管理とスケジューリング

　ここで述べたタスク単位での投入産出仕訳の代数的実物簿記による数式記述は計画値であり，実行時の計測データとの乖離は，別途実行管理のマネジメントと通じて調整される必要がある。多くの製造工程では，投入原料の量は計画値と実際の間にそれほど多くの乖離はない。他方で，段取り替えを含む加工時間については計画時間と実測の間にかなりの乖離がみられることが最近の IoT を用いた分析で明らかとなってきた［Ishizuka, 2020; Deguchi, 2018］。実行管理のマネジメントでは IoT などを援用して，工程の実測から段取り替えを含む加工時間を計測することができる。

　生産会計では，ロット単位，タスク単位での投入産出仕訳が基盤となる。だが実際の製造プロセスでは，プロジェクトとしてロットをタスクの結合と

してみると同時に，個々のタスクでの生産プロセスの遂行をタスク内部の状態遷移として把握することが重要な課題となる。さらに複数のロットに対して，人的資本サービスや物的資本サービスを割り付けるスケジューリングも重要な課題である。それゆえ生産会計では，生産工程の実行管理は，
(1) タスク単位で製造工程の実行過程をタスク内の状態遷移として把握と管理するという課題，
(2) ロット生産をタスクの結合したプロジェクトとして把握し，その実行過程の把握と管理という課題，
(3) 複数のロットの生産を，複数のプロジェクトの集まりとして把握し，そこに人的資本サービスや物的資本サービスを割り付けるスケジューリングという課題，
の三つの層に区分され扱われる。この三つの層は図 3.4.1 のように示される。

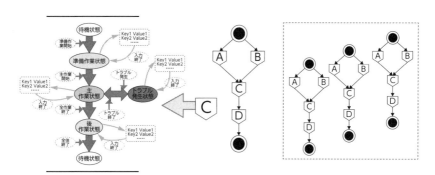

図 3.4.1　生産管理の三つの層

3.4.1　タスク内の状態把握と状態遷移の管理

　一つのタスク内の生産工程は，タスク内の状態遷移過程として捉えることができる。図 3.4.1 の左に記されているのが，タスク内の状態遷移の一般系であり，中央に記した，A，B，C，D という四つのタスクから C を取り上げ，このタスクの内部状態遷移を模式的に示したものとなっている。ここではタスク内の状態を，タスクの開始前と終了後の待機状態を別として，準備作業，主作業，トラブル，後始末作業（洗浄や片付けなどの後始末）の四つに分けることができる。ここで重要なのは，一般的にタスク内の状態遷移では，手戻りがある点である。まずトラブルが発生したときには必ず手戻りが

生じる。また実際の工程ではさらに多くの状態とその遷移が生じているが，それぞれの状態に係る時間と，その遷移のパターンは必ずしも十分捕捉されてはいない。しかし，物的資本サービスの投入や人的資本サービスの投入は，時間単位であり，それを測定することができることは投入産出仕訳にとって重要な意味を持つ。特に課題となるのは，機械装置などの設備を用いたタスクでの状態と状態遷移の把握であり，タスク内の製造工程を状態の変化として把握することは，工程の実行管理という観点からも大きな意味を持つ。しかし，実際にはこのタスク内の内部状態自体も十分に把握されているとは言い難い。

　筆者らは，IoT を利活用して，タスク内の状態遷移を測定する枠組みを構築した［Deguchi, 2018; Ishizuka, 2020］。その際に重要なことは，機械装置の内部の作動状態そのままでは，タスク内の作業の状態を示すことにはならないという点である。これを切削加工のタスクを例にとって説明する。シーケンサ（Programmable Logic Controller: PLC）から取得した信号そのままでは，どのような作業を行っているかの状態とその遷移を把握していることにはならない。

　図 3.4.2 は切削加工装置の作動状態を，シーケンサ（PLC）から取得したマシンの状態として把握したものである。

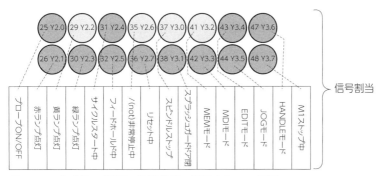

図 3.4.2　切削加工装置の作動状態の信号としての把握

　機械装置のさまざまな作動状態のシグナルそのものは，シーケンサ（PLC）や CNC（Computer Numerical Control）を経由して機械装置から取得することができる。図 3.4.2 は切削加工装置の作動のシグナルを取り出しデジタル表示したものである。明るい灰色がオン，暗い灰色がオフを表す。このよ

うな機械の内部作動状態を表す信号からは，そこでどのような作業が行われているかを直接知ることはできない。タスク内部の作業を，加工工程の作業として認識できる形で把握するためには，機械の内部作動状態を表す信号を，当該の切削加工のタスク内での加工作業を表す状態へとマッピングすることが必要となる。図3.4.3は切削加工タスクの内部作業状態とその状態遷移の概略を示したものである。灰色の部分が現在の状態を示す。加工状態は大きく分けて，準備のための人手による外段取りと，機械装置を占有しながら準備作業を行う内段取りとに分けられる。さらにそこでの状態は細かくどの作業を行っているかの状態に分けられる。さらに，トラブルの発生状態と，量産工程の状態に分けられる。この状態遷移はタスクの作業工程として認識し把握した内部状態とその遷移となっている。この遷移過程ではさまざまな手戻りも想定されている。下記の例では電源オンで，内段取り作業としてのEDIT作業を行っているところである。

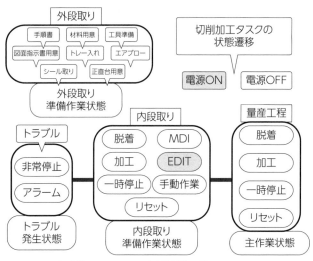

図3.4.3　切削加工タスクの内部状態遷移図

　外段取りでは，機械装置は稼働していないが，人的資本サービスは投入されている。大企業では，この外段取りと内段取りは，並列作業として行われることも多いが，中小企業の多くでは，準備作業としての外段取りは，タスクの準備作業として直列に内段取りの前作業として行われることも多い。

　活動時点の状態記述は，製造のロットをスコープとした場合には，それを
構成するタスクが活動単位となり，タスク単位の Point of Production の状態
を複式の状態記述で把握する。これは計画段階では，設計のための製造手配
書のデータから構成することができる。計画に対して実際の実行時のデータ
の取得は，IoT を活用して主に作業の時間計測を行うことで，段取り替えの
ばらつきなどから物的資本サービスの時間のブレなどが明らかになる。また
物的資本サービス及び人的資本サービスの実際の投入時間に対する計測も，
この状態測定により行うことができる。

　タスクの内部状態が観測されることで，切削加工タスクの投入産出を示す
実物複式の生産時点データ（計画）に対して，実際の投入における物的資本
サービスの時間を計測し，その落差を埋めるマネジメントが可能となる。原
価や生産性に大きく影響するのは，この加工時間のブレであり，その原因を
解明するためには，このような状態遷移の測定が必要となる。図 3.4.4 は，
生産の稼働カルテと呼んでいる，内部状態遷移の時間軸表示である。

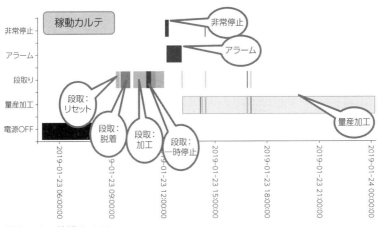

図 3.4.4　稼働カルテ

　この生産プロジェクトを構成するタスク内部の状態遷移やその時間を把握
するという実行管理は，従来の生産管理の中では事実上行われてこなかった
マネジメントである。実際に切削加工やロボットセルでこの稼働カルテによ
り，想定しているより遥かにタスク内での作業の遂行に大きなばらつきがあ
ることが明らかになった［Ishizuka, 2020; Deguchi, 2018］。

製造の現場で従来管理できなかった事柄が明らかになったことは，従来からの生産性のマネジメントに大きな影響を与える。プロジェクトでの具体的な投入産出関係を検討することで，タスク内での状態を要因分解した生産性の分析が可能となる［Sano, 2023］。IoT により取得したデータから見えるのは，生産プロセスでのタスク内での作業の状態遷移，即ち作業の実行時間のばらつきである。多くの場合，このばらつきは内段取りで生じている。このばらつきは従来，技能の慣熟プロセスの一環としてしか認識されてこなかった。今後は人を含む生産システムでは，スキルの高度化を含む実行時間のばらつき改善のためのフィードバックがプロジェクトでのマネジメントの重要な課題となる。

(1) プロジェクトの実行管理：MES から生産会計へ

　タスクの遂行は，生産工程における基本的な生産単位であった。これに対して，製品全体に対する工程は，タスクが半順序関係で結びついたプロジェクトとして認識され，実行管理される。製造工程の実行管理については，MES（Manufacturing Execution System）の国際規格に，ISA-95（オペレーションの標準化），ISO22400（評価の規格）が定められている。

　この MES の国際規格では，製造工程を支援する広義の生産管理システムとして，11 の基本機能が定義されている。また MES は ERP や SCM（Supply Chain Management）を上層とし，PLC などによる工作機械制御を下層としそれを繋ぐ管理層と位置付けられている。そこでは MES の上層である ERP からのトップダウン制御が前提とされており，生産現場へカイゼンのための情報を直接的にフィードバックするような機能的配慮はなされていない。そのためのファクトリーインテリジェンスの層も定義されていない。本書で扱う実行管理のモジュールの機能の一部はこの MES の国際規格にも含まれている。他方で本書では，タスク内作業工程の状態遷移をリアルタイムで可視化して状態遷移を把握・管理し，それを生産会計の投入産出仕訳のデータとして用いる。MES では現場でタスクの実行過程をカイゼンするためにフィードバックすることは想定されていない。またタスクレベルでの生産会計による投入産出の把握や廃棄物管理もそもそも想定されていないが生産会計ではこれらを扱うことができる。

3.4.2　プロジェクト集合に対する資源割り当ての実行管理

　生産に必要な投入には，原料と仕掛品，人的資本サービスと物的資本サービスがある。原料については，タスクごとに投入産出仕訳から逆算して必要な投入原料の所要量を求めることができる。

　これに対して人的資本サービスと物的資本サービスは，単に所要量が求められるだけではない。人的資本サービスと物的資本サービスは，必要なタスクに投入した後で，作業が終わると解放されまた別の必要とされるタスクに投入可能となる。つまり人的資本サービスと物的資本サービスは，全てのタスクに当該時点で必要な量を提供できればボトルネックにならないが，一般には人的資本サービスと物的資本サービスの量は，組織の人的資本投資である職能別の雇用と生産設備に対する物的資本投資に依存し，原料のように短期に投入量を調整することは一般に難しい。

　原料にボトルネックがない場合には，人的資本サービスと物的資本サービスの所与の量と，プロジェクト（集合）の終了までの総時間は代替関係にある。スケジューリングにより，この代替関係を明らかにして，時間を制約にした場合の人的資本サービスと物的資本サービスの所要量及び，人的資本サービスと物的資本サービスを所与の制約とした場合の必要時間を求めることができる。

　機械設備（物的資本サービス）や人（人的資本サービス）をどの工程（タスク）にどのような順序で割り当てるかは，スケジューリング問題としてよく知られている。このスケジューリングも，ジョブショップスケジューリングやフローショップスケジューリングなどの計画理論と，実際の工場で用いているスケジューリング計画が大きく異なっている。中小製造業の多くでは，大日程，中日程，小日程計画を立てると同時に，山積み山崩しという属人性の高い方法で人や機械の資源割り当てのスケジューリングを行っている。

　ここでは 3.2 の事例をさらに簡略化した，四つのタスクからなる簡単な製造プロセスで製品 3 個を製造するためのスケジューリングを考える。三つの同じ製品の製造プロジェクトはそれぞれ P1，P2，P3 で示される。図 3.4.5 はそのプロジェクトの一つを示している。プロジェクトを構成するタスクは，A，B，C，D で示され，例えば P1:A はプロジェクト 1 にタスク A が割り当てられたことを示すものとする。タスク A は工数 2，タスク B は工

数 1，タスク C は工数 1，タスク D は工数 1 とする。ここでは，物的資本
サービスに割り付ける資源として，タスク A とタスク B には数制御加工装
置（Numerical Control Machine: NCM），タスク C はプレス機械，タスク D
は塗装装置とする。

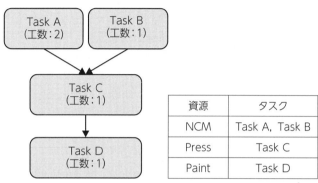

資源	タスク
NCM	Task A, Task B
Press	Task C
Paint	Task D

図 3.4.5　3 つのプロジェクトを対象としたスケジューリング

　このスケジューリングのためには，筆者らが開発したダイナミック・スケ
ジューリング・アルゴリズム（特許第 5749561 号）が有効である［Deguchi,
2011B］。このアルゴリズムは，プロジェクトのタスクの進捗の任意の時点
からスタートすることができるため，予定外の人的資源の不足や，特急の
ロットの割り込みなどに対応が容易である。またもともと建築での集合住宅
の内装工事に対処するために開発したアルゴリズムのため，200 程度のタス
クのプロジェクトが 100 以上ある場合にも，高速で計算可能である。ただ
し結果の最適性は保証されていない。このアルゴリズムは資源の割り付け
ルール（ディスパッチルール）により三つのアルゴリズムに分けられる，制
約条件に応じてディスパッチルールを選択する，或いは三つ同時に並列計算
して条件に合うものを選択することもできる。

(1) 最大工数タスク優先割付スケジューリング

　　最大工数のタスクを優先して割り付けるディスパッチルールは，この例
では工数 2 のタスク A が P1，P2，P3 で優先して割り付けられ，その後
でタスク B が割り付けられる。プロジェクトの構造から，タスク A とタ
スク B が終了しないとタスク C は実行できないため，タスク C への着手
は，工数 7 の時点になる。結果的にプレスと塗装が連続した仕事割当に

なっている。

資源＼時間	0	1	2	3	4	5	6	7	8	9	10
NCM	P1:A	P1:A	P2:A	P2:A	P3:A	P3:A	P1:B	P2:B	P3:B		
Press								P1:C	P2:C	P3:C	
Paint									P1:D	P2:D	P3:D

図 3.4.6　最大工数タスク優先割付スケジューリング

(2) 最小工数タスク優先割付スケジューリング

　　最小工数のタスクを優先して割り付けるディスパッチルールは，この例では工数 1 のタスク B が P1，P2，P3 で優先して割り付けられ，その後でタスク A が割り付けられる。このでディスパッチルールでは，タスク C への着手は，工程 5 の時点と早く，最初のプロジェクトの終了時間も早い。しかし三つのプロジェクトの終了時間は早くなったわけではない。またこのディスパッチルールでは，タスク C とタスク D の実行時に，プロジェクト間で隙間時間ができる。

資源＼時間	0	1	2	3	4	5	6	7	8	9	10
NCM	P1:B	P2:B	P3:B	P1:A	P1:A	P2:A	P2:A	P3:A	P3:A		
Press						P1:C		P2:C		P3:C	
Paint							P1:D		P2:D		P3:D

図 3.4.7　最小工数タスク優先割付スケジューリング

(3) プロジェクト優先＆最大工数タスク優先割付スケジューリング

　　プロジェクトごとのタスクへの資源の割り当てを優先し，その次に最大工数のタスクを優先して割り付けるディスパッチルールでは，最初のプロジェクトの終了は早いが，隙間時間も大きくなっている。

資源＼時間	0	1	2	3	4	5	6	7	8	9	10
NCM	P1:A	P1:A	P1:B	P2:A	P2:A	P2:B	P3:A	P3:A	P3:B		
Press				P1:C			P2:C			P2:C	
Paint					P1:D			P2:D			P3:D

図 3.4.8　プロジェクト優先＆最大工数タスク優先割付スケジューリング

3.5　投入産出仕訳の拡張

　生産会計の投入産出仕訳では，人の作業と機械の作業を分離した上で，それぞれを物的資本サービス及び人的資本サービスと呼び，原料或いは仕掛かり品の投入とは別に，人の作業によるサービスの生産工程への投入，機械の作業によるサービスの生産工程への投入として扱ってきた。人の作業によるサービスは，その工程に必要なスキルを持つ労働者に作業を割り当てることで，工程内で生成され同時に投入される。同様にその工程に必要な機械の作業のサービスも，必要な機械を工程に割り当て，機械の稼働に必要なエネルギーなどを投入し，工程内で機械による作業のサービスを生成し，同時にそれを工程に投入する。ただし機械の操作に必要なサービスは，人的資本サービスとみなされる。

　つまり人的資本サービス及び物的資本サービスそれ自体が，当該の工程（タスク）の中で，産出されるサービスであり，サービスの使用価値（Value_in_Use）の特性として，ストックされることなくその工程の中で，財やサービスの生産のために投入される。

　本節では，この作業工程の中で投入される人的資本サービスと物的資本サービスそのものの産出のための，投入産出仕訳を論じる。また併せて，マイナスの価値を持つ財としてのバッズを含む投入産出仕訳を論じる。

3.5.1　人的資本サービスとその投入産出仕訳

　生産会計では，すでに示したように，仕掛品を含む財の生産について，これをロット単位の投入産出仕訳により扱ってきた。生産プロセスを表す投入産出関係では，原料と仕掛品に加えて，機械装置の稼働をサービスとみなす物的資本サービスと，労働の投入を専門の技能のサービスとみなす人的資本サービスも投入とみなされる。あらゆる製造工程で，何らかの人的資本サービスは投入される。機械装置などの資本財を用いない労働はもとより，一見無人の自動化された機械を用いた加工工程であっても，そのセットアップや段取り替えのための労働は必要とされるからである。

　人的資本サービスの会計上の仕訳は，工業簿記での労務費の延長上にある。商業簿記では，直接費用項目として計上されていた労賃は，工業簿記では，労務費（Labor Cost）として一度資産勘定として計上され，その上で間接費として計上される。しかしこの工業簿記での扱いの範囲では，「切削

加工_人的資本サービス」「プレス加工_人的資本サービス」「塗装_人的資本
サービス」のようにスキル別に人的資本サービスを区分することはない。生
産会計では，時間単位で計測される職能（Profession）別の「労務（Labor）」
を，プラスのストックの勘定として雇用によって取得した上で，その労務
を，「切削加工_人的資本サービス」のようにスキル別の人的資本サービス
へと振り替えることを人的資本サービスの生産と捉え，その振替を投入産出
仕訳とする。このとき，職能（Profession）は，複数のスキルを可能とする
職務能力とし，職能単位での雇用が行われているとする。労務の扱いによっ
ては，この職能の範囲は柔軟に設定できる。ここではシンプルに職能別に労
務は計上されていると考える。例えば，職能としての医師も看護師も静脈注
射のスキルを持つが，診断は医師の固有スキルである。同様に，工事では配
管工，電気工などのさまざまな職能が区別されており，それぞれ複数のスキ
ルを持ち，中には複数の職能で共通のスキルもある。人的資本サービスの産
出は，当該のタスクでの作業に必要なスキル単位で行う。財務会計で雇用に
伴い資産勘定に計上する労務費は，ジョブ型雇用であっても，メンバーシッ
プ型雇用であっても，資格別の職位であっても，当該のスキルに振り替える
ことのできる職位と時間単価が定められていれば問題ない。

　一例として，切削加工_人的資本サービスを産出する投入産出仕訳は，次
のように示される。

X[切削加工_人的資本サービス]＝1＜切削加工_人的資本サービス, 時間＞
＋1^＜機械加工技能士_労務, 時間＞

ここで機械加工技能士の職能を持つ労働者の労務時間単価を設定すれば，
価格評価への振替で切削加工の人的資本サービスの価格もバランス価格とし
て求められる。ここで機械加工技能士の労賃の時間単価を 2000 円とすれば，
切削加工_人的資本サービスの時間単価も，2000 円となる。

X[機械加工技能士労務_金銭評価振替]＝1^＜機械加工技能士_労務, 時間＞
＋2000＜機械加工技能士_労務, 円＞

X[切削加工_人的資本サービス：金銭評価]＝‾{X[切削加工_人的資本サー
ビス]＋^X[機械加工技能士労務_金銭評価振替]}＝1＜切削加工_人的資本
サービス, 時間＞＋2000^＜機械加工技能士_労務, 円＞

Projection[借方]（X[切削加工_人的資本サービス：金銭評価]）＝1＜切削加
工_人的資本サービス, 時間＞

Projection［貸方］(X［切削加工_人的資本サービス：金銭評価］)＝2000＾＜機械加工技能士_労務, 円＞

｜Projection［借方］(X［切削加工_人的資本サービス：金銭評価］)｜

＝｜Projection［貸方］(X［切削加工_物的資本サービス：金銭評価］)｜＝2000

から，切削加工_人的資本サービスの時間単価は2000円となる。

3.5.2 物的資本サービスとその投入産出仕訳

生産工程で機械を使う場合，機械の稼働サービスを表す物的資本サービスの投入が必要とされる。物的資本サービスは，製造工程で並行して生成され，製造に投入されるサービスである。物的資本サービスの算出には，生産に用いる機械の専有利用時間計測での投入と，機械の稼働に必要なエネルギーの投入を必要とする。生成された物的資本サービスは，ものとしての財と異なり，ストックすることはできない。生産工程で並列して産出された物的資本サービスは，そのサービスを用いて生産を行う生産工程にその場で投入される。

この物的資本サービスは，資本財としての機械装置を動かすためのエネルギーと稼働時間あたりの減価償却費を基本的な投入項目として，生産の現場で生成され，生産プロセスに投入される。

減価償却費については，間接法で減価償却累計額勘定を用いて次のように仕訳される。

減価償却費　1000　円／減価償却累計額　1000　円

X＝1000＜減価償却費, 円＞＋1000＜減価償却累計額, 円＞

このとき，財務会計では減価償却累計額を負債でなく，マイナスの資産として計上するとしている。これは以前の制度で減価償却引当金勘定を用いていた時代に，減価償却引当金が負債勘定とされていたのとは解釈が異なる。実際の仕訳では，減価償却累計額は貸方に記述され，その解釈がマイナスの資産というだけである。生産会計の体系は，スコープを変えることでそのまま財務会計の計算体系を包摂できる。ただし財務会計の勘定科目の解釈と，微妙な齟齬が生じることはある。しかし代数的実物簿記の枠組みでは，第1章の図1.2.1で示したように，複式の状態記述では，プラスのストック（財務会計の資産勘定），マイナスのストック（財務会計の負債或いは資本勘定），

価値の発生（財務会計の損益勘定），価値の消滅（財務会計の損失勘定）が基本となる。この抽象化された状態記述の範囲では，減価償却累計額という勘定科目を財務会計の評価勘定という概念を用いて記述したとしても，マイナスのストックとして扱う場合と仕訳上は同型となる。それゆえここでは減価償却累計額はマイナスのストックとして扱う。

その上で間接法での減価償却費を，物的資本サービスの産出のための投入として扱う。

これは先に挙げた銅板の切削加工による仕掛品製造での投入産出仕訳の例では，下記のようになる。

X［銅板切削加工仕掛品製造］＝1＜銅板切削加工仕掛品，個＞＋2＜銅屑，kg＞

＋8^＜銅材，kg＞＋1^＜切削加工_物的資本サービス，時間＞＋0.2^＜切削加工_人的資本サービス，時間＞

このとき，切削加工_物的資本サービスの 1 時間分の投入産出仕訳は例えば次のようになる。

Y［切削加工_物的資本サービス］＝1＜切削加工_物的資本サービス，時間＞＋1^＜切削加工_減価償却費，時間＞＋5^＜電力量，kWh＞

ここで時間あたりの減価償却費を振り替える形で，物的資本サービスへと投入する。これがもし切削加工装置の利用がリースであれば，リース代金が振り替えられる。さらに機械装置を動かすためのエネルギーの投入も記述される。ここでは電気エネルギーが機械の稼働に必要なので電気量が投入として記述されている。もし生産される物的資本サービスが，吸収式冷凍機を機械装置として用いた冷却サービスだった場合には，投入されるエネルギーは排熱であり，熱エネルギーとなる。

またこの切削加工の物的資本サービスの 1 時間分の産出を，金銭評価で記述するのであれば，すでに示したように，価格表をもとにした金銭評価振替を用いて計算できる。

切削加工装置の電力消費は，加工時や待機電力やクーラント制御などのモードによる電力消費の差異を無視して，単純に 1 時間あたり 5kWh とする。工場の電力料金も契約の基本料金を省略して 1kWh あたり 100 円とする。これにより切削加工装置の 1 時間あたりの電力料金は 500 円となる。また 1 時間あたりの減価償却費は，1000 万円の切削加工装置を定額法で残存価格を 0 とし 5 年償却とすると，年間 200 万円の償却となる。これに年間

200日，1日10時間稼働と仮定すると，1時間あたりの減価償却費は1000円となる。これを交換代数の数式で表現すると次のようになる。なお減価償却費はここでは単純化して扱ったが，装置ごとの減価償却の台帳ベースで管理されている場合でも同様の計算になる。

Y［電気量_金銭評価振替］＝5^＜電力量，kWh＞＋500＜電力量，円＞
Y［切削加工装置減価償却費_金銭評価振替］＝1^＜切削加工_減価償却費，時間＞＋1000＜切削加工_減価償却費，円＞

Y［切削加工_物的資本サービス：金銭評価］
＝¯(Y［切削加工_物的資本サービス］＋^Y［電気量_金銭評価振替］＋^Y［切削加工装置減価償却費_金銭評価振替］)
＝1＜切削加工_物的資本サービス，時間＞＋1000^＜切削加工_減価償却費，円＞＋500^＜電力量，円＞

以上から，
Projection［借方］(Y［切削加工_物的資本サービス：金銭評価］)＝1＜切削加工_物的資本サービス，時間＞
Projection［貸方］(Y［切削加工_物的資本サービス：金銭評価］)＝1000^＜切削加工_減価償却費，円＞＋500^＜電力量，円＞
|Projection［借方］(Y［切削加工_物的資本サービス：金銭評価］)|
＝|Projection［貸方］(Y［切削加工_物的資本サービス：金銭評価］)|＝1500
から，切削加工_物的資本サービスの時間単価は1500円となる。

ここでは，減価償却費は製造間接費に振り替えられてから，必要に応じて配布されるのではなく，物的資本サービスの産出のための投入として，タスク単位で振り替えられている。同様の計算から，プレス加工の物的資本サービスの時間単価は1200円，塗装の物的資本サービスの時間単価は150円となる。

3.5.3　マイナスの価値を持つ財（バッズ）の記述

これまで扱ってきた製造工程における，投入産出仕訳では，銅屑や鉄屑のように正の価値を持ち有料で販売可能な副産物を含む投入産出を扱ってきた。しかし実際の生産工程では，ゼロ価値の財，処分に費用のかかるマイナス価値の財，さらに汚染物質やCO_2のような地球温暖化ガスなど，本質的

にマイナスの価値を持つ財が排出される。財務会計の範囲では，そもそも金銭評価を前提としているために，マイナスの価値を持つ財のストックやフローという状態とその変化の記述を与えることができない。財務会計では処理コストが発生したときに，それを費用の発生として仕訳することはできるが，マイナスの価値を持つ財の状態変数を記述できない。これに対して，生産会計では多元実物単位の計測を前提とする。そのため，たとえ価値がゼロの財であれ，汚染水であれば量を計測するのに L（liter：リットル），重量で測定するのであれば kg など対象に応じた多元実物単位が選択できる。

　すでに示したように，複式の状態記述では，プラスのストック（財務会計の資産勘定），マイナスのストック（財務会計の負債或いは資本勘定），価値の発生（財務会計の損益勘定），価値の消滅（財務会計の損失勘定）が基本となる。本書で扱うあらゆる勘定科目は，この四つの勘定科目に分類される。しかしすでに述べたように金銭評価を前提とする財務会計では，マイナス或いはゼロの価値を持つ財はこの分類に含まれていなかった。それゆえに，ISSB により最終版が公表された「サステナビリティ基準」で扱われる地球温暖化ガスの排出に関する報告は，IFSR 財団により企業への義務化が進んでいるにもかかわらず，財務会計とは切り離された体系となっている。

　本書では，このゼロ或いはマイナスの価値を持つ財を，多元実物単位での測定を前提としてマイナスのストックとして位置付けることで，マイナスの価値を持つ財に複式の状態記述を与える。財務会計の基盤となる複式簿記による状態記述が価値の発生や消滅に伴う損益の計算を中心にしているのに対し，マイナスの価値を持つ財の記述は，従来は単式のサテライト勘定による記述となっていた。しかもその記述法は，実物単位での測定が行われるが，極めてアドホックである。複式簿記はすでに 1 章で示したように状態空間として，単式のベクトル空間を拡張した体系となっており，その状態記述は，勘定科目の選択など規約に基づく部分はあるが，基本的に拡張されたストック・フローダイナミクスの数理的構造に支配されている。これに対し，マイナスの価値を持つ財を扱う体系は，「サステナビリティ基準」「ライフサイクルコスティング」「マテリアルフローコスト会計」「環境会計」などさまざまであるが，そこに共通の内的な状態構造はない。したがって体系間でデータを共通化することも難しい。これは国民経済計算でも同様で，環境は環境サテライト勘定により，別体系として扱われている。

　一般に，動的なシステムの記述では，状態記述が確立されることで，制御

（マネジメント）に必要な情報は出力関数を設定することによって取り出すことができる。財務会計でも，管理会計の多くの情報は，財務会計の複式簿記の状態記述をもとに取り出されるものが多い。

アドホックな規約に基づいて記述され，体系間で通有性を持たないマイナスの価値を持つ財の扱いについて，生産会計で用いられる多元実物計測に基づく代数的実物簿記の体系の中では，マイナスのストックを用いた共通の状態記述を与えることが可能となる。これにより生産会計でのロット単位の投入産出仕訳の中に，マイナスの価値を持つ廃棄物が位置付けられ，廃棄物に関する従来からの非財務情報としての扱いが複式状態空間の中に取り込まれ一元的に扱えるようになる。今日非財務情報の規格として重要な「サステナビリティ基準」において，この扱いがどのようになるかは4章で論じる。

なお環境経済学ではプラスの価値を持つ財を Goods：グッズと呼ぶのに対して，廃棄物などのマイナスの価値を持つ財を Bads：バッズという名称で扱っている［Hosoda, 2012］。負の価値を持つ財としてのバッズの概念は，1969 年に E. J. Mishan が Growth: the price we pay の中で用いたのが最初と言われているが，マイナスの価値を持つ財と生産に伴う汚染物質を結びつけた議論は，1869 年の The Coal Question にまで遡れることが指摘されている［Omori, 2006; 2009; Mishan, 1969; Jevons, 1865］。しかしこれが複式簿記のマイナスのストックに結びつけられることはなかった。それには多元実物測定に基づく代数的実物簿記が必要であった［Deguchi, 2000; 2004］。

本書では，多元実物測定に基づく代数的実物簿記の体系を用いることで，バッズをマイナスのストックとして扱う。なお，食品廃棄物が飼料としての価値を見出されマイナスの価値からプラスの価値へ転化するように，バッズは価格評価が変化することでグッズに転化することもある。その場合も，多元実物測定の意味での kg などの評価や勘定科目は変化しない。ただし，評価変えにより，その勘定科目がマイナスのストックから，プラスのストックへと変更されることになる。バッズは，何らかの投入産出工程に投入されることで消滅或いは別のグッズが産出されることもある。廃棄物処理プラントなどがこれに当たる。このような処理は，マイナスの価値をゼロ或いはプラス価値，或いはマイナスの価値の大きさを減じる工程であり，これも経済的な価値形成とみなすことができる。

自然界の中で森林資源は，バッズである CO_2 を光合成で用いることで，バッズをグッズ化する物的資本サービスを提供する固定資本と捉えることが

できる。このように自然も，バッズの無害化或いはプラスの価値化をすることで経済の価値形成に貢献しているとみなすことができる。ただし現在の国民経済計算には自然による価値形成は含まれておらず，これを議論するには自然を経済主体として扱うことが必要となる。これについても 4 章の排出権取引の中で論じる。

　本節の最後に，3 章ですでに扱った生産の投入産出仕訳に，バッズを追加した事例について述べる。切削加工の物的資本サービスの産出の仕訳では，切削加工_物的資本サービスの 1 時間分の投入産出仕訳は次のように与えられていた。

　　Y［切削加工_物的資本サービス］＝1＜切削加工_物的資本サービス, 時間＞＋1^＜切削加工_減価償却費, 時間＞＋5^＜電力量, kWh＞

　ここでは切削加工でのクーラント冷却液の投入とその廃液の処理が捨象されていた。

　そこで切削加工の物的資本サービスの産出のための投入に，1L のクーラント冷却液の投入を付け加え，さらに勘定科目に＜クーラント冷却液, L＞と＜クーラント廃液, L＞を付け加える。

　　プラスストック（資産）∋＜クーラント冷却液, L＞

　　マイナスストック（負債）∋＜クーラント廃液, L＞

　これにより得られる切削加工の物的資本サービスの投入産出仕訳は次のようになる。

　　Y［切削加工_物的資本サービス］＝1＜切削加工_物的資本サービス, 時間＞＋1^＜切削加工_減価償却費, 時間＞＋5^＜電力量, kWh＞＋1^＜クーラント冷却液, L＞＋1＜クーラント廃液, L＞

　ここでクーラント廃液は，バッズとして貸方に記述される。

　なお，ISSB のサステナビリティ基準で，スコープ 2 として記載する CO_2 の排出は，使用電力の量と組成で決まるみなし値であり，直接工程で排出されるものではない。これについては 4 章で扱う。

　ここでクーラント冷却液の希釈液 1L あたり 100 円とすると，新たな物的資本サービスのコストにこの価格を組み入れる必要がある。同時にバッズとしてのクーラント廃液の処理コストが 1L あたり 100 円かかるとすると，これもコストに組み入れられることになる。廃液処理を業者に委託した場合のバッズの取引仕訳は次のようになる。ここではプラスのストックとしての財とは異なり，委託料としての現金が減り，同時にバッズとしてのクーラント

廃液も引き取ってもらうことで減る取引となる。

　Z［クーラント廃液処理委託］＝1^＜クーラント廃液, L＞＋100^＜現金, 円＞

廃棄物を受託した廃棄物処理企業の側の仕訳は次のようになる。

　Z［クーラント廃液処理受託］＝1＜クーラント廃液, L＞＋100＜現金, 円＞

　受託企業の側は，このバッズとしてのクーラント廃液を処理して無害化する工程が価値形成の工程となる。その投入産出仕訳は例えば次のようになる。なお実際には，クーラント廃液を他社に委託処理することは一般的ではない。

　Z［クーラント廃液処理］
　＝1^＜クーラント廃液, L＞＋1＜無害化廃液, L＞＋0.1＜廃液処理_物的資本サービス, 時間＞＋0.01＜廃液処理_人的資本サービス, 時間＞＋0.1＜廃棄物処理_損益, 時間＞

　Z［クーラント廃液処理_金額評価］
　＝100^＜クーラント廃液, 円＞＋0＜無害化廃液, 円＞＋10＜廃液処理_物的資本サービス, 円＞＋20＜廃液処理_人的資本サービス, 円＞＋70＜廃棄物処理_損益, 円＞

　これを借方，貸方の表形式にすると次のようになる。

借方	貸方
1＜クーラント廃液, L＞	0.1＜廃液処理_物的資本サービス, 時間＞
1＜無害化廃液, L＞	0.01＜廃液処理_人的資本サービス, 時間＞
	0.1＜廃棄物処理_損益, 時間＞
100＜クーラント廃液, 円＞	10＜廃液処理_物的資本サービス, 円＞
0＜無害化廃液, 円＞	20＜廃液処理_人的資本サービス, 円＞
	70＜廃棄物処理_損益, 円＞

　ここでは，マイナスの価値を持つクーラント廃液を，廃液処理で消滅させ，無価値，無害の無害化廃液を得たことで，廃棄物処理の損益が得られることになる。

このような廃棄物処理のサプラーチェーン上での取引や，処理工程は，実物単位で台帳管理されることが大部分である。しかしデータベース上の台帳管理では，さまざまな報告書や計算のためのプログラムは，台帳の規格によりさまざまになり，企業間でのデータの再利用も難しい。代数的実物簿記による状態表現を与えることで，さまざまな計算は，状態に対する出力フィルターとして関数式により記述でき，再利用や組み替えが容易となる。

3.5.4　交換価値と使用価値

生産の現場で生産工程と並列に産出され，生産工程に投入される物的資本サービスと，人的資本サービスは，いずれもサービスであり，ストックすることができず，産出されたその場で利用される必要がある。

これに対して物の製造工程で，原料と人的資本サービス，物的資本サービスを投入して産出される製品は仕掛品を含め交換可能な財であり，自社でそれを投資財として用いる場合を除き，財は市場で交換される。このような市場で交換される製造物の価値は，交換価値（Value-in-Exchange）と呼ばれる。交換価値を持つ「物」としての財は，生産された後，サプライチェーンの上で交換され流通し，減耗，除却或いは投資に使用される。

プロジェクトとして把握される価値形成のプロセスは財の生産だけではない。医療や介護の領域では，プロジェクトに相当するものは，治療や介護のクリニカルパスと呼ばれる。そこでは従来からレセプトデータや電子カルテの形でデータが収集され，利活用がさまざまに模索されている［Obana, 2014］。医療や介護は，使用価値（Value in Use）の領域であり，プロジェクトであるクリニカルパスの各タスクで生成されたサービスは，保険点数と交換で，患者に対するサービスとなり，その場で患者に自己投入される。しかし，クリニカルパスを構成するタスクごとの投入産出仕訳と産出されるサービスの利用を，レセプトの点数を含め実物簿記で記述し，POE データとして把握，記述，蓄積する試みはなされていない。

このように活動時点の複式状態記述を適切なマネジメントのスコープで集約することで，企業内部での生産活動から，サプライチェーン，企業間連携，地域や国レベルでのさまざまなマネジメントのためのシステム記述が可能となる。ただしそのためにはプロジェクトでの財の生産とそのトランザクションを通じての流通，或いはプロジェクトでのサービスの生産とその場で

の投入を POE データとして捕捉してそれに基づくマネジメントを行うというマネジメント原理そのものの革新が必要となる。

3.6　家計内サービスの産出と人的資本への自家投入

　家計内でのサービス生産の扱いは，国民経済計算で生産の境界の問題として長い間議論されてきた事柄である［Sakuma, 2010; UNECE, 2017］。生産の境界という概念は，国民経済計算で生産の範囲に含めるかという意味での「生産の境界」と，特定の統計体系には依存しない「一般的生産境界」に区分される。この一般的生産境界を定めるものとして「委任可能性基準」（de-legability criterion），つまり「他者に委託することができる」という基準によって生産に含めるか否かを判断するものとしている。この基準から見ると，例えば家事労働や介護は，一般生産境界の中に含まれるサービス生産と生産されたサービスの自家投入が家計の中で行われているとみなされるが，国民経済計算の意味での生産の境界には含まれない。それゆえ家事労働や介護は一部市場に委託したものを除いては，GDP に加算される付加価値生産とは捉えられていない。しかし介護保険のような制度ができると，家計内のサービス生産が，大規模に市場化して生産の境界の内側に入ることで GDPが変化する。

　国民経済計算での価値形成の捕捉と評価は，経済センサス－活動調査により，国民経済計算での生産の境界の内部に含まれる財やサービスに対する出荷統計などを通じてなされる。

　これに対して本書は異なった視点から価値形成について論じている。生産会計では価値の形成は，財やサービスの製造工程の投入産出仕訳を基盤として計算される。この投入産出の工程が，価値形成のプロセスそのものとみなされる。これは財務会計の損益計算とは異なる計測である。財務会計では，何が損益をもたらすのか，そのために必要な費用は何かが主題的な関心事項である。何が生産の境界であるかという問題関心はない。また財務会計では会計公準での金額評価の原則から，そもそも無償労働を財務会計のスコープに含めない。これに対して，生産会計は財やサービスの生産のための投入産出が行われる場を，タスク，プロジェクトとして把握してそこでの投入産出という形で価値形成を捕捉する。それに基づく仕切り値などの金額評価や，販売に伴う損益計算は，投入産出の把握の次のステップの課題である。また

生産会計では，投入産出を多元実物評価で捕捉する。

　ここでは従来の国民経済計算での生産の境界の議論からさらに一歩踏み出した形で，家計内でのさまざまなサービスの産出を，エアコンや冷蔵庫，電子レンジ，自動車といった機器を固定資本とみなす物的資本サービスの投入と，家計を構成する主体による人的資本サービスの投入による，投入産出プロセスの結果とみなし，多元実物計測による代数的複式簿記による記述を導入する。

　さまざまな生産のプロセスを経て作られた財やサービスは最終的にどう処分され，それが我々の生活にどのような影響を与えているのかは，企業の財務会計のスコープにも国民経済計算のスコープにも入っていない。本節では家計も企業も含め，財の価値の減耗は減価償却と毀損による除却の二つのパターンでのみ扱い，いわゆる消費概念を用いない。家計内で生成されたサービスは人的資本の減耗を防ぎ，人的資本の状態を維持向上させるために自己投入されるとみなす。

　この問題を論じるには，従来国民経済計算で扱われてきた，生産の境界の概念を再検討する必要がある。家計内のサービス生産や最終消費という概念を明らかにするには，何が生産の境界か，すなわち何を GDP の範囲に取り込むべきかという議論の背後に隠れて十分議論されてこなかった家計のサービス生産に焦点を当てる必要がある。これは財やサービスとして作られた価値は，最終的にどのような形で消滅するかという問題でもある。経済学での一般的な言い方をするならば，作られた財は，在庫投資か設備投資の形でストックされるか，製造工程で原料や仕掛品として中間投入されるか，家計を中心として消費されるかのいずれかになる。さらにもう一つ重要な価値の減耗が，減価償却と廃棄による除却である。これらの財の最終処理を見ると，在庫投資か設備投資は価格変動がない限り，或いは実物計測で見る限り価値は減耗していない。中間投入では，価値は産出品に移行するのでこれも減耗していない。価値が減耗するのは，消費と減価償却と廃棄による除却ということになる。この中でも消費は，極めて曖昧な概念であり続けてきた。ある期の設備投資や中間投入，在庫投資，減価償却，廃棄による除却は，設備，原料在庫，製品在庫，仕掛品在庫のストックを変化させるフロー量であり，それによって次の期のストックが変化し，それが経済の動的成長経路に影響する。しかし消費はストックが消滅するフローである。動的なシステムの，企業での雇用—生産—流通—投資・中間投入—雇用という生産から投資への

動的円環には消費概念は影響しない。他方で，家計側での被雇用―生産―流通―家計の最終消費という流れでは，家計の最終消費が企業の雇用の維持と生産へと結びつく動的な円環が，最終消費のところで行き止まってしまう。これは，経済の動的な安定や成長を問題とするとき，最終消費は外生変数となり，経済の財やサービスの生産・流通・利活用の流れの中で内生化されていないという言い方をすることもできる。むろん一定期間の成長経路そのものを最適化するモデルの中で，それぞれの時点の消費・投資配分を内生化することはできるが，そのような内生化では，家計部門での価値形成としての財やサービスの家計内部での生成と家計内部での消費を課題とすることはできない。

　ここで我々が新たな前提とするのは，財の消滅・減耗は減価償却か廃棄による除却以外には生じないという原則である。これは新たな生産会計の公準といってもよい。家計を最終消費という形で財やサービスの価値が飲み込まれ消える場として捉えるのではなく，サービスの生産とその自己投入の場として捉える。その上で最後に，その家計内のサービスや財の生産はどのように処理されるのかという問いが残る。企業の場合は，生産された財やサービスは販売か，在庫投資，自社での設備投資で処理され，価値の減耗は減価償却か廃棄による除却で処理できる。

　家計の場合，家計を構成する主体を人的資本とみなし，人的資本が労務を生成し，スキルごとの人的資本サービスを提供するとみなすことにする。その人的資本に対して家計内で生成されたさまざまな財やサービスを投入することで，その生活の質を維持することが必要とされる。換言すれば，常に減耗する人的資本を維持するためには，さまざまな生活サービスの継続的な投入を必要とする。家計内で産出された財やサービス或いは外販の財やサービスの自家消費＝人的資本への投入は，人的資本の減耗を補完して維持しさらに向上させるための投入であるとみなせる。家計内で産出された財やサービスは，それが「委任可能性基準」を満たすものであれば，一般的生産境界の内側にある財やサービスの生産と捉えることができる。しかし家計内の財やサービスの産出が，生産の境界の内側にあるか否かが問題なのではない。家計内の人的資本は，食事をしなければ飢え，エアコンや冷蔵庫や電子レンジや掃除機などの家電を利用しなければ生活の質が下がる。想定された生活水準を維持するためには，人的資本の減耗を補填することが求められる。家計での生活水準に応じた財やサービスの投入は，この人的資本の減耗の補填或

いは生活水準の向上のための投入であるとみなせる。

　これを厳密に論じるには，所得階層別に生活水準の定式化が必要となる。所得階層別の最終需要に基づく投入の分析は，通常の産業連関分析では行っていない。他方で，社会会計行列（Social Accounting Matrix）では需要側の所得階層別の投入産出の波及効果の分析が行われている［Payatt, 1985］。しかしそこでは家計内での財やサービスの自家生産のための投入産出は対象外である。

　必要とされるのは，家計内で産出された財やサービス或いは委任可能性基準を満たし市場で入手可能な財やサービスを購入し，それらを家計の人的資本の減耗を補填・相殺し，さらに生活水準を向上させるために，人的資本へと投入するという分析枠組みである。

　最終消費を家計内での財やサービスの生産のための，固定資本の形成と物的資本サービスへの投入，或いは食材のような原料の投入と認識する。さらに家計内で産出された財やサービスを人的資本の減耗を補填・相殺し，さらに生活水準を向上させるための投入であると認識することで，価値の形成から流通，企業や家計の中での固定資本形成と投入，人的資本への投入という形で，価値の生成，流通，投入の円環を動的な成長をするネットワークとして認識することが可能となる。家計は人的資本を維持するために，人的資本の持つ労務が雇用を通じて企業に提供され給与を得る。雇用された労務はスキル別の人的資本サービスへ振り替えられ，物的資本サービスと原料とともに，企業での財やサービスの生産のために投入される。家計の生活水準に応じた，財やサービスの人的資本への投入，人的資本のスキルレベル向上のための教育投資など，価値形成とその流通と使用，価値の減耗のネットワークの中での家計の役割とその動的特性は認識され分析される必要がある。だがその前提として，家計内での財やサービスの自家生産の投入産出仕訳が実物計測により会計測定可能となる必要がある。

　生産会計のスコープとして家計内部での財やサービスの生産に関する投入産出仕訳を行うことで，消費として扱われてきた家計の購入する財が，家計における固定資本形成と，家計内での財やサービスの産出のための原料としての投入，及び家計の人的資本への投入に区分して扱う必要がある。家計内での財やサービスの自家生産のための投入産出仕訳が計測可能であれば，家計内での財やサービスの生産の把握が可能となる。だが家計の場合，事業所以上にそのサービス生産の計測は難しい。

家計内での時間単位での活動に関する調査計測は，総務省による，統計法に基づく基幹統計調査である「社会生活基本調査」（https://www.e-stat.go.jp/statistics/00200533 20230823 Access）或いは，NHK放送文化研究所による「国民生活時間調査」（https://www.nhk.or.jp/bunken/yoron-jikan/ 20230823 Access）など一部にとどまる。だがこれらを用いて，エネルギー利用の生活行動のモデルや，家計のゴミ排出に関する生活行動のモデルの構築が試みられている［Kawamura, 2014; Shiokawa, 2018］。これを家計の投入産出仕訳と結びつけることができれば，調理やエアコン利用などでのエネルギーの投入とサービス産出の活動別，時間別の把握が可能となる。また家計でのバッズとしてのゴミの産出を考慮した投入産出仕訳も可能となる。今後の生活のデジタル化に伴い，プライバシーと両立しつつ，家庭内のサービス生産について制度の高い調査が可能となってくるだろう。

3.7　エネルギーの産出と変換の投入産出仕訳

　生産工程における投入産出仕訳でのエネルギーの扱いについては，ここまでは，物的資本サービスの産出のための投入として扱ってきた。しかし生産工程には，エネルギーそのものを産出する工程もあれば，あるエネルギーを別のエネルギーに変換する工程もある。

　そこではまず，エネルギーそれ自体を生産するための投入産出仕訳が課題となる。エネルギーには，電気，ガス，熱などさまざまな形態があり，いずれも「もの」として販売することも蓄積することも可能である。ただし蓄積にはそれなりの設備投資が必要で，蓄積そのものが一種のサービス生産となる。

　簡単な例として，ガスタービン発電によるコジェネシステムと，その排熱を利用した吸収式冷凍機による冷却サービスを組み合わせた，電気エネルギーと冷却サービスを提供するシステムを考えよう。ガスタービンによるコジェネ発電で電気エネルギーを生成するタスクと，そこで産出された排熱を吸収式冷凍機に投入して冷却サービスを生成するタスクでの投入産出仕訳の例を次に示す。ここではガスタービン発電機は1時間に900m³のガスを投入することで，4500kWhの電力を発電し，同時にkWh換算で2000kWhの排熱を排出するとする。

1 時間あたりの発電の投入産出仕訳は次のようになる。

X＝4500＜E_Energy, kWh＞＋2000＜H_Energy, kWh＞＋900^＜Gas, L＞
＋1^＜ガスタービン発電機_物的資本サービス, 時間＞

ここではガスはこの工程への投入原料として扱っており，ガスタービン発電機の物的資本サービスでは減価償却だけ勘案する。切削加工の場合は電気エネルギーを投入して切削加工をするサービスが物的資本サービスとして生成されるのに対して，ここではガスタービン発電機自体を，ガスを電気エネルギーと排熱に変換する資本財として捉えるからである。

吸収式冷凍機はこの 2000kWh の排熱をエネルギー消費効率 COP（Coefficient of Performance）に応じて冷却サービスに変換する。ここでは COP＝1.3 と仮定している。それゆえ，この吸収式冷凍機は 2000kWh の排熱から，2000 ＊ 1.3＝2600＜Ref_Service, kWh＞の冷却サービスを生成する。この投入産出仕訳は次のようになる。

Y＝2600＜Ref_Service, kWh＞＋2000^＜H_Energy, kWh＞＋^1＜吸収式冷凍機_物的資本サービス, 時間＞

なお＜E_Energy, kWh＞，＜H_Energy, kWh＞，＜Ref_Service, kWh＞，＜Gas, L＞は，それぞれ借方のプラスストックの基底であり，電気エネルギー，熱エネルギー，冷却サービスは kWh 換算で測定され，ガスは容積（L）換算で計測されるとする。

同様にして，さまざまなエネルギーの変換や生産，蓄積，購入，販売といった仕訳も多元計測の実物簿記で可能となる。

この枠組みを用いた工場内での系統電力とガスタービン発電及び電気冷凍機と吸収式冷凍機の組み合わせで，工場内の工程に必要な，電気エネルギーと冷却サービスを供給するシステムを定式化した例は，文献を参照されたい［Deguchi, 2017］。

エネルギーは，その購入先で物的資本サービスの生成のために，機械装置を稼働させるために投入される。他方でエネルギーそのものの生産や変換の工程も記述される必要がある。エネルギーに関する生産，購入，販売，エネルギーのさまざまな形態の相互変換，蓄積，エネルギーを用いたサービスの生産とその利活用は，家計，事業所，コミュニティなどさまざまな領域でひとまとまりの境界を持つシステムとして分析する必要がある。例えば，家計の中での電力消費行動は，実物簿記を状態記述に用いて分析することができ

る［Konishi, 2017］。

　さらに家庭内で系統電力からの購入のみならず，さまざまな組成のエネルギーの VPP（Virtual Power Plant）などからの購入，エネルギーから産出されるエアコンや冷蔵庫，調理などの諸サービスの記述，太陽光での自家発電，その蓄積や販売，エコキュート（自然冷媒ヒートポンプ給湯機）による水熱エネルギーへの転換などが多元実物評価の交換代数で状態記述することで，HEMS（Home Energy Management System）の意味でのマネジメントが生産会計と結びつく。これによりエネルギーの投入が，どのようなサービスを産出して，それにどのような資本財が用いられているかに関するサービスの詳細展開（Service Unfolding）が可能となる。これは BEMS（Building Energy Management System），FEMS（Factory Energy Management System），CESM（Community Energy Management System）でも同様で，それぞれの領域でのエネルギーの生産，購入，蓄積，販売，サービス生産へのエネルギーの投入産出を記述することができれば，エネルギーによるサービスの詳細展開が可能となる。これを一国単位で合算すれば，国単位でのエネルギーと物的資本サービスを用いたサービスの投入産出の全体像が明らかになる。

　エネルギーの投入を単にコストとして捉えその節約を目的として管理するのではなく，さまざまな家計内でのサービス生産や事業所や地域でのエネルギー投入を通じて得られるサービスの詳細展開に基づく分析を行うことを意味する。これによりエネルギーの利活用とその効率に関してさまざまな分析と施策の評価が可能となり，より多様な政策や制度の設計が可能となる。

　例えば特定のサービスに対して，そのサービスを提供するための代替的な技術について，エネルギーの投入産出効率がどれだけ上がれば，国全体としてどれだけのエネルギーが節約できるかなどの分析も容易となる。家計から地域，国単位へエネルギーの利活用のストック・フローを統合して，最終的に国のエネルギー会計のストック・フローの報告書を多元実物評価の実物簿記で構築するプロセスは，図 3.7.1 で示される。下記は工場やオフィスでのケースを省いているが，どのような組織であれそこでエネルギーを利活用する枠組みを生産会計で記述することができる。それにはエネルギーの投入産出に関する会計（エネルギー会計）を実物評価の複式の状態記述として構築することが必要となる［Deguchi, 2018B］。

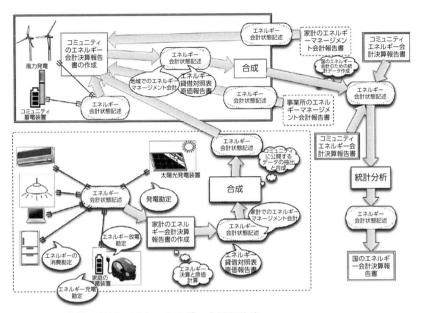

図 3.7.1　家計・地域・国のエネルギー会計報告書

3.8　医療サービスの投入産出仕訳

3.8.1　クリニカルパス

　製造工程のところで扱った，人的資本サービスや物的資本サービスは，工程の中で生成され，ストックされることなくその工程で生産のために投入された。サービスは財の分類としては，プラスのストックではあるが，もののような交換価値を持ち工程を離れてもストック可能で主体間で交換されて転々流通する財とは異なり，生産されたタスク或いはそれが構成するプロジェクト内で使用される必要がある。

　人的資本サービスや物的資本サービスが，工程内で自家投入されるのに対して，一般には，生産されたサービスは，その場で他の主体に販売されてその主体により利用される。この場合，サービスはものの取引と同様にそれを生産した経済主体から別の経済主体に販売されるが，サービスである以上，長期的なストックはできず，その場で使われることになる。実際，そのような他主体に外販されるサービスは，サービス業というカテゴリーで広く産業として成立している。そこでは例えば食事のように，ものとしての財の提供

を含むケースも多々ある。いずれにせよサービスを販売＝提供された主体は，それをその場で利用することになり，サービスをストックすることはできない。したがってサービスはプラスの価値を持つプラスのストックとして，勘定科目上は分類されるが，フローとしてその期間内に投入され利用される財として扱われる。3.6で述べたように，我々は従来消費として扱われていたものを家計内の固定資本形成か，人的資本への投入かのいずれかとみなす。

　本節では，サービスの生産とその場での販売と購入者の人的資本維持のための自己投入（消費）の典型として，医療サービスを取り上げる。医療サービスは，さまざまな医療に関するタスクがプロジェクトとしてひとまとまりのサービスを提供するという意味で，一品生産の製造プロジェクトと比較することができる。医療の領域では複数タスクからなる，疾病ごとに標準化され提供される医療サービスのプロジェクトをクリニカルパスと呼んでいる。標準化された医療は，クリニカルパスを構成するタスクごとにサービスやものを産出する投入産出工程を持ち，クリニカルパスとしての疾病単位で医療サービスを提供する。

　医療サービスは，処方箋薬のような「もの」の産出を例外として，原則クリニカルパスの中で提供され，ストックすることはできない。医療サービスは当該の患者に対してその場で投入される。

　すでに述べたように，物としての財の価値は，Value-in-Exchange（交換価値）と呼ばれ，財が生産された後，サプライチェーンの上で交換され流通し，何らかの投入産出工程での投入に用いられるか，物的資本サービスを生成するための資本財となる。これら交換価値を持つ財に対して，いわゆるサービス財は，何らかの投入産出によって生産されるという点では同様だが，サービス財は原則として生産された場所で提供され使用される必要がある。このようなサービス財の価値は，しばしばValue-in-Use（使用価値）と呼ばれる。

　診察や検査，手術や処方箋の発効などのさまざまな医療サービスは，それを産出するタスクの中での投入産出を明示的に認識する必要がある。医療では今日，疾患別に医療タスクの標準化された連結をクリニカルパスと呼んでいる。この医療タスクとその結合としてのクリニカルパスは，製造に関するタスクとプロジェクトに対応する。ただし物の製品の製造工程では，各タスクの主産出物は，プロジェクトの途中のタスクでは仕掛品，最終のタスクで

は製品となっている。仕掛品は次の工程（タスク）で投入され，プロジェクトの全体としての産出は製品だけになる。製品は，販売・納品されサプライチェーンの中を流通する。これに対して，ひとまとまりの医療サービスを提供するクリニカルパスでは，それを構成する医療タスクにより産出されるのは，診察や検査，手術や処方箋の発効などの，個々の医療サービスである。

　このように使用価値に基づくサービスの生産と利用に関しても，生産会計の諸概念と投入産出仕訳は用いることができる。さらにものづくりで特定の製品の注文ロットに必要な原料，人的資本サービス，物的資本サービスの所要量計算が，投入産出仕訳から可能となるのと同様に，特定の疾患のクリニカルパスから，必要な医療資源の推計を行うこともできる。例えば特定の感染症の流行下で必要となるベッド数や医師・看護師数，薬品，治療器具などの所要量計算を，その感染症に対する治療のクリニカルパスを用いて事前に行うこともできる。現状はおおよその所要量計算は行われるが，クリニカルパス単位での投入産出に基づく所要量計算は行われていない［Tomita, 2020］。

　医療領域では，標準治療はクリニカルパスとして整理されている。クリニカルパスは医療サービスの生産プロジェクトとみなすことができる。クリニカルパスを構成する個々のタスクで行われる診療・治療行為での投入産出関係は医療技術に基づいた投入産出仕訳の型を与えると同時に個々の患者に応じた，医療サービス生産の投入産出仕訳を与える。医療サービスはクリニカルパスを構成する医療タスクにより生成され，それが患者に保険点数と交換で購入され，その場で自家投入されるとみなされる。一般にサービス生産の産出は，顧客にその場で提供され顧客により自家投入される。

　Value in Exchange（交換価値）領域でのプロジェクトだけでなく，医療のクリニカルパスなど，Value in Use として産出されその場で購入者によって自家投入されるさまざまなサービスのプロセスもまたプロジェクトとして認識され複式実物の POE データとして記述し得る。

3.8.2　クリニカルパスの投入産出仕訳

　事例として耳鼻咽喉科の副鼻腔炎に関する簡単なクリニカルパスを考える。ここでは，1）診察，2）鼻吸引処置，3）ネブライザー処置，4）処方箋発行の 4 つの医療タスクを区別する。その上で各々の医療タスクでの医療サービス生産のための投入産出仕訳を記述する。医療サービスでの投入産

出仕訳は，ものの生産の場合と同様に，人的資本サービス，物的資本サービス，原材料が投入され，医療サービスが産出される。医療廃棄物についても適宜記載する必要がある。医療の生産会計では，医療廃棄物というバッズの処理が大きな課題となる。従来のクリニカルパスやそこでのレセプトの記録では，医療の廃棄物や温暖化ガスについての記述は行われていない。

　医療タスクについて廃棄物を加味した投入産出仕訳を記述することで，医療廃棄物についてのクリニカルパスごとの標準的な量を把握し，医療廃棄物の業者による処理の取引についてもトレーサブルな記述が可能となる。廃棄物についての投入産出仕訳での扱いの詳細は4章で論じる。

　医療サービスの場合，物の製造の投入産出仕訳と異なり，各タスクで産出されたサービスは，その場で患者に販売され患者により自家投入される。そこでは，医療サービスの販売と患者による購入と購入した医療サービスの自家投入というプロセスが認識され記入される必要がある。

　日本の医療では保険診療の場合，医療サービスの購入は，個々の処置に関して，保険点数という形で政府の委員会による点数付けと，その点数の価格付けがなされている。これは，物としての投入原料の実物計測とその価格振替から仕切り値としての原価を積算するのとは異なる。また物の生産では中途の段階では，仕掛品が産出されるが，医療サービスでは，医療タスクは相互に連結して全体としての治療のクリニカルパスを構成するが，保険点数という意味では，それぞれのタスクごとに医療サービスは点数化されている。この点数化された医療サービスを患者に販売し，患者はそれを購入し自家投入するという取引が同時に生じているとみなすことができる。ただし下記の事例で示すように，各タスクで生産された医療サービスは，患者がそれを購入した後の自家投入は，個々のタスクごとに行われるが，それが患者のQOLを改善するのは，全体としてのクリニカルパスを通じてである。そこで個々のタスクでは，サービス仕掛品を産出するとみなし，最後の段階で，全体としての医療サービスが生産され，それが患者に投入され，患者の治療に対応したQOLを維持向上させるとみなす計算を行う。

　ここで事例とする副鼻腔炎の初診の簡単なクリニカルパスは，図3.8.1のように示される。ネブライザー処置のタスクでは，ネブライザ用薬品の院内調剤という生産の工程と，その薬剤とネブライザー機器を物的資本サービス

としたネプライザ処置サービスの産出を扱う。これは物の産出とサービスの産出の複合的なサービスとなっている。また処方箋の産出も物の産出として扱われ，クリニカルパス全体として，副鼻腔炎の治療サービスと処方箋という物を産出するという複合的な投入産出仕訳を必要とする。これについては下記に示す。

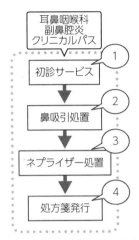

図 3.8.1　副鼻腔炎の医療クリニカルパス

（1）診察サービス
　（医療側）
　医療側の診察サービスの生産（X1A）と生産されたサービスの患者への保険点数での販売（X1B）の仕訳は次のように交換代数で示される。
　　X1A＝1＜診察(初診)サービス, 単位＞＋1^＜耳鼻咽喉科_人的資本サービス, 単位＞
　医者による診察サービスの投入産出仕訳。ここでの投入は耳鼻咽喉科_人的資本サービスのみとしてある。
　　X1B＝1^＜診察(初診)サービス, 単位＞＋288＜保険点数, 点＞
　診察（初診）サービスを医療側から患者に保険点数で販売する仕訳。

　（患者側）
　患者側の診察サービスの購入（Y1A）と自家投入（Y1B）の仕訳

Y1A＝1＜診察（初診）サービス，単位＞＋288^＜保険点数，点＞

これは患者が診察（初診）サービスを保険点数で購入する仕訳。

Y1B＝1^＜診察（初診）サービス，単位＞＋1＜診察（初診）_副鼻腔炎 CP_
サービス仕掛，単位＞

ここではクリニカルパス（CP）を構成する諸医療サービスは，CP（ク
リニカルパス）全体で患者の QOL を維持・向上させるための投入とする。
個々のタスクは，医療サービス仕掛りを産出するための投入として仕訳け
られる。

（2）鼻吸引処置
　（医療側）
　　X2A＝1＜鼻吸引処置サービス，単位＞＋1^＜鼻吸引_物的資本サービ
ス，単位＞＋1^＜耳鼻咽喉科_人的資本サービス，単位＞

　　X2B＝1^＜鼻吸引処置サービス，単位＞＋16＜保険点数，点＞

　　医療側の鼻吸引処置サービスの生産（X2A）と生産されたサービスの
患者への保険点数での販売（X2B）の仕訳。マイナスのストックとして
バッズとしての医療廃棄物である，吸引物を考慮に入れるときは，下記の
X2A' のような投入産出仕訳となる。

　　X2A'＝1＜鼻吸引処置サービス，単位＞＋1^＜鼻吸引_物的資本サービ
ス，単位＞＋1^＜耳鼻咽喉科_人的資本サービス，単位＞＋1＜吸引物，
単位＞

　（患者側）
　　Y2A＝1＜鼻吸引処置サービス，単位＞＋16^＜保険点数，点＞
　　Y2B＝1^＜鼻吸引処置サービス，単位＞＋1＜鼻吸引処置_副鼻腔炎 CP_
サービス仕掛，単位＞

　　ここでも購入した鼻吸引処置サービスは，鼻吸引処置_副鼻腔炎 CP_サー
ビス仕掛へと振り替えられる。

（3）ネブライザー用薬品の生成とネブライザー処置
　（医療側）
　　X3A1＝1＜ネブライザー用薬品，単位＞＋0.5^＜リンデロン点鼻液 0.1

％，ml＞＋1＾＜ベストロン耳鼻科用 1％，ml＞＋5＾＜生理食塩水，ml＞
＋1＜使用済シリンジ，セット＞

X3A1 は，ネプライザー用薬品をリンデロン点鼻液 0.1％とベストロン
耳鼻科用 1％と生理食塩水から生成する仕訳を示している。ここではネプ
ライザー用薬品の調剤に使う人的資本サービスの投入は省略している。点
鼻液などの使用済のシリンジは医療廃棄物でバッズとなる。

X3A2＝1＜ネプライザー処置サービス(薬品別)，単位＞＋1＾＜ネプライ
ザー物的資本サービス，単位＞＋1＾＜耳鼻咽喉科_人的資本サービス，単
位＞

X3A3＝1＜ネプライザー処置サービス，単位＞＋1＾＜ネプライザー用薬
品，単位＞＋1＾＜ネプライザー処置サービス(薬品別)，単位＞

X3B1＝1＾＜ネプライザー処置サービス，単位＞＋27＜保険点数，点＞

X3B1 は，ネプライザー処置サービスを保険点数で患者に販売する取引。

（患者側）

Y3A＝1＜ネプライザー処置サービス，単位＞＋27＜保険点数，点＞

Y3B＝1＾＜ネプライザー処置サービス，単位＞＋1＜ネプライザー処置_
副鼻腔炎 CP_サービス仕掛，単位＞

ここでも購入したネプライザー処置サービスは，ネプライザー処置_副
鼻腔炎 CP_サービス仕掛へと振り替えられる。

(4)　処方箋発行

（医療側）

X3A＝1＜抗生物質処方箋，単位＞＋1＾＜耳鼻咽喉科_人的資本サービ
ス，単位＞

X3B＝1＾＜抗生物質処方箋，単位＞＋42＜保険点数，点＞

（患者側）

Y3A＝1＜抗生物質処方箋，単位＞＋42＾＜保険点数，点＞

処方箋は，サービスではなく物的な財として扱われ，取得した患者は，
処方箋と薬処方代金で薬を入手する。薬局での処方箋に基づいた調剤につ
いてはここでは省略する。

（5）患者の側での医療ライフクオリティの産出と自己投入

Z1＝1＜医療全体サービス_副鼻腔炎 CP，単位＞＋1＾＜診察（初診）_副鼻腔炎 CP_サービス仕掛，単位＞＋1＜鼻吸引処置_副鼻腔炎 CP_サービス仕掛，単位＞＋1＜ネプライザー処置_副鼻腔炎 CP_サービス仕掛，単位＞

Z2＝1＾＜医療全体サービス_副鼻腔炎 CP，単位＞＋1＜QOL_副鼻腔炎，単位＞

　ここでは，クリニカルパス全体として，副鼻腔炎に対する医療サービスが生成され，それが患者に自家投入され，副鼻腔炎に関するライフクオリティが生成されるとみなしている。この副鼻腔炎に関するライフクオリティが患者本人に投入され，病気で下がった個人の副鼻腔炎に関するライフクオリティを維持する役割を果たす。病気によって，＜QOL_副鼻腔炎，単位＞が毀損された状態になり，マイナス（貸方）状態になっているものを，治療によって元に戻すとみなす。

　ここでのクリニカルパス全体としてのサービス生産は，形式的な約束事に従う計算であり，実際に個人の QOL を疾病ごとに分けて計測できるわけではないし，治療したからといって疾病は治るとも限らない。ここでの議論は，人的資本に関するライフクオリティを記録するための一種の帰属計算である。このライフクオリティに関する帰属計算は，医療だけでなく，人的資本へと投入される全てのサービスに対しても行われるものとする。

【医療資源の所要量計算】

　クリニカルパス（医療プロジェクト）とそれを構成する医療タスクの投入産出仕訳とその仕訳伝票を用いることで，ものの生産の場合と同様に，投入資源の必要量の積算を行うことができる。投入資源の所要量計算は，ものづくりの領域では，MRP でも課題とされる。また在庫の発注点管理でも課題となる。医療でも，短期には医療資源の発注点管理の課題に応えるために，このクリニカルパス別の資材の投入情報を用いることができる。だが短期の投入資材の所要量のみならず，長期的なクリニカルパスの必要量に応じた医療リソースの所要量の推計は大きな課題である。クリニカルパスの各タスクの投入には，医療の人的資本サービスを産出するための，各科の医師の所要量だけでなく，入院に必要な資材や人員など多くの資源の所要量を推計する

必要がある。

　必要投入資源の所要量の積算は，人口動態の変化に基づく疾病構造の変化などの外部シナリオにより必要となるクリニカルパスを認識する必要がある。

　また災害避難所での災害時の薬の準備をするために，当該市町村の人口動態を調べ，厚生労働省の疾病統計とクロスさせ，その地域の疾病の種類と量を把握し，避難所に必要な薬の量や介護の必要な人数をあらかじめ推計しておくことは可能である。筆者は浜松市の避難所を事例としてこの計算を行っている［Tomita, 2020］。しかしそこで可能なのは疾病と薬の対応付けによる概算推計でしかない。

　高齢化や過疎化などの外部シナリオによる社会状態の変化に伴い，地域で必要となる診療科ごとの病床や医療物資，医師などの医療の人的，物的リソースについてこれを推計・積算するためには，クリニカルパスに対応した医療タスクの投入産出仕訳とそれに基づく仕訳伝票が重要となる。これはパンデミックでの，医療状況の変化に応じた病床や専門医などの医療資源の積算にも利用可能である。

　本節では医療サービスを事例としてそのクリニカルパスすなわちサービスの生産プロジェクトに対する，生産会計での状態記述とそれに基づく投入産出と，その患者への販売と自己投入の計算例を示した。この計算は，さまざまなサービス生産とその利用（自家投入）に関しても同様に行える。地震などの大規模災害時であれば，災害の規模に応じて，熱症，骨折，クラッシュ症候群のそれぞれにクリニカルパスがどの程度必要かで，それに必要なさまざまな人や機材，薬品などの所要量とスケジューリングが可能となる。同様に，災害時の救急搬送やさまざまな支援サービスについても同様の分析が生産会計に基づくクリニカルパスを用いて可能となる。

第 4 章

非財務情報と環境会計

　第 4 章では，前章で導入した生産会計のタスク単位の投入産出仕訳を，
GHG や廃棄物など負の価値を持ちマイナスのストック（負債）項目に属す
る財（バッズ）の産出のような非財務情報に対して拡張する。現状環境に関
する非財務情報は，何らかの台帳により管理されている。その台帳に記載さ
れる管理項目の物的な単位での測定法とデータベースとしての台帳の構造及
び，台帳に基づいた非財務情報の報告書の作成についての規格化が行われて
きた。しかしこのような規格は，複式の状態空間となっていない。本書では
環境などの非財務情報を，バッズの生成を含む複式の POE データとして扱
う。これにより環境の非財務情報を，多元実物測定に基づく実物簿記の状態
空間で記述できることを示す。実物簿記の状態空間上でも，対象の勘定科目
としての認識とその多元実物測定の方法の規格化は必要される。しかしひと
たび状態空間が確立すれば，必要な情報は，状態に対する出力関数として交
換代数に対する計算として定義できる。本章では，この非財務情報に対す
る，バッズを含む実物簿記で記された複式の状態空間の構成を扱う。

4.1　生産会計による非財務情報の会計計算

4.1.1　非財務情報の開示と監査

　企業のマネジメントの歴史は，ステークホルダーに対する，財務会計によ
る「正しい報告」の記述から始まり，次第にマネジメントのための会計情
報の利活用である管理会計へと進化してきた。この管理会計（Management
Accounting）の歴史は，さらに企業価値の評価へと進み，企業の生み出す
キャッシュ・フローを評価する方向へと進化している。しかし財務会計のみ
ならず，管理会計・戦略会計においても，対象となる企業がいまどのような
状態であり，それがどのように変化しているかの認識では，そこに減損会計
や時価評価などの新たな視点が入るとしても，依然として金銭評価による複
式簿記での B/S（状態の認識）と P/L（一定期間での状態変化の認識）が基
本となる。管理会計が用いる多くの指標も，基本は財務諸表とその付加情報

から取り出し構成したものとなっている。

　だが今後の企業マネジメントでは，新たな視点として，SDGs で論じられる 17 の領域での企業活動のありようや，ESG 投資で評価される環境や社会に対する企業の立ち位置や企業のガバナンスについての非財務情報の収集とその非金銭的な評価が求められている。この企業の非財務的・非金銭的な状態とその変化を把握するためには，企業が状態把握すべき対象の種類と粒度は大きく変化せざるを得ない。企業に求められつつあるのは，環境汚染物質や CO_2 のような GHG の排出，エネルギーの利活用，人的資本の利活用などさまざまな非財務情報を適切にマネジメントすることである。そこでは金銭評価とは異なる，時間や物理的単位での計測情報が求められる。
　このような非財務情報或いは非金銭的評価に基づく情報は，従来の企業のマネジメントの中でも，生産管理の情報や，受発注の情報の中では頻繁に用いられており，生産管理という枠組みの中で局所的なマネジメントに用いられている。この生産管理の情報の多くが，生産会計の投入産出仕訳によって扱えることは 3 章までで扱ってきた。
　本章では，従来簿記での状態把握とは別の形で収集され，局所的なマネジメントに用いられていた非財務的，非金銭的或いは非複式の情報について，その把握と利活用を，活動時点での複式での実物簿記によって行うための枠組みについて論じる。

　非財務情報（Non-Financial Information）とは，企業のディスクロージャー（開示）情報のうちで，財務諸表などで開示される情報以外の情報のことである。財務諸表が複式簿記に基づく，複式情報であるのに対して，非財務情報は，従来非複式の情報として認識されてきた。非財務情報としては，従来から広く認識されている有価証券報告書や，企業の CSR（Corporate Social Responsibility）報告書などがまず挙げられる。これに対して今後の企業でディスクロージャーの対象となる非財務情報は，大括りでいうと，人的資本や社会のサステナビリティに関して企業が果たすべき責任に関するものと，自然資本としての環境のサステナビリティに対して，二酸化炭素などの GHG の排出や廃棄物の産出を行う企業が負うべき責任に関するものに区分される。
　これらは今日，SDGs（Sustainable Development Goals）や ESG（Environ-

ment・Social・Governance）投資の枠組みの中で，企業が果たすべき役割，責任として次第に企業活動にとって無視し得ない要因となりつつある。それどころか，この人的資本と自然資本に対するサステナビリティ活動に対する企業の貢献そのものが，企業の投資効率を示す投資利益率（Return on Investment: ROI）や将来キャッシュ・フローとは異なる，企業評価の指標となるという新しい現実が，世界的な企業活動の基準として認められはじめており，すでに投資などで，企業活動に直接的な影響を及ぼしつつある。この流れは今後加速することはあっても停滞することはない。この新しい現実は，根源的なところで企業活動のありように問題を投げかけている。企業活動の目的とそのための評価軸は，時代とともに変化してきた。そのことは会計の歴史における会計基準が，現金主義から非現金主義と投資効率重視へと変化，さらに将来キャッシュ・フローを生み出す企業価値重視へと変化してきたことのうちに端的に表されている。だがこの評価軸の変化は株主利益最大化をどのように認識するかという視点の変化に過ぎず，異なった目的の対立がマネジメントの内部に生じたわけではなかった。しかし，新しいサステナビリティ活動に対する評価基準は，明らかに企業の株主利益最大化の基準と相反するもう一つの目的となっている。したがってそこにはパレート最適性を前提とした企業の活動マネジメントという新しいマネジメント上の課題が生じてきたのである。

　無論従来から，人的資本に関しても，自然資本に関してもその保全のための基準は，労働法制や環境法制の中で法的な制約として企業の活動に課せられてきた。だが今日生じつつあるのは，政府のみならず，取引先，消費者，投資家，従業員など企業活動のステークホルダー全体にサステナビリティ活動に対する認識が共有されるという根底的な変化である。

　この変化に対応するには，企業のマネジメントの範囲も問い直される必要がある。従来の会計公準が，永続性のあるエンティティとしての企業を単位とし，金銭評価で一定期間ごとの状態の変化と，更新された状態の表示を要請しているのに対して，環境のサステナビリティ管理では，個々のサービスや財の生産時点（Point of Production Event）での管理が必要となる。これは従来の原価計算に基づくコスト管理のための「原価」のマネジメントとは方向性が異なる。そこではものやサービスの生産のプロセスで何が生産され，何が排出されるかに踏み込んだ工程の管理を必要とする。だが従来の工程管理は，品質やコストを管理することが目標であり，サステナビリティの

マネジメントのためには，新たな枠組みをそこに持ち込む必要がある。そのためには，すでに3章で論じたように，製造時点での実物簿記による複式の状態変化の把握が重要となる。従来の複式簿記の記述では，製造工程そのものでの投入産出関係を，複式で起票することは事実上行われていなかった。これはそもそも製造タスクの複式の起票は実物の計測単位で行うことが必要となるため金銭評価の簿記では記述が困難であったためでもある。

4.1.2　評価基準と非財務情報のオンバランス化

　非財務情報は，企業活動に用いる情報の中で，財務情報でないもの全てと言えるほど範囲も種類も多い。その中でも，サステナビリティや企業の社会的責任に関し，これを何らかの形でスコア化し，ステークホルダーに開示しようとする動きは，世界中で始まっている。例えば，ESG 投資に対応し ESG スコアを策定するためには，非財務情報の中核として Environment（環境）・Social Responsibility（社会的責任）・Governance（ガバナンス）の評価とその開示が必要となる。これを ESG の視点から整理し，企業内での情報の構造化を行い，その蓄積と利活用の枠組みをビジネスプロセスと関係付けて示す必要がある。

　非財務報告に関するさまざまな基準化の動きには，気候関連財務情報開示タスクフォース（Task Force on Climate-related Financial Disclosures: TCFD）による提言，国際統合報告評議会（International Integrated Reporting Council: IIRC）のフレームワーク，米国の非営利団体であるサステナビリティ会計基準審議会（Sustainability Accounting Standards Board: SASB）の開示スタンダード，国連環境計画の公認団体であるグローバル・レポーティング・イニシアチブ（Global Reporting Initiative: GRI）の提起するサステナビリティ報告書ガイドラインである「GRI スタンダード」，気候関連財務情報開示タスクフォース（Task Force on Climate-related Financial Disclosures: TCFD）のフレームワークなど多くの機関・団体が乗り出しておりそれぞれ特色のある提言を行ってきた。この乱立状態に対して，国際会計基準（IFRS）を策定した IFRS 財団が乗り出して乱立する基準を整理して「統合報告書」として規格化し国際的に義務化をする流れが生じた。これは，従来の ISO の品質管理に関する 9000 シリーズや環境管理全般に関する 14000 シリーズ，人的資本に関する情報開示のガイドラインの ISO30414，組織の社会的責任に関する手引きである ISO26000 などとは一線を画す動きである。

　そのような中で，IFRS 財団は 2021 年 11 月に「国際サステナビリティ基準審議会」(International Sustainability Standards Board: ISSB) を設立した。この ISSB によるサステナビリティ基準により，これまで IIRC フレームワーク，SASB スタンダード，GRI スタンダード，気候関連財務情報開示タスクフォース (TCFD) の提言など，乱立していた議論に一通りの決着がつき，2023 年 6 月に国際サステナビリティ基準審議会 (ISSB) により「サステナビリティ基準」最終版が公表された。

　財務会計の監査と開示の基準に次ぐ，「サステナビリティ基準」という非財務情報の監査と開示の基準が公表されたことで，この基準が今後普及することが想定される。本書では，この 2023 年 6 月に ISSB により最終版が公表された「サステナビリティ基準」を中心に非財務情報の生産会計での扱いを論じる。ISSB では S1 と S2 に分けて非財務情報の開示基準を定めている。新基準は大きく二つのパートからなる。一つ目のパート「S1」は，企業価値に関する重大なサステナビリティ関連のビジネス上のリスクと機会の評価を可能にする情報の開示を企業に求める。二つ目の「S2」で，気候関連のリスクや機会に特化した開示要求を定めている。「S1」は，企業価値に関するサステナビリティ関連のリスクと機会の評価を可能にする情報の開示に関するものとなっている。これに対して「S2」は気候関連のリスクや機会に特化した開示に関するもので，気候関連財務情報開示タスクフォース (TCFD) の提言をベースにしている。

　その中の温暖化ガス排出の開示については自社からの直接排出を対象とする「スコープ1」と自社で利用する電力の起源の責任分を記載する「スコープ2」だけでなく，自社と取引する取引先が自社向けに販売する原材料や製品の製造時や輸送時及び，自社の製品や部品の販売先での利用時に排出される，地球温暖化ガスに関するサプライチェーン上での自社以外の排出の「スコープ3」も情報開示を求める対象に含まれている。しかしこのスコープの設定は，我々が本稿で論じているシステム境界の設定とは問題意識が異なっている。このスコープの設定では，各社のスコープ2と電力会社の電力産出におけるスコープ1は重複する。またサプライチェーン上では，各社のスコープ1とスコープ3も重複する。すなわち，この開示情報は互いに疎なシステム境界での排出量を合算することで，地球温暖化ガス排出の総量を推計するという目的には使えない。またそのような目的は，そもそも情報開示の範囲外にある。新しい「サステナビリティ基準」で求められている非財

務的で非金銭的な状態とその変化の測定では，企業のESG関するKPIとなる指標を設定することが目的である。そのためのサテライト勘定（補助帳）による単式の記述を定められた基準に基づいて行い，環境マネジメントのためのPDCAサイクルを回すというマネジメントが背後に想定されている。新しい評価軸を明らかにし，投資家に対して自らの企業の評価を開示すると同時に，この評価のKPIに基づき，経営を改善するためのマネジメントを行うという考え方には実は大きな問題がある。KPIは評価軸であっても状態や状態の変化そのものではない。非財務情報は，財務情報と異なり，状態を記録するという概念が希薄である。非財務情報の開示は，評価の開示であるとされており，その評価の前提となるべき非財務的状態とその変化に関する状態記述そのものが曖昧である。

　システムの制御という視点からは，スコアやインデックスのような指標が得られるためには，その前提としての対象となるシステムの状態とその変化の測定が必要となる。実際，企業のマネジメントのための指標である，ROIにせよROEにせよ，それらは複式簿記で財務的な状態記述がなされ，それが期間ごとに更新されるという記録を前提として指標として計算される。しかもその状態記述が，単式の状態変化の集積ではなく，借方と貸方の紐づいた複式の記述であることにより，価値形成の活動に紐づいた状態（ストック）とその変化（フロー）と関連づけて目的に基づいたKPIが定義可能となる。

　現在のSDGs或いはESGでの非財務情報については，状態記述がそもそも定義されていない。非財務情報は従来からの経営戦略やその課題に関する情報，リスクやガバナンスに関する情報，雇用者に関する情報など多岐にわたり，新たに加わったサステナビリティ情報に関しても，環境に関する状態記述とその上での環境指標の計算との概念的な分離はなされていない。これに対し本書では，活動時点の実物複式状態記述を導入することにより，環境から人的資本まで広範な領域で，複式の状態記述が導入できることを示す。現在の非財務情報を含む統合報告書の義務化の方向に対して，本書で我々が提案する多元実物簿記による活動時点の状態把握とその記述の方式は，根本的な見直しを要求するものとなる。

　本章では，スコープ1，2，3を含み，GHG（Greenhouse Gas）だけでなくさまざまな廃棄物（バッズ）の生産工程での排出とその処理について，サテライト勘定（補助帳）による単式の記述ではなく，生産会計の中で複式の

多元実物簿記による状態記述ができる枠組みを明らかにする。

4.1.3　マネジメントの責任主体とマネジメント境界の分離

　本書では活動時点の実物簿記による状態記述と状態の変化の記述を基本的な認識の単位とする。そこでは，生産工程のタスクを財やサービスの製造時点での最小の認識単位とする。その上で当該の工程での原料や仕掛品，人的資本サービス，物的資本サービスの投入と，仕掛品或いは製品，副産物とバッズの産出という投入産出プロセスが実物簿記で記述できることに着目した。このタスクレベルでの最小の投入産出関係の複式の状態表現は，タスクが結合してひとまとまりのサービスや製品を産出するプロジェクト単位にそのまま拡張できる。活動時点の実物単位複式での状態把握は，その活動の含まれるマネジメントの領域を定めその範囲で状態記述を集約することで，着目した領域で集約された状態記述に基づいたマネジメントが可能となる。

　一般に何らかのマネジメントの目標が示されたときに，そのマネージメントとなる対象の範囲をどのように設定するのか，またマネージメントのために用いる状態変数をどのように設定しどのように測定しどのように活用するかが課題となる。環境に関して言えば，何らかのバッズの排出を行う対象を特定しそれに対する適切なマネジメントを行うことが必要となる。システムの制御という視点から，何を対象にどのような状態変数に対して制御を行うかを明確化する必要がある。如何なる対象でも，その対象について認識できる「状態（ストック）」と「状態の変化（フロー）」の範囲でしか，状態とその変化に関するマネジメントはできない。「見えないものは管理できない，管理できるならば見えなければならない」，「可観測でない対象は可制御にならない」というのが制御＝マネジメントの基本前提である。この記録し参照する「状態」と「状態の変化」に，実物簿記による複式の状態表現を用い，活動時点の状態把握を基盤に，必要な範囲でそれを集約し，マネジメントに用いるというのがここでのアプローチとなる。

　制御＝マネジメントを実際に行う意思決定主体としての企業とマネージメントの対象となる領域及びそこで用いられている状態変数は基本的に独立である。マネジメントの意思決定の責任主体である企業がそのまま，マネジメントの対象となる領域であるとする会計公準はここでは用いない。状態把握される領域と，マネジメント主体は切り離され，企業そのものの状態だけでなく，さまざまな集約単位に対して必要なマネジメントを行う必要がある。

最小単位の状態とその変化の把握は，価値形成の活動時点にとる必要がある。商業的な取引に関しては，その活動時点と，取引の起票時点には，発生主義の会計測定の下では大きな乖離はない。しかしながら，何らかの財やサービスの生産に関しては，価値形成の活動時点である，製造時点（Point of Production Event）での状態把握と，会計的な原価計算の間には乖離がある。従来の会計測定では，価値変動の発生時点である製造時点での状態把握については十分着目されていなかった。その理由の大きなものとして，会計公準に基づく金銭評価主義がある。製造時点での投入産出関係は，実物単位での記述抜きに記述することは難しい。製造工程での投入・産出関係を，製造工程の最小単位である製造タスクに着目し，実物簿記で記述し，それをプロジェクト単位や，企業単位，さらにはサプライチェーン単位など任意の単位で集約することで，それぞれのステークホルダーは，マネジメントに必要な状態（ストック）と一定期間での状態変化（フロー）を把握し，そこからさらに目的に応じた KPI などの指標の計算や，指標の提示も可能となる。

4.1.4　実物簿記による非財務情報の統合化

　すでに論じてきたように，今日企業の活動目的が多様化する中で，企業の状態とその変化の把握のために，非財務的・非金銭的な状態の把握が求められている。そこでは企業が扱わねばならない状態把握の種類と粒度そのものが，従来の企業の主要な関心事である，株主利益最適化のための活動に関する情報のみならず，自然資本や人的資本に対する企業の広範な社会的責任に関する情報を含む形に変化している。これに関連して，非財務的・非金銭的状態の把握と開示を求める統合報告書の義務化のインパクトは大きい。それに加え，すでに企業では製造現場を含め，従来の金銭評価の複式簿記で記述できない非財務的・非金銭的情報が実際には多く用いられている現実がある。

　従来，バランスシートから固定資産などを外す操作をオフバランス化と呼んでいたが，本書では，もともと複式で表現されていなかった，環境や人的資本に関する情報を，複式の状態として把握することを「環境債務や資産のオンバランス化」と呼ぶ。実物簿記によるさまざまな活動時点情報のオンバランス化が可能となることで，自然資本や人的資本に関する非財務情報の多くが，活動時点情報の実物簿記によるオンバランス化によって表現できる。その数式表現を与え，さまざまなシステム境界で集約したオンバランス化さ

れた活動時点情報が，企業の株主利益最大化のみならず，SDGs で求められるサステナビリティ目標の達成にとって極めて重要な状態空間となることを示したい。

SDGs での 17 のサステナビリティ目標の達成や ESG 投資の観点からの非財務的な企業の状態把握と複数の課題に対する多目的マネジメントのためには，関連する情報を別表の形で切り離したサテライト勘定として管理するのではなく，生産会計の中で，貨幣評価のみならず実物単位での評価も含めた多元簿記を用い，従来それぞれ切り離されて扱われていた非財務情報の多くをオンバランス化する。その上で数式表現に基づいた疎結合型の情報処理を行うことで，企業自身のマネジメントに資すると同時にステークホルダーに対する適切な情報公開も容易となる。

SDGs の非財務情報を扱うためには，1）貧困の克服，2）飢餓ゼロ，3）健康と福祉，4）質の高い教育，5）ジェンダー平等，6）安全な水とトイレ，7）クリーンなエネルギー，8）働きがいと経済成長，9）産業と技術革新の基盤，10）不平等の克服，11）住み続けられるまちづくり，12）持続可能な消費と生産，13）気候変動対策，14）海の豊かさ，15）陸の豊かさ，16）平和と公正，17）パートナーシップという SDGs の 17 の目標を，（ア）エネルギー，（イ）資源，（ウ）廃棄物，（エ）大気，（オ）水，（カ）生物多様性，（キ）製品サービス，（ク）雇用，（ケ）社会・地域という 9 つの具体的な課題領域の中で把握しマネジメントする必要がある。そのために，この（ア）〜（ケ）の 9 つの課題の達成をさらにブレークダウンしてマネジメントの内容を具体化し，さらにそれが 17 の SDGs の目標とどのように紐づけられるかを示す必要がある。

これらの目的に向けての活動を適切に制御するためには，9 つの課題をブレークダウンした，それぞれのマネジメントの管理目標に対して，それをマネジメントするために必要な複式の多元実物簿記による状態と状態変化はどのように測定される記述されるかに関する認識と方法を共有する必要がある。

そのためには，単に活動の KPI となる評価指標を示すのではなく，企業の活動と紐づく形で，状態表現を与える必要がある。非財務的情報の標準化と義務化は，それぞれの課題がマネジメント可能（可制御）になるために

は，どのような状態空間と状態測定を行う必要があるかを明確にする作業を伴わなければならない。しかし，現在進みつつある非財務情報の規格化と義務化の流れの中では，活動時点での非財務情報のオンバランス化による状態表現の構築を模索する方向で議論が進んでいるとは言えない。

　現状の非財務情報の開示では企業単位でのデータや諸指標の開示が前提とされており，活動時点データの必要性の認識は高いとは言えない。ただし生産工程単位での屑の発生の把握とその管理を課題としているマテリアルフローコスト会計は，具体的な工程を対象にしている。ISSBにより最終版が公表された「サステナビリティ基準」とライフサイクルコスティング及びマテリアルフローコスト会計は，対象としている領域や課題はクロスするが，相互の関係は明確ではない。それでも環境に関する活動時点でのデータの把握とその活動単位でのマネジメントは避けられない新しい現実である。

4.2　環境管理会計の課題

4.2.1　環境管理会計と自然資本

　非財務情報の中でも，企業の財やサービスの生産活動に伴う，廃棄物，排出物の管理は極めて重要である。企業の生産活動に伴い生産される財やサービスに付随して生産される物には，正の価値を持ち販売が可能な副産物と，負或いはゼロの価値を持ち何らかの廃棄処理などが必要なバッズがある。バッズの処理は，すでに3章で述べたように，マイナスのストックとして矛盾なく扱うことができる。これは財務会計にはない会計処理となる。

　ここでは，環境会計とその対象を，「プラスの価値を持った財やサービスの生産，販売，投資のみならず，GHGや廃棄物などのバッズなどの産出を含み，GHGの環境への排出や，廃棄物の処理を扱う広義の生産関連領域をスコープとした，多元実物簿記に基づく生産会計が環境会計であり，そのスコープには，企業や政府，家計のみならず，GHGが排出される側である自然環境が含まれる」と定義する。この定義の環境会計が扱う範囲は多岐にわたるが，生産会計の多元実物簿記による状態記述を中核に置くことで，既存の環境に関する非財務情報を統合的に扱うことが可能となる。

　環境に関する会計処理を行うとき課題となるのは，環境に関する管理会計である。環境管理会計に厳密な定義があるわけではない。財務会計に基づく

管理会計では，コスト最適化などの管理目標に対して管理を遂行するための資料を，財務会計の情報をもとに提示する。そこでは複式の簿記データだけでなく，付加的なデータも必要とされる。しかし財務会計を基盤とした管理会計では，中心となるデータは，会計公準に従って企業をスコープとする金額評価での複式簿記のデータである。これに対して環境会計では，何よりも対象に応じて多元的に定まる実物測定による評価が求められる。環境に関するさまざまな報告書が，実物単位での記載を基本としているという意味でも，それらを導出するための状態空間が実物単位であることは必須である。その上でバッズを含む生産会計に基づいた環境会計では，自然を取引や価値形成の主体として扱う必要がある。自然が CO_2 を光合成を通じて固定化するのは，マイナスのストックの除去であり，これも一種の価値形成プロセスである。それを可能とする森林資源は，自然環境での CO_2 除去の工程で用いられる物的資本サービスのための固定資本とみなされる。バッズの除去による価値形成に限らず，自然はその内部で，さまざまな財を生み出す。それゆえ，この自然の産出力の基盤となる，自然が持つ固定資本や産出物を，自然環境を主体として生産会計で扱うことが求められる。

　今日，自然を一種の資本として捉える，自然資本の概念が注目を集めている [Atkinson, 1995; Jansson, 1994]。本章では，この「自然資本」の概念を，環境会計の中で自然環境を主体化した上で，自然環境が持つストックとして捉える。この自然環境が持つストックとそのフローによる変化は，自然の生態学的なプロセスそのもので変化する動的なシステムでもある。その限りでは生態系は，自然の中での炭素循環などのケミカルプロセスを含む物理学的な動的システムとして把握することができる。また多様な生物の繁殖と捕食の動的な生態学的プロセスともみなすことができる。

　他方で人間がその経済的な価値形成活動の中で，自然環境と相互作用するときに，その変化は，物理学的或いは生態系としてのダイナミクスだけでは記述できない。人が自然を利用するということは，自然からの価値の移転とみなせるし，自然の中での生物資源の増殖はそれ自体自然が価値形成を行っている生産プロセスとみなされる。さらに GHG や廃棄物の自然環境への排出や投棄は，マイナスのストックの価値の移転である。この価値の形成や移転，消滅を含む自然の状態とその変化を記述するためには，多元実物計測での実物簿記による状態記述が必要である。この多元実物評価の実物簿記で，

価値形成や価値の移転などを含む状態表現が可能であることを本章では示す。その一つの事例として，GHG の排出に関する，環境負債を含む会計処理を 4 章 3 節で扱う。そこでは自然資本概念を，自然を生産会計の意味での会計主体のストック状態として捉え，その変化を多元実物簿記を用い自然主体と企業や政府との取引関係を通じて捉える。企業による GHG の自然への放出は，企業と自然主体との間の，マイナスの価値を持つバッズと環境毀損債務の交換の取得と捉える。自然の側は GHG という負の価値を持つバッズを企業から自然環境に移転する代償として，企業から環境に対する環境毀損債権を取得する。企業の側は，負の価値を持つバッズを自然環境に移転する代わりに自然環境に対する環境毀損債務を持つことになる。物理的な変化としてではなく，価値の移転を伴う実物計測に基づく複式の状態変化と捉えることで，排出権取引の枠組みは，自然主体を含み，GHG の自然環境への累積や，その責任を表す環境毀損債務の累積も含めた枠組みへと拡張することが可能となる。

4.2.2　マテリアルフローコスト会計と環境会計

　廃棄物などの屑の生成にかかる原価を計算することで，廃棄物の抑制のインセンティブに繋げることを目的とした管理会計の一種であるマテリアルフローコスト会計（Material Flow Cost Accounting: MFCA）と，生産会計に基づく環境会計の差を明らかにする必要がある。生産会計では実物単位を含む財やサービスの多元評価での複式記述が可能である。また産出として，ゼロや処理にコストが必要という意味でマイナスの経済価値を持つバッズを貸方勘定として導入することで，ゼロやマイナスの経済価値を持ち，現金評価では扱い難い財についても明示的に扱うことが可能となる。

　これに対してマテリアルフローコスト会計（MFCA）は生産プロセスにおける材料の無駄（マテリアルロス）を管理するための特殊な管理会計として近年注目を集めている。MFCA では財務会計の原価計算とは異なる基準で製品の価値を評価する。通常の原価計算では屑（マテリアルロス）を含めた全ての生産への投入を製品の原価として積算する。他方，MFCA は生産投入に対し，産出された製品と屑（マテリアルロス）の重量比で，生産投入を按分し，屑を産出するのに投入がどれだけ無駄に用いられたのかを明らかにする。この屑の生産に使われる投入を知ることが MFCA での戦略会計的な指標となる。

マテリアルフローコスト会計では，製造プロセスでの屑の扱いを管理するための会計概念として導入された。MFCA では従来コスト扱いされていた製造工程での屑に対して，それを単純にコスト扱いせず，従来見えなかった製品と屑の製造原価原価の対比を明確になすることを目的としている。これにより製造プロセスの改善の効果を見える化して，屑のマネージメントを可能にしようとするものである［METI, 2009; Ito, 2009］。その意味では，マテリアルフローコスト会計は生産管理のための管理会計概念の拡張と言える。

マテリアルフローコスト会計でマネージメント（制御）したい事柄は，工程を改善することで得られる生産性の向上である。そのために製造工程で投入される原料，加工費，エネルギーなどが製品と屑へと按分する。その按分比率を求める計算を製品と屑の重量比で行い，屑を産出するための原価という概念を可視化する。MFCA は発展途上の領域であり，現状複式の会計記述に依拠しているというより，サテライト勘定（元帳）的な単式での記述が中心となっている。

MFCA では，1）マテリアルコスト，2）システムコスト，3）エネルギーコスト，4）廃棄物処理費などのライフサイクルコストの全てに対して，製造工程でのコスト計算を行う。マテリアルコストは，製品の製造に必要な原料コストである。システムコストは，労務費や減価償却費のような加工費を示す，エネルギーコストは製造に必要なエネルギーの投入コストになる。これらのコストを製品と屑（マテリアルロス）との重量比で按分して，マテリアルロスに対する認識を深めることが MFCA の目的である。これに対して廃棄物処理費などのライフサイクルコストは，環境会計や廃棄物会計の課題と重なる。

MFCA では，屑の産出を伴う財の生産の際に，原料の製品と屑への利用率を重量比率で求める。それを用いて生産に用いるエネルギーなどの諸投入を，真に生産に用いられた分と，屑を生産するのに用いられた分に按分する。これにより，屑の原価を算定し，それを下げることを生産管理の管理目標とする。ただし MFCA では，屑がバッズであるか，有料で販売可能なものであるのかについては一般に区別しない。販売可能な副産物であっても一括して屑として重量評価をするのが一般的である。したがって一定濃度の液体の容量（L）評価など重量評価の難しいものの扱いにも課題がある。ここでは 3 章で扱った切削加工のタスクでの，削り屑の産出について，MFCA

の考え方を用いる。代数的多元簿記を用いた製造タスクの記述では，鉄板の仕掛品と銅板の仕掛品の生産プロセスで算出される屑の実物測定単位（kg）が重量単位であることから，MFCAの計算を適用することができる。3章で扱った銅板切削加工仕掛品の製造タスクでは，銅屑が販売可能な副産物として生産される。

X［銅板切削加工仕掛品製造］＝1＜銅板切削加工仕掛品，個＞＋2＜銅屑，kg＞＋8^＜銅材，kg＞＋1^＜切削加工_物的資本サービス，時間＞＋0.2^＜切削加工_人的資本サービス，時間＞

　この銅板の切削加工工程を事例としてMFCAと同様の分析を行う。この工程では銅材8kgを投入し，銅板の切削加工の仕掛品1個と，銅屑2kgを1時間の切削工程で得る。仕掛品は重量換算で6kgとなる。銅材は1kg 1000円で，8kgで8000円，銅屑は1kg 400円で外販できるので，2kgで800円となる。

　ここからまずマテリアルコストの按分を計算すると，次のようになる。

1）仕掛品の製造への按分比率　6/8＝0.75

　　仕掛品産出へのマテリアルコストである銅原料8000円の按分　8000＊0.75＝6000円

2）銅屑の産出への按分比率　2/8＝0.25

　　銅屑産出へのマテリアルコストである銅原料8000円の按分　8000＊0.25＝2000円

　屑の外販は勘案されないので，結局銅屑を産出するのに全体の1/4のマテリアルが投入されたことになり，マテリアルコスト8000円のうち2000円が銅屑の生産に使われたという評価になる。

　これにシステムコストを加える。3章で扱った上記の例では，システムコストは切削加工の物的資本サービスの1時間分の減価償却費1000円と，オペレータの人的資本サービス0.2時間分の労賃400円となり，1400円がMFCAでいうシステムコストになる。むろんこれは簡単化しており保全費などは捨象されているが，これは生産会計の投入産出仕訳が詳細化されることで対応できる。

1）仕掛品産出へのシステムコスト1400円の按分　1400＊0.75＝1050円

2）銅屑産出へのシステムコスト1400円の按分　1400＊0.25＝350円

　さらにこの切削加工工程の投入産出仕訳では，物的資本サービスの産出に投入される電気エネルギーは1時間あたり5kWhであり，投入電力料金は1kWhあたり100円とすると，エネルギーコストは500円となる。これを同じく按分すると次のようになる。
1) 仕掛品産出へのエネルギーコスト500円の按分　500＊0.75＝375円
2) 銅屑産出へのエネルギーコスト500円の按分　500＊0.25＝125円

　このように生産会計の工程ごとの投入産出仕訳を用いて，工程ごとの（マテリアルロス）産出に，マテリアルコストやシステムコスト，エネルギーコストがどのように按分されるかを計算することはできる。しかしそもそも，MFCAが企業の生産性の上昇のためのプロセス・イノベーションにどの程度貢献するのかについては疑問がある。例えば，機械加工では，削りの無駄は，CADでの削り出しの設計時点で決まる部分が多い。材料が支給された加工委託の工程では，屑が外販可能であれば，工程内で屑を削減するインセンティブは小さい。また副産物が，重量換算の難しい場合もある。さらに，一般的に工程の生産性に影響を大きく与える時間や工程内での在庫の無駄の管理がMFCAでは勘案されていない。

　リーン生産システムでは，在庫の無駄を削減することで生産性を上げようとする。またアセンブリ工程でのセル生産はライン生産に比べて段取り変え時間の無駄を削減することができる。さらに近年ではターンテーブル生産により新たなプロセス・イノベーションが始まりつつある。3章で論じたように，IoTを用いたタスク内での作業状態遷移の分析から，作業状態の揺らぎが，工場長，職長などの工程の管理者が認識しているものより遥かに大きいことも明らかになりつつある。これらの無駄の削減や，そのための無駄の見える化には，MFCAは貢献しない。

　MFCAは，工程でのクズの重量レベルでの無駄についての管理指標を与えてくれる。その意味では有益な工程管理の方法の一つではある。だがその管理情報を得るためには，工程ごとの屑やシステムコスト，エネルギーコストなどの計測の手間がかかる。しかも重量換算で計測できる屑だけではない。濃度と容量換算で排出される廃液などは，重量換算では捉えきれない。さらにバッズの管理は，原則MFCAの管理範囲の外にある。

　MFCAがもたらす生産性情報のための屑の管理のための情報は，財務会計からもたらされるものではない。MFCAでは工程に対する原料，作業，

エネルギーの投入を，製品の産出と屑の産出に按分することで，製造工程の無駄を可視化する。これは原価計算での配賦を，製品と屑の間で行っているとみなすことができる。その限りでは，会計計算の手法の一部を用いていると言ってよい。しかしながら，会計処理の本質は複式の状態空間の構成にあり，状態やその変化からさまざまな経営情報を得る。システム論的な制御概念を用いて言い換えるなら，管理会計は複式の状態空間上の状態変数に対して，マネジメント目的に応じてさまざまな出力関数を構成することで，システムの制御（マネジメント）に必要な情報を得ることに他ならない。MFCAを含め環境会計と呼ばれる分野では，この中心となる屑やGHG，廃棄物などの環境関連の情報を出力可能な会計状態空間が設定されていない。それゆえ，問題ごとに重複がある環境情報の管理台帳を作成・管理し，そこから手続的なプログラミングによって環境マネジメントのための管理情報を引き出そうとする。

　本書では，我々はバッズを含む投入産出仕訳に基づく実物簿記による状態空間上の状態変数をシステム記述の中心に置くことで，環境や製造工程の管理など，非財務情報に基づく多彩なマネジメントの課題を，個別の管理台帳によってではなく，実物複式の状態変数により一元化して扱えることを示してきた。MFCAが課題とした工程の改善に関する問題関心も，非財務情報の実物複式簿記化の枠組みで扱うことが可能となる。

4.3　生産会計による排出権処理と環境会計

4.3.1　排出権処理の課題

　本節では，GHG（Greenhouse Gas）であるCO_2の排出権の実物測定に基づく会計処理について論じる。近年，地球温暖化対策の中で，二酸化炭素の排出の規制がますます大きな問題となってきている。二酸化炭素の排出規制の枠組みには，炭素税のように課税を中心とした方法と，排出権取引のように一部市場的なメカニズムを使った方法がある。

　排出権のトレードは今日，地球温暖化ガスの排出抑制のための施策として，広く行われるようになりつつある。しかしそこで行われている会計処理に関しては，その会計的な状態記述として不十分な部分が多々ある。ここでは，生産に伴うバッズ（マイナスの価値の財）の産出としてGHGであるCO_2の産出を捉える。その環境への排出を，自然環境を取引主体とした，

環境負債との交換という多元実物複式の状態変化とみなす。これにより排出権を含む地球温暖化ガスの扱いを，自然環境を生産会計の会計主体として捉え，自然環境との債権・債務関係として捉える新しい視点を導入する。

　排出権取引に関する「キャップ・アンド・トレード」モデルでは，二酸化炭素の排出を行う企業は国から割り当てられた排出権の範囲で二酸化炭素を排出することができる。だがその割り当て範囲を超えて二酸化炭素を排出する場合には，排出権取引市場から排出権を購入して帳尻を合わせるか，高い罰金を払う必要がある。また二酸化炭素の削減に取り組み，排出権に余裕のある企業は，この排出権を排出権取引市場で販売することができる。

　この排出権取引は，企業の損益の記述に関する部分については，企業の財務会計の中でも記録され，開示される必要がある。そのための「キャップ・アンド・トレード」の会計処理には三つの方法がある。まずそれらを概括した上で，本書で提案する自然環境を主体として，自然環境による CO_2 の吸収を付加価値形成と見なす第四の方法を提案する。

(1)「キャップ・アンド・トレード」とその仕組み

　地球温暖化ガスの排出削減のための制度的スキームでは，「キャップ・アンド・トレード」モデルが用いられることが多い。このスキームの参加者は，温室効果ガスの排出量として，ガスの排出上限或いは目標値を排出枠として最初に割り当てられる。その上でこの割当量（排出枠）そのものを財として企業間で取引が可能とされる。企業がこの上限を超えて排出した場合には，排出権の取引市場から排出枠を購入するか，或いは罰金を支払うことが求められる。
<https://www.eyjapan.jp/services/assurance/ifrs/issue/ifrs-others/other/pdf/ifrs-other-2010-02-17-01.pdf>

　この「キャップ・アンド・トレード」モデルには，三種類の会計処理（IFRIC3 アプローチ，純負債アプローチ，補助金アプローチ）が提案されている。2023 年現在，東京都をはじめ，純負債アプローチに準拠する会計処理が多いが，そこでは，地球環境の中での許容排出量をどこでバランスシートとして管理するのか，それを各国にどう割り当て，さらに各国が企業にどう割り当てるかの基準が明確ではない。

(2)「キャップ・アンド・トレード」モデルの会計処理

　ここでは,「キャップ・アンド・トレード」モデルの三つの会計処理のうち,純負債アプローチと政府補助金アプローチの二つを取り上げる。

(2-1) 純負債アプローチ

　純負債アプローチでは,排出枠（クレジット）発行時には,排出権価値の生成は計上されない。純負債アプローチでは,期末に自社が排出権枠を超えたときに排出権枠の売買がなされる。排出権の購入或いは余った排出権を売却したときに,売買の計上が行われる。付与された排出枠はその名目価格で計上される。政府から排出枠が無償供与された場合はゼロで計上される。その上で企業は,付与され保有している排出枠を超える量を実際に排出したときに,初めて負債を計上することが求められる。このアプローチでは購入した排出枠は,その他の無形資産の購入と同様の会計処理がなされる。

(2-2) 政府補助金アプローチ

　もう一つの排出権処理の枠組みである政府補助金アプローチでは,政府から付与された排出枠を排出権として認識した時点で,それを公正価値により評価する。その際に,排出権の相手勘定として貸借対照表上に繰延収益として政府補助金を計上する。政府補助金は,排出枠の発行対象とされる目標設定期間中に収益として扱われる。この排出権の会計処理はIFRIC第3号に準拠している。

　これらのアプローチは,いずれも地球温暖化ガスを排出される側である,地球環境を主体化していない。我々は,局所的な生産の境界から始まり,その生産の境界に地球温暖化ガスのようなバッズの産出も含めた生産の境界の拡張を行う。さらにそれを企業の境界での非財務情報の報告や監査と結びつける。同時に企業間の取引を通じてのサプライチェーン上でのバッズのオンバランス処理へと拡張する。それは国単位や国境を越えたコモディティフローのネットワークに結びつけられることで,国民経済計算の環境サテライト勘定のオンバランス化を可能とする。

4.3.2　地球環境を主体化した CO_2 の排出権取引の事例

　ここで提起する排出権取引のための会計処理の方式は,政府補助金アプ

ローチの延長線上にある。だが，二酸化炭素のような地球温暖化ガス（GHG）
をバッズとして負債勘定で扱い，バッズ自体も実物多元評価により明示的に
オンバランス化する。さらに地球環境を主体化し，自然環境に地球温暖化ガ
スを排出することそのものもオンバランス化して状態表示する。

　そのために地球環境に対する「環境毀損債務」という債務勘定を導入す
る。これにより「企業が環境に 1kg の CO_2 を排出した場合，企業はこのバッ
ズの移転と引き換えに，CO_2 環境毀損債務 1kg を環境に対して負うことに
なる。この CO_2 排出側企業の仕訳は交換代数で次のように表現される。

　X＝1^＜CO_2, kg＞＋1＜CO_2 環境毀損債務, kg＞

　ここで地球環境への二酸化炭素の排出は，CO_2 という負債勘定のバッズ
を環境に放出する代わりに，CO_2 による環境毀損債務を受け取るという取
引とみなされる。この取引は，バッズを排出する側の企業から見た仕訳に
なっている。これは企業と地球環境の主体間取引であるから，当然地球環
境側の取引記述が必要となる。その仕訳のために，「CO_2 環境毀損債権」と
いう債権勘定を導入する。これにより地球環境の側でのこの取引の記述は，
バッズを負債として引き受ける代わりに，CO_2 環境毀損債権を債権として
受け取ることになる。この地球環境側の仕訳は交換代数で次のように表現さ
れる。

　Y＝1＜CO_2, kg＞＋1＜CO_2 環境毀損債権, kg＞

　この仕訳のポイントは，企業がバッズとしての CO_2 を地球環境へ放出す
る（移転する）ことで，CO_2 環境毀損益のような形で利益を得るとみなす
のではなく，環境に対する負債を「CO_2 環境毀損債務」という形で多元実
物簿記により計上するという点にある。一般に CO_2 に限らず，汚染物質の
環境への放出は，環境毀損益を企業が不当に得ていたがそれがオンバランス
化されていなかった。この環境へのバッズの排出イベントを環境への債務の
発生イベントと捉え，環境毀損債務の明示的な計上を求めるのがオンバラン
ス化されたバッズの処理の基本的な方式となる。バッズとしての廃棄物を環
境に放出せずに，廃棄物処理企業に金銭を払って引き取ってもらう取引で
は，マイナスの価値を持つバッズを貸方勘定で扱い，金銭を払って引き取っ
てもらう仕訳となる。これについてはすでに 3.5 で扱った。

このバッズの地球環境への排出のオンバランス化された記述法に基づき排出権取引を記述する。ここでは，排出権取引に関する，CO_2 排出企業 1（排出のキャップより過大な排出を行う企業），CO_2 排出企業 2（排出のキャップより過小な排出を行う企業），地球環境，政府という 4 主体間の取引を扱う。

　まず排出権取引を含む CO_2 排出に関わる「CO_2 環境毀損債務」「CO_2 環境毀損債権」に関する仕訳例を示す。そのために企業 1 が 15000 トン，企業 2 が 5000 トンの CO_2 を自らの生産活動に伴い地球環境へと排出したと想定する。

（A）企業 1，及び企業 2 による地球環境への CO_2 排出に関する仕訳
　（A1）企業 1 及び企業 2 から記述する。地球環境への二酸化炭素排出に関する取引

$$X[\text{Firm\_1: for\_Env}] = 15000^{\wedge} < CO_2, \text{t} > + 15000 < CO_2 \text{環境毀損債務, t} >$$

$$X[\text{Firm\_2: for\_Env}] = 5000^{\wedge} < CO_2, \text{t} > + 5000 < CO_2 \text{環境毀損債務, t} >$$

　　なお，ここでは企業の生産活動に伴う直接的な GHG としての CO_2 の排出がトン単位で測定されているものとする。またそれに対応する形で，CO_2 と同じく，トン単位での「CO_2 環境毀損債務」が地球環境に対して発生するものとする。

　　企業の生産活動に伴う CO_2 の発生の測定について，ISSB の「サステナビリティ基準」では，自社からの直接排出を対象とする「スコープ 1」と自社で利用する電力の起源の責任分を記載する「スコープ 2」を区別する。生産会計の投入産出仕訳で対象とするロットごとの製品・仕掛品の生産に伴う CO_2 を含む GHG ガスなどのバッズの発生は，「スコープ 1」で定める自社からの直接排出に対応する。他方で現在の「サステナビリティ基準」では，スコープ 2 の自社で利用する電力組成ごとの電力購入量から換算された CO_2 が大きな比率を占める。ここでは「スコープ 1」であれ「スコープ 2」であれ，企業が排出に責任があるとされる CO_2 排出に対しての仕訳とみなすこととする。本来電力を生産する電力会社の「スコープ 1」での CO_2 排出と，企業の電力購入に伴う責任としての見なし CO_2 排出とで，「CO_2 環境毀損債務」はどちらが担うべきかについての議論が必要である。これについては次節で扱う。

（A2）地球環境の側から記述する，企業 1，及び企業 2 による CO_2 排出に関する仕訳

$\quad$ X[Env: for_Firm_1]＝15000＜CO_2, t＞＋15000＜CO_2 環境毀損債権, t＞

$\quad$ X[Env: for_Firm_2]＝ 5000＜CO_2, t＞＋ 5000＜CO_2 環境毀損債権, t＞

$\quad$ これは企業が排出した CO_2，地球環境側に移転されることに対応して，地球環境側は，企業に対する CO_2 環境毀損債権を取得することを意味している。

（B）政府の側から記述する，地球環境からの CO_2 環境毀損債権の入手に関する仕訳

（B1）地球環境が保有する CO_2 環境毀損債権を，政府に対する CO_2 政府環境毀損債務と引き換えに政府が入手する取引の政府の側からの仕訳。

$\quad$ X[Gov: for_Env]＝2000＜CO_2 環境毀損債権, t＞＋2000＜CO_2 政府環境毀損債務, t＞

$\quad$ これは，政府が地球環境の保有する企業に対する環境毀損債権を，政府に対する環境毀損債権と引き換えに入手する取引である。この取引によって入手した環境毀損債権を，政府補助金として企業に交付することで，企業は自らの所有する環境毀損債務とオフセットできることになる。

$\quad$ なお企業と地球環境の間での債権，債務関係の取引で用いる「CO_2 環境毀損債務」と「CO_2 環境毀損債権」は相手先の企業によらず同じ勘定科目としている。ただし摘要に記載する企業コードによって債権・債務関係は記録される。その上で政府が地球環境の持つ「CO_2 環境毀損債権」を政府に対する債権に代替するにあたっては，「CO_2 政府環境毀損債務」「CO_2 対政府環境毀損債権」という勘定科目を政府と地球環境の間での債権，債務関係の表現のために導入する。またそれらに対応する交換代数の基底も導入する。

（B2）地球環境が保有する企業から入手した CO_2 環境毀損債権を，政府に対する CO_2 対政府環境毀損債権と引き換えに地球環境が入手する取引の地球環境側からの仕訳。

X[Env: for_Gov]=20000^<CO_2 環境毀損債権, t>+20000<CO_2 対政府環境毀損債権, t>

　この取引で, 地球環境は政府に対する環境毀損債権を保有することになる。この債権の累積（ストック）は, CO_2 の累積をその責任主体を含めて状態表示したものとなる。これは政府が CO_2 の削減施策を通じて CO_2 対政府環境毀損債権が回収される必要があることを明示化している。

(C) 政府が企業 1, 企業 2 に CO_2 環境毀損債権を排出権補助として配布する政府側の仕訳。この配布された CO_2 環境毀損債権をここでは排出権と呼ぶ。

(C1) 政府の側から記述する, 排出権政府補助支出による, CO_2 環境毀損債権の企業への移転の仕訳。

X[Gov: forFirm_1]=10000^<CO_2 環境毀損債権, t>+10000<排出権政府補助支出, t>

X[Gov: forFirm_2]=10000^<CO_2 環境毀損債権, t>+10000<排出権政府補助支出, t>

(C2) 企業 1 及び企業 2 側から記述する, 排出権政府補助収入による, CO_2 環境毀損債権の企業への移転の仕訳。

X[Firm_1: for_Gov]=10000<CO_2 環境毀損債権, t>+10000<排出権政府補助収入, t>

X[Firm_2: for_Gov]=10000<CO_2 環境毀損債権, t>+10000<排出権政府補助収入, t>

(D) 企業 1 は排出権補助により得た CO_2 環境毀損債権の範囲で自社の CO_2 環境毀損債務をオフセットする。その上で残った CO_2 環境毀損債務をオフセットするために不足分を企業 2 から購入する。

(D1) 企業 1 と企業 2 のオフセット取引の仕訳

X[Firm_1: Offset]=10000^<CO_2 環境毀損債権, t>+10000^<CO_2 環境毀損債務, t>

X[Firm_2: Offset]= 5000^<CO_2 環境毀損債権, t>+ 5000^<CO_2 環境毀損債務, t>

(D2)　企業 1 は企業 2 から 5000 トン分の CO_2 環境毀損債権を購入した上で，残りの 5000 トン分の CO_2 環境毀損債務をオフセットする仕訳。ここでは市場での購入金額を 1 トンあたり 5000 円とする。

X［Firm_1: for_Firm2］＝5000＜CO_2 環境毀損債権, t＞＋25000000 ^＜現金, 円＞

X［Firm_1: Offset］＝5000^＜CO_2 環境毀損債権, t＞＋5000^＜CO_2 環境毀損債務, t＞

X［Firm_2: for_Firm1］＝5000^＜CO_2 環境毀損債権, t＞＋25000000 ＜現金, 円＞

ここでは，企業 1 にも企業 2 にも同じ排出権政府補助支出が行われる。他方で，企業 1 の CO_2 環境毀損債務は排出権政府補助で入手できる量より大きく，企業 2 の CO_2 環境毀損債務は排出権政府補助で入手できる量より小さい。結果として企業 2 は自社の CO_2 環境毀損債務をオフセットした後で，余った CO_2 環境毀損債権を企業 1 に販売することができる。

　以上のように，CO_2 の排出に伴う，地球環境の毀損に関する，企業と地球環境の債権・債務関係に対して，政府は地球環境が持つ環境毀損債権を政府に対する環境毀損債権と交換で入手し，それを排出権として企業に補助する。企業は政府から受け取った CO_2 環境毀損債権を，企業の排出する CO_2 の環境毀損債務と相殺（オフセット）する。自社の排出した CO_2 分の環境毀損債務が補助として受け取った CO_2 環境毀損債権より少ない企業は，多い企業にそれを販売することができる。

　この生産会計から見た，「キャップ・アンド・トレード」モデルによる排出権取引の枠組みは，補助として配布する CO_2 環境毀損債権の総量をキャップとして，企業が自らの持つ CO_2 環境毀損債務を補助によって得られる CO_2 環境毀損債権と相殺し，さらに相殺しきれない分を市場で調達するという制度的な枠組みの上で成立する。この制度的な枠組みは複雑だが，市場メカニズムを利用して，企業が自社の排出を抑制するインセンティブを持つように制度設計がなされている。その点，炭素税による CO_2 排出抑制のための制度設計では，目標とする CO_2 の排出量の上限と，税額の間の対応関係を調整する必要があり，また税金というネガティブ・サンクションだけで制度が設計されている。排出権取引では，排出権購入の支出によるネガティブ・サンクションだけでなく，CO_2 排出の削減に成功した企業が排出権取引で利益

を得るというポジティブ・サンクションが機能しており，排出削減のインセンティブが働きやすい。実際，電気自動車メーカーのテスラは，2020年度の決算でCO_2の排出権取引による売却益15億8000万ドル（約1700億円）という膨大な利益を計上し，それにより黒字化を成し遂げている。

　地球環境を主体化することで，環境毀損債権と環境毀損債務を明示的にオンバランスで計上する生産会計の表現を用いることで，政府，企業，地球環境の多元実物評価による複式状態とその変化によって，キャップ・アンド・トレード制度による排出権を用いた排出権抑制の枠組みを扱えることが示された。

　さらに生産会計による環境会計の表現を用いることで，地球環境へ排出されたCO_2の総量の状態変化や，政府の果たすべき役割も明示的に示すことができる。「キャップ・アンド・トレード」モデルによる排出権管理では，企業に排出削減のインセンティブを与えることはできるが，地球環境に対する排出CO_2の累積や，それに対する政府の役割を明確にすることができない。政府側の持つ環境毀損債務をオフセットするための，植林政策などのCO_2削減施策も，生産会計を用いた排出権取引の記述の枠組みの中で論じ，制度化することができるはずである。

4.4　CO_2の二重計上問題と環境毀損債務の移転仕訳

　エネルギーの生産会計上の扱いについては，これまでに述べてきた事柄以外にも，いくつかの重要な論点がある。エネルギーは，すでに述べたように財やサービスの生産に用いる物的資本サービスを産出するための投入に用いる。その際，「サステナビリティ基準」におけるスコープ2でのCO_2の産出に関する，購入先での計上という問題が生じる。さらにエネルギーそのものの生産とエネルギーの相互変換や，同じ電気エネルギーであっても，太陽光発電や，ガスタービン発電，地熱発電，風力発電，原子力発電などエネルギーの組成に伴う固有の課題がある。ここでは，まずエネルギーの生産に伴うCO_2の産出の計上責任について生産会計の視点から論じる。電力の生産に関するCO_2排出の計上はスコープ2に従う限り，電力の購入者が行うことになる。しかしそれでは生産会計でのバッズの産出の記述と矛盾することになる。

ISSB の「サステナビリティ基準」では，自社からの直接排出を対象とする「スコープ 1」と自社で利用する電力起源の責任分を記載する「スコープ 2」，自社と取引する取引先が自社向けに販売する原材料や製品の製造時や輸送時及び，自社の製品や部品の販売先での利用時に排出される，地球温暖化ガスに関するサプライチェーン上での自社以外の排出（スコープ 3）を測定することが要求されている。

しかし各企業で生産会計によって記述されるバッズとしての CO_2 の排出の状態記述と，「サステナビリティ基準」が各社に要求する CO_2 の開示基準には乖離がある。「サステナビリティ基準」では，同一の CO_2 排出を，複数の企業で計上する二重計上が原理的にあり得る定義となっている。

＜https://www.env.go.jp/earth/ondanka/supply_chain/gvc/files/tools/QandA_202203.pdf＞（20230719 Access）。「サステナビリティ基準」が要求するスコープ 1，2，3 の GHG の排出量は，企業が温暖化ガス排出抑制を行う環境マネジメントのための指標として，ESG 投資や炭素税や，排出権取引などの制度的枠組みの中で用いられる。その限りでは二重計上は，それぞれの企業の GHG 排出削減のための環境マネジメントを妨げるものではない。

だが他方で電力会社の発電に伴う CO_2 排出のスコープ 1 での計上と，その電力を購入しそれを生産に用いる企業のスコープ 2 では，二重計上が生じる可能性がある。同様に自社でのスコープ 3 の CO_2 排出の計上は，サプライチェーン上の他社のスコープ 1，2 での CO_2 排出の計上と二重計上される可能性がある。このような二重計上は，避ける或いは避けられない場合はそのことを明示することが求められているが，指標そのものの定義は，原理的に二重計上を避けるようにはできていない。

しかし管理会計的な視点からは，GHG 排出という指標は，エネルギーの産出企業にとっては，エネルギーの生産に関してより GHG を減らす努力の指標となる。同様にエネルギー購入企業にとっては，より省エネを進める，或いは GHG の産出の少ないエネルギーへの切り替えを行うための指標となる。それゆえ二重計上は，GHG 排出抑制のための制度的なインセンティブ設計としては有効である。他方で二重計上は，システムの状態記述という意味では認められない。

本書で我々は，GHG の排出を含む非財務の諸情報を，多元実物評価による複式状態概念を用いて構築することを目指している。そのために，自然環

境を主体化して，生産に伴い CO_2 を環境に排出する企業の側は，バッズとしての負の価値を持つ財である CO_2 を環境に移転して，同時に自然環境に対して CO_2 環境毀損債務を得るという多元実物計測の複式状態記述を計上する。

　この視点からは，GHG の環境毀損債務を異なる主体間で二重計上するわけにはいかない。電力会社は電力を生産するので，電力生産の工程に伴い CO_2 が地球環境に排出され，CO_2 環境毀損債務を計上する。その限りでは，生産会計上は，電力会社がその債務を累積させることになる。

　他方で，その電力を購入して何らかの生産に電力を投入する企業に対して，スコープ2の意味での排出抑制が積極的に行われるように制度設計するためには，電力購入の量や，電力の組成の情報は必要となる。電力会社とその電力を購入し生産を行う企業の間での電力の売買では，環境毀損債務の移転取引を明示的に行うことで，どの主体が環境毀損債務を持つが明確になる。

　サプライチェーン排出量規制の，スコープ2では企業は他社から供給され自社で用いる電力に関して，その生成時に生じた CO_2 に関して排出責任を負い，これを計上することが求められている。

　電力を購入して利用する側では無論，本書で論じた投入産出関係に基づく電力の産出と CO_2 の排出が行われているわけではない。スコープ1，スコープ2，スコープ3での GHG 排出量の計算は，「エネルギーの使用の合理化等に関する法律」（省エネ法），「地球温暖化対策の推進に関する法律」（温対法）及び「サプライチェーンを通じた温室効果ガス排出量算定に関する基本ガイドライン」に基づき，CO_2 排出係数（排出原単位）を用いてなされている。これに基づく限り，電力会社のスコープ1の算定では電力会社の商品である電力を生産するための発電に伴う CO_2 排出が含まれることになる。生産会計を用いた実物腹式簿記の状態記述を用いる限り，この二重計上は体系に矛盾をもたらし許容できない。これを防ぐには，電力の売買に付随して，電力会社が持つ環境毀損債務が電力を購入する企業へと移転することを義務付けることが必要となる。

　現在の電力売買では，購入した電力が太陽光発電により発電されたものか，或いはガスタービン発電により発電されたものかなどの電力の組成により，スコープ2の排出量の計算は異なってくる。これを非財務情報として別途扱うよりも，当該の電力の発電に関して生じる環境毀損債務を，電力の

販売時に財務会計上は計上されない負債として電力を購入する企業へと移転する取引を義務付ける方が総量としての CO_2 のマネジメントのためには有益だろう。この財務会計に計上されない環境毀損債務を排出権取引を含め，どのようにオフセットするか環境経営の大きな課題となる。

4.5　VPP と生産会計に基づくエネルギー組成監査

本章では，バッズとしての GHG 排出の管理に関する課題の中で，電力などのエネルギーの生産に伴う，CO_2 の発生と排出，それに伴う CO_2 環境毀損債務の発生について論じた。CO_2 環境毀損債務は，スコープ 2 でエネルギーを購入して生産に投入する側の排出責任を問題とするのであれば，エネルギーの販売取引と同時に買う側にこの債務も移転するような仕訳を行うことになる。

エネルギーを購入する側は，同じエネルギーで，付帯する CO_2 環境毀損債務の小さいエネルギーを購入するインセンティブが，炭素税やキャップ・アンド・トレード制度によりもたらされる。ただしエネルギー取引は，発電側と購入側の 1：1 の相対取引とは限らない。近年その存在感が増しつつある VPP（バーチャル・パワープラント）では，さまざまな組成のエネルギーを VPP が購入し，その組成を組み変えて需要側に販売する。VPP は，さまざまな組成の電気エネルギーを供給する諸発電企業と需要家を単に結びつけるだけでなく，負荷平準化，再生可能エネルギーの供給過剰の吸収，電力不足時の供給などさまざまな機能を持つ仮想発電所として注目されている。またリソースアグリゲータを合わせて，需要家との間で DR（デマンド・レスポンス）契約を結び，電力ピーク時に需要家が需要を調整するネガワット取引も近年広がりつつある。

このような中で，需要家に対する VPP の契約では，火力発電，風力発電，太陽光発電などの異なった組成の電気エネルギーを混合して販売することが求められる。これは，スコープ 2 を積算する企業の側からは，購入した電力に対して電力の組成ごとに異なる係数により排出量を算定する作業が求められる。また VPP の側では，販売した電力が契約した組成になっていることを示すインボイスの発行や，VPP の購入電力の組成ごとの総和が，組成を混淆して販売したエネルギーの組成ごとへの組み直しと一致するかなどの監査も必要となる。

要するに，多種のエネルギーソースや蓄積性を持つエネルギーの流通では，販売されたエネルギーがどのような素性からなるものであるかという，エネルギーの組成監査という新たな監査が必要となる。エネルギーの組成監査が必要なのは，VPP だけではない。例えば建物間で熱エネルギーを温度パケット単位で融通するシステムの一種であるサーマルグリッドでは建物相互に熱エネルギーの融通を行う。また地域での太陽光発電のエネルギーの相互融通などエネルギーをコミュニティーで相互融通するスマートコミュニティの実験もさまざまに行われている。このようにエネルギーを相互に融通しその貸借を記録するためのシステムを構築するためには，エネルギーの相互融通の貸借関係や生産処理を記録するための会計処理が課題となる。これにはエネルギーの融通主体間でエネルギー貸借を記録し，一定期間ごとに貸借の不均衡を清算する会計システムが必要となる。

　ここでは，VPP でのエネルギーの組成ミックスの生成や，エネルギーの購入先，販売先との取引に基づくエネルギー組成監査を取り上げる。VPP がさまざまな組成のエネルギーを，それぞれのエネルギー購入先から購入し，それを一定組成で組み合わせて販売するケースを考える。これには，顧客のニーズに応じて，「一定割合以上でクリーンエネルギー組成を最低保証する契約」「固定したエネルギー組成でエネルギーを供給する契約」「各時間で太陽光 80％以上或いは，1日平均で太陽光 80％以上のような組成範囲指定のエネルギー供給契約」などさまざまな組成契約が想定できる。

　下記ではエネルギー購入と，蓄積，販売のインボイスを1時間を単位として収集して，時間単位でエネルギーの組成監査を行う簡単な例を示す。組成監査はインボイスの相殺計算で矛盾がないことを証明する監査であり，交換代数上で監査用の専用のオペレータを用意することで可能となる。

　ここでは，どの時間単位でも，家計への販売は自然エネルギー（風力発電，太陽光発電，地熱発電）であることが保証されているとする。

　なお太陽光発電，風力発電エネルギー，地熱発電，石炭火力発電，石油火力発電，ガスタービン発電，原子力発電のそれぞれで生成される電力について，電力エネルギーの素性を表現するための資産勘定科目として次のような基底を導入する。

資産勘定 ⊇ {＜Solar_E_energy, kWh＞，＜Wind_E_energy, kWh＞，
　　　＜Geothermal_E_energy, kWh＞，＜Coal_E_energy, kWh＞，＜Oil_E_

energy, kWh＞, ＜Gas_E_energy, kWh＞, ＜Atomic_E_energy, kWh＞, ＜VPP_Mix_energy, kWh＞}

　ある時間枠の中で，当該の VPP 事業者に対して次の（A1）（A2）（A3）のような取引の中でエネルギーの組成と量を明示した多元実物評価の代数的複式簿記に基づく取引記録を含むインボイスが，各発電事業者から送付されていると仮定する。ここでは簡単のために付加価値税の議論はしない。またエネルギーの B2B，B2C の取引に関する電子インボイスの蓄積センターがあると仮定する。この蓄積センター上で，企業の取引の秘密を開示することなく監査計算を行うことができる。この非開示計算と，インボイスに不可欠な摘要部分の記述については5章で論じる。エネルギーインボイスは特定の時間枠（1 時間を単位と仮定する）ごとに自動発行され，そこに多元実物評価の代数的複式簿記に基づく取引記録が含まれているとする。いま下記のような取引記録がインボイスに含まれているとする。

（A1）太陽光発電事業者の VPP 事業者への太陽光発電電力の販売のインボイス
　　X[Solar]＝10^＜Solar_E_energy, kWh＞+400＜売掛金, 円＞

（A2）石油火力発電事業者の VPP 事業者への石油発電電力の販売のインボイス
　　X[Oil]＝30^＜Oil_E_energy, kWh＞+900＜売掛金, 円＞

（A3）風力発電事業者の VPP 事業者への風力発電電力の販売
　　X[Wind]＝20^＜Wind_E_energy, kWh＞+1000＜売掛金, 円＞

　その他の組成については，この時間枠では取引がゼロとする。すなわち，X[Geothermal]＝X[Wind]＝X[Coal]＝X[Gas]＝X[Atomic]＝0 とする。各時間枠ごとにこのインボイスが自動発行され蓄積されているとする。

（B）VPP から家計への自然エネルギー（風力発電，太陽光発電，地熱発電）100%の組成保証でのエネルギー販売のインボイスが次のように発行されているとする。

Y[VPP_Mix]＝{60^＜VPP_Mix_energy, kWh＞＋3000＜現金, 円＞}

この VPP 業者から家計へのミックス組成のエネルギー販売について，家計の側からは，購入したミックス組成の電力が契約通り自然エネルギー（風力発電，太陽光発電，地熱発電）100%かどうかは検証できない。

しかし，電力事業者が VPP 事業者向けに発行した，多元実物評価の取引の複式記述を含むインボイスと，VPP 事業者が家計向けに発行した，多元実物評価の取引の複式記述を含むインボイスを突合することで監査ができる。いま特定の単位時間（1 時間単位）の VPP 事業者の受け取る全ての電力事業者からのインボイスの取引の総和が与えられているとする。

Total_Energy_Invoice＝X[Solar]＋X[Oil]＋X[Wind]＋X[Geothermal]＋
X[Wind]＋X[Coal]＋X[Gas]＋X[Atomic]＝10^＜Solar_E_energy, kWh＞
＋30^＜Oil_E_energy, kWh＞＋20^＜Wind_E_energy, kWh＞＋2300＜売掛金, 円＞

Nat_Energy_Composition
＝Projection[^＜Solar_E_energy, kWh＞](Total_Energy_Invoice)
＋Projection[^＜Wind_E_energy, kWh＞](Total_Energy_Invoice)
＋Projection[^＜Geothermal_E_energy, kWh＞](Total_Energy_Invoice)
＝10^＜Solar_E_energy, kWh＞＋20^＜Wind_E_energy, kWh＞

これに対して，家計の購入したミックス組成のエネルギーは，
Mix_Energy_Composition＝Projection[^＜VPP_Mix_energy, kWh＞](Y
[VPP_Mix])
＝60^＜VPP_Mix_energy, kWh＞

ここでは家計は一つと仮定しており，エネルギー組成が契約と合致している条件は，
|Mix_Energy_Composition|≦|Natural_Energy_Composition|となる。
|Mix_Energy_Composition|＝60,
|Natural_Energy_Composition|＝30
となり，この時間スロットでは VPP 事業者が購入した自然エネルギーの総和が 30kWh に対して，家計に自然エネルギー 100%の契約で販売したミッ

クスエネルギーは 60kWh で矛盾をきたしており，自然エネルギー 100％組成という契約に違反していることが示される。

　このように多元実物評価の代数的複式簿記での取引記述を含むエネルギーインボイスを用いることで，地熱発電 50％，風力発電 50％組成を固定したエネルギーの販売契約や，固定の時間枠での組成は問わないが 1 日のトータルで 40％以上が自然エネルギー組成であるなど，さまざまな条件での契約の正当性の監査が可能となる。

　むろん現時点では，デジタルインボイスの国際規格の Peppol は多元実物簿記に対応していないし，デジタルインボイスの蓄積利活用のためのセンターもない。しかし，もし代数的な多元実物簿記に基づく，インボイスの発行と蓄積が可能であれば，監査そのものは，取引を開示することなく可能となる。これについては 5 章で改めて扱う。

第三部

複式システムの
数式表現に基づく
会計情報処理

第 5 章
データフロー型の多元会計情報システム

5.1 生産会計と財務会計の情報処理

5.1.1 会計情報処理と交換代数による関数計算

本書では，ロット単位の生産工程から，企業，サプライチェーン，国民経済に至るまでさまざまなシステム境界で，複式で多元的な状態測定を離散事象としての活動時点 POE データとして把握し記述することを論じてきた。

測定されたそれぞれの時点での状態変化に関するデータは，当該のシステムのスコープの設定に応じて，さまざまに組み替えられる。この POE データの測定と蓄積，組み替えの一連のプロセスが，本書で扱う生産会計と財務会計を含む広義の会計情報処理になる。

会計情報処理は，今日 ERP（Enterprise Resource Planning）などの企業の統合情報システムで，データベースソリューションの一部として組み込まれている。ERP で用いられるデータベースソリューションでは，データを RDB（Relational Data Base）に蓄え，SQL（Structured Query Language）のような専用の言語でデータの検索と手続的な計算処理を行う。そこではモジュール化されているように見えても，行われている情報処理は手続的であり，異なるシステムとの連携は主にデータをやり取りするための API 経由となる。

他方で，会計情報をデジタル文書の書式として捉え，マークアップ言語でその定式化を行う XBRL や PEPPOL のようなアプローチがある。後者は，デジタル文書の書式を定めるという意味でのデジタル化であるが，同時に当該のデジタル文書に記載されるデータの意味付け（タクソノミー）やデータの出し入れやデータ間の若干の計算も定められている。

この二つの会計情報のデジタル化は，異なったアーキテクチャに基づくデジタル化であり，両者の間には，概念上も，相互運用上も亀裂がある。これに対して我々は，第 3 の情報処理の方式を提起している。それが複式の状態記述の数式表現とそれに対する関数計算の枠組みである。

本章では複式状態空間である，代数的多元実物簿記に対する情報処理の枠組みを導入する。また付録 2 ではその実装フレームワークである FALCON-

SEEDにより代数的データオブジェクトに対する関数型のデータ処理が可能となることを示す。

代数的なデータオブジェクトの最大の利点は，数式として表現されたストックやフローの状態概念に対して関数計算が容易に実装できることである。交換代数の数式表現に用いる，＋（プラス），＾（ハット），¯（バー），特定の基底のデータを抜き出す射影（Projection）や絶対値などの関数を組み合わせることで，数式データに対する関数計算が可能となる。この関数計算の出力をさらに別の関数計算の入力とする関数計算の連鎖は，関数型のフィルターによるデータの変換のフローという意味でデータフロー計算と呼ばれる。関数型のデータフロー計算からなる情報処理では，関数計算のモジュールを新たに付け加えたり，削除したりすることで，データフローを組み替えることが容易である。

これに対して手続型の情報処理では，関数型の情報処理に比べてモジュールの付け足しや削除といった組み替えをロバストに行うことが難しい。さらにデジタル文書に対するマークアップ言語による定式化では，深い階層で木構造探索のアルゴリズムが求められ，ライブラリーが提供されていても，その組み替えなどの計算をロバストに行うことは難しい。

今日求められている，アジャイル型の情報システムの開発や，疎結合型の情報システムの構築では，頻繁な新規機能の追加や，不要となった機能の削除など，機能モジュールの組み替え作業がロバストに行われることが必須である。目的に応じた組み替えに対して情報処理がロバストであるためには，関数型（フィルター型）のデータ処理が適している。関数型のデータ処理では，情報処理は状態オブジェクトに対する関数計算で表現され，その関数計算の連鎖であるデータフローにより必要な情報処理は組み立てられる。

本書では，複式の状態の表現に，公理的に基礎づけられた多元実物簿記の代数系である交換代数に基づく数式表現を用いてきた。この数式表現を，データオブジェクトとみなすことができ，その数式型のデータオブジェクトに対する，計算は，¯（バー）や＾（ハット），基底に対する射影や絶対値など交換代数上のオペレータの組み合わせによって与えられる。従来からの財務会計に対する複式簿記の計算も同様に行われる。

このようなシステムの情報処理に必要とされることは，測定されたPOEデータを適宜タグ付けして蓄積することと，蓄積されたデータを問題関心に応じて抽出して必要な関数計算を行うことである。この計算そのものは，代

数的な数式オブジェクトに対する関数型の作用素（フィルター）の連鎖として組み立てることができる。ただし数式オブジェクトを適切にタグ付けして蓄積し，問題関心に応じて必要なデータオブジェクトを抽出する操作は別途必要になる。

　それゆえ，データの蓄積と抽出のアーキテクチャの選択が課題となる。現在の企業情報処理の主流は，データを RDB に蓄え，SQL のような専用の言語で蓄えたデータの検索と手続的な計算処理を行うデータベースソリューションである。データベースソリューションでは，借方と貸方に同時に情報を記入する複式簿記の持つ特徴はその情報処理に活かされているとは言い難い。その結果，環境情報を含む多大な非財務情報を情報処理することを求められる状況の中で，企業の情報処理は複雑化している。データベースソリューションの手続的なプログラミングとアドホックな情報構造に基づいて企業情報処理システムを頻繁な組み替え可能でかつロバストに維持することには限界が見えつつある。

　代数的実物簿記で用いる多次元（Multi Dimension）という概念は，会計測定の対象に対して，金銭評価のみならずそれぞれの特性に合わせた，さまざまな物理的次元の選択とその相互関係を扱うことを意味している。物理的対象に限定すれば，次元解析（Dimensional Analysis）として知られているように，時間，長さ，質量の三つの次元を基本として，その他の物理量はその組み合わせで次元が定まる。これはすでに3章で，熱エネルギーの kWh 換算などで扱ってきた。この種の変換はさまざまな場面で必要となる。ガスタービン発電機がガスの投入量（m³）に対して，どれだけの電力を生成するかは，発電機の性能に応じた変換になる一方で，熱量（J）とその電気エネルギー換算は物理的な変換式で決まる。同様にガソリン1Lを燃焼して得られる熱量は約34.6MJ/L（メガジュール/リットル）前後とされるが，これはガソリンで発電する電気量と同じではない。会計測定ではさらに仕掛品の個数換算のように，基底の側で特別な種類の財を区分その個数を数えたり，作業を時間換算したり多様な測定を用いる。その上で，グッズであればそれは貨幣評価により価格換算される。バッズであればそれを環境債務として物理的単位のままで負債として計上するが，4章で扱ったように，環境債権・債務の排出権市場での価格換算は容易である。実物簿記では，そこで扱うプラスのストック或いはマイナスのストックに対して，その勘定科目としての認識に応じて固有の基底を導入し，それに応じた測定の単位と，その相互変

換を定義する。その単位は物理的単位のみではない。このような測定の多元性に対して，多元実物簿記（Multi-Dimensional Bookkeeping）或いは多元実物会計（Multi-Dimensional Accounting）という用語を用いた。

　これに対して，データテーブルそのものを多元（Multi-Dimensional）的に扱うことで対応しようというアプローチがある［Kovalev, 2020］。情報処理で多元化というとき，会計測定での勘定科目に対しての測定単位の設定とその多元的相互変換の意味での多元化とはまったく異なる使い方がされている。情報処理では多元化とは，多次元データモデリング（Multi-Dimensional Data Modeling）に基づき，簿記に付随してさまざまな情報を多次元データベース化して情報処理を行うという意味である。その上でこの多次元データモデリング（Multi-Dimensional Data Modeling）に基づいて構築された会計システムを多次元会計システムと呼んでいる。そこでは，複式簿記の勘定科目に経済活動の諸カテゴリを加えて，会計情報のユーザーの多様なニーズを考慮し会計機能を拡張することができるとしている。これは，複式の状態空間を公理的に特徴づけている簿記の背後の代数的構造を捨象し，簿記の複式の代数構造の表層表現の二次元のテーブルを形式的に高次元に拡張しようとするものである。高次元に拡張したデータを扱うことで，さまざまなビジネス情報を統合的に扱う情報処理スキームを提供できるとするのだが，表層構造を拡張することで肝心の深層構造としての複式の代数構造を捨象してしまっている。

　我々の視点からは，複式の状態空間の背後にある代数構造こそが，価値の形成と消滅を含む財やサービスの生産，交換に関する経済・経営システムに対する状態空間を構築するための基本となるデータ構造である。表層のデータの扱いの深層にある複式簿記の数学的な特性を理解せずに，データ構造の多元化を行うのは，結果としてアドホックなデータ構造とその上の手続的なプログラムのアドホックな集積を生むこととなる。繰り返しのある表層構造の深層にある代数構造を構造主義の意味で抽出したのが交換代数である［Deguchi, 1986; 2000; 2004］。

　R. Mattessich と W. Balzer は，「会計の公理的基礎：構造主義的再構成」の中で著者の公理系を含む，幾つかの公理系を取り上げ，さらに自らの視点での定式化を試みている［Balzer, 1991］。さまざまな公理系が簿記の抽象化として提案されている理由として，概念的（数学的）装置の違いと，未定義の概念の異なる選択によるものとしている。これは部分的に正しい。マテ

シッチによる『会計研究の 200 年』に引用されたさらに多くの簿記に対する数理的アプローチ及び国民経済計算の公理化を試みている Aukrust のアプローチには共通の特色がある［Aukrust, 1966］。それは会計公準に代表される，どのように簿記を用いた会計概念を用いるべきかという運用の基準が公理と呼ばれる体系の中に入り込んでいることである。さらに，集合論的な記述を中心とすることで，本来構造主義のブルバキの思想の中心にある「代数的な深層構造」に対する記述になっていない。代数的な定式化が行われていれば，その元に対する集合論的処理はさまざまに記述できるが，中核の代数系の公理は，集合論的定式化では代替できない。

　本書の中核となっている交換代数について，本書ではその公理系そのものについては，付録 1 で簡単に触れるにとどめ，交換代数の実際の数式としての計算を中心としたさまざまな領域での運用について論じてきた。その中で，会計公準の拡張のように，どのようにそれぞれの領域で，複式に拡張されたストック・フローシステムの代数系を運用するかの分析を行ってきた。このストック・フローシステムとしての状態記述のための代数系の公理化という視点は，従来の簿記の数理的扱いの中で事実上欠如していた視点である。工学的な制御理論では，状態空間は多次元のベクトル空間として定式化される。ところがマイナスのストックという自然科学にないストック概念を導入し，さらに価値の生成と消滅をダブルエントリーのストック・フロー概念として導入した複式簿記の状態空間は，単純な多次元ベクトル空間ではない。それゆえにこの複式のストック・フローシステムを代数的に特徴づける深層構造の定式化が必要となる。代数系として定式化された，マイナスのストックを含む複式のストック・フローの状態記述は，ストック・フローシステムとしての条件を満たすものは複数あったとしても同型で一意となる。要するに代数的な複式ストック・フローシステムの公理系は，本書で我々が扱っているものが同型を除き，唯一の体系であり，既存のストック・フローの状態空間を定めている線形空間の自然な拡張となっている。

5.1.2　データ伝票とデータバインダー

　本書では，多元実物簿記の数学的な基盤となる交換代数の公理に基づいて，多元実物複式簿記（Multi-Dimensional Double Entry Bookkeeping System）を導入した。その上で交換代数を情報処理システムとして扱うために，これを交換代数のクラスとして実装し，交換代数のクラスのオブジェクトに対す

る関数型の計算を中核とした，データフロー型の情報処理を行う必要がある。

　ER 図によるデータ構造の設計と，手続的なプログラミングという古いパラダイムから脱却して，組織のサブシステム，組織間関係，地域や国家などのさまざまなスコープでミクロな複式データを集約して，さまざまな監査や指標や統計データの抽出などによるマネジメントを可能とするためには，ロバストで組み替えの容易な計算モデルが必要となる。代数型のデータに対する計算には，関数型の計算モデルが適していることは古くから知られている。我々は交換代数に対する関数型の計算（フィルター計算）を用いて，その連結でさまざまな計算や監査や指数の抽出などを行うデータフロー型の計算モデルを用いる。

　その際に課題となるのが，複式の活動時点情報に対する付加情報の扱いである。生産や取引での状態変化は多元実物簿記の数式表現である交換代数で記述することができる。他方で状態変化には，日付や取引相手の名称や住所などさまざまな付加情報が必要となる。これは交換代数の複式の状態空間とは別の状態として保持される必要がある。

　簿記論の中でもこの付加情報の意味については，注目されていたが十分に理論的位置づけが与えられているとは言い難い。複式簿記の教科書の多くでは，この摘要項目は必ず触れられるが，その構造と役割自体は深くは掘り下げられていない。簿記の計算では，付加情報は伝票から元帳へ転記されるが計算処理はされない情報として扱われる。換言すれば伝票の集合をデータセットとして，それをある範囲で抽出して集約するなど利活用するときには，日付や取引先の名称，住所などの情報を手がかりにすることになる。

　従来の会計情報処理では，この付加情報と複式の代数的な状態記述をまとめて ER 図で構造化したことによりアドホックで複雑なデータベースと，メンテナンスが大変で現場からは構造が見えない情報システムを構築してきた。この付加情報と複式の状態変化を記述する交換代数の情報を別々の数式として記述した上で，これをデータオブジェクトとしてパッキングすることで，必要に応じて付加情報から検索や交換代数データの抽出を行い，それらに対しさまざまな関数型演算を行うことができる。

　そのためには交換代数に対する代数的なクラスの定式化に加えて，取引の時間や取引相手などさまざまな付加情報に対しても何らかの標準的なデータ構造とそのクラスの定式化が必要となる。住所，日付，名称，コード番号等ほとんどの付加情報はキー・バリュー（Key・Value）型のデータ構造で示せ

る。これは付加情報をキー・バリュー型のレコードとして表現できることを意味する。レコード型のデータで，第一カラムをバリューとし，キーを第二カラム（縦列），第三カラムをバリューの型（string, decimal, boolian）を表示するとする。第四カラムには，必要に応じてプライムキーであることを示す PKey を記述する。この4列のレコード，（値，キー，型，PKey or Null）により必要な行数のレコードを付加情報として記述できる。1レコードを，値＜キー，型＞或いは，値＜キー，型，PKey＞で表現し，複数のレコードを形式和としてのプラス（＋）で結んだ数式表現を本書ではデータ代数と呼ぶ。

　伝票の付加情報を式として表現するために，このキーバリュー型のデータ構造を抽象化したデータ代数を用いる。このデータ代数に対応するキー・バリュー型のクラスの上で条件抽出やプロジェクションなどの計算を扱う。

　財務会計での伝票処理では，複式の仕訳の記述と同時に摘要と呼ばれる付加情報が必要に応じて記される。この摘要の内容は伝票の種類ごとにおよそ決まっているとはいえアドホックではある。摘要として記述される日付や取引先などの情報は，直接的な計算の対象ではなく，一定の期間の伝票を集めるなど，検索・抽出に用いられることが大部分である。伝票の検索・抽出には，総勘定元帳の作成のように，勘定科目そのものも用いられるが，勘定科目だけでは伝票の情報を十分利活用できない。それゆえ，生産会計や財務会計を含む複式情報の情報処理のフレームワークでは，付加情報の情報処理上の扱いと付加情報を含めたデータの蓄積と抽出のためのアーキテクチャを導入する必要がある。

　そのために，仕訳伝票における検索や抽出の役割を担う，摘要を表す情報を，Key・Value 型のデータ代数のデータオブジェクト（note）と，計算対象となる交換代数・交換代数集合・データ代数・データ代数集合などの対象データオブジェクトを格納・抽出するためのクラスとして，データ伝票（Data Slip）を図 5.1.1 のように定義する。

　データ伝票に格納されるデータオブジェクトの中で，計算の対象となるのは仕訳伝票のような複式のデータ或いはその集合だけに限定しない。実務で用いる台帳類にはレコード形式のデータも多く含まれる。これらレコード形式のデータに対しても，一定範囲で関数計算が可能であり，ここではデータ伝票の構成要素として含める。なおデータ代数は，RDB の関係代数（Relational Algebra）とは別物で，キー・バリュー型のデータ構造を抽象化した，キーを基底とし，バリューを値とし，基底とその値を形式和で結んだ式で表

現されるデータ構造である。データ代数ではバリューとして数値以外にリテラルや，ブール値をとるので，同じキー同士でバリューの加法が定義されないで上書きされる。特定の基底を指定して，キー・バリュー型のレコードから，その基底の値を取り出す射影操作は可能である。

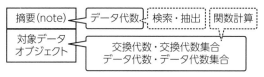

図 5.1.1　データ伝票の構造と機能

　データ伝票（Data Slip）が，摘要を含めた伝票概念の抽象化であるのに対して，伝票を複数集めた帳簿概念の抽象化として，データバインダー（Data Binder）のクラスを図 5.1.2 のように導入する。財務会計や生産会計での多元実物簿記を含む複式簿記の情報処理では，交換代数やデータ代数に摘要（note）をつけたデータ伝票（Data Slip）概念だけでなく，複数のデータ伝票を帳簿としてまとめて，それに帳簿としての摘要を付加したデータバインダーというデータ構造を導入する必要がある。データバインダーは，さまざまな目的でデータ伝票を集めて作成された帳簿を表現するためのデータ構造であり，データ伝票の摘要とは別に，当該のデータバインダーによって表現される帳簿そのものに関する説明が摘要として付加される必要がある。

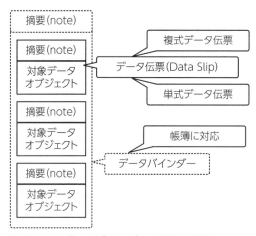

図 5.1.2　データバインダーの構造と機能

144

このデータ伝票（Data Slip）とデータ（Data Binder）バインダーを併せてデータコンテナと呼ぶ。付録 2 では交換代数に関する統合開発環境である FALCON-SEED からデータ伝票とデータバインダーのクラスを利用する法を簡単に説明する。FALCON-SEED では，メニューからデータコンテナ・エディタ（Data Container Editor）を呼び出すことで，データ伝票とデータバインダーを利用できる。データコンテナ・エディタでは交換代数，交換代数の集合，データ代数，データ代数の集合，データ伝票，データ伝票の集合，データバインダー，データバインダーの集合を扱うことができる。FALCON-SEED は，GitHub で公開されている。

＜https://github.com/degulab/FALCON-SEED＞

5.1.3　代数的オブジェクトのシリアライズと分散オブジェクト指向

前章までで論じてきた，代数的に数式表現された多元実物簿記の記述に対して，本節ではそれをプログラム上で扱うための代数的データオブジェクトの扱いについて簡単に論じる。ここで用いるクラスとオブジェクト，メソッドなどの諸概念は，オブジェクト指向の情報処理に一般的な範囲で，特に特定の言語に依拠したものではない。付録 2 で扱う FALCON-SEED では，JAVA による交換代数のオブジェクトの実装を行っているが，C++ や Haskell などオブジェクト指向の他言語による実装でも問題はない。

データコンテナ・エディタでは，交換代数やデータ代数の代数的オブジェクトとそれを格納するデータ伝票とデータバインダーを JSON 形式でシリアライズする標準形を定義することで，処理系を超えたデータオブジェクトの転送を行うことができる。処理系間で転送されたデータオブジェクトのシリアライズデータは，転送先の処理系で実装された同じクラスのインスタンスとしてその処理系上でのオブジェクト指向言語のデータオブジェクトにキャストすることができる。これにより，異なる処理系間で同じデータオブジェクトとしての振る舞いや計算が可能となる。これは代数的実物簿記の諸オブジェクトに対して，分散オブジェクト指向の情報処理が可能となることを意味する。むろんそのためには，それぞれの処理系上のオブジェクト指向言語で，同機能のクラスと，同じ規格でのシリアライズとデシリアライズの機能が実装されている必要がある。それが可能であれば処理系によって同じ機能を持つクラスを実装する言語が異なっていても，データオブジェクトの同型性が保持されることになる。図 5.1.3 にデータ伝票に関する，データオ

ブジェクトの分解や合成，シリアライズとデシリアライズの相互関係を示す。

　シリアライズされたデータ伝票或いはデータバインダーをデータベースに蓄積することで，摘要情報を用いた検索が可能となる。JSON 形式にシリアライズされたデータ伝票やデータバインダーのオブジェクトは，ドキュメントデータベースに蓄積されることで，摘要情報から横断的に必要な伝票を抜き出す検索が容易に実装できる。条件を満たす JSON 形式のデータ伝票が抽出できれば，それをデシリアライズしてオブジェクト化した上で，データ伝票を分解して，交換代数部分を抜き出し，条件を満たす交換代数の集合を得ることで適宜必要な関数計算を行うことができる。

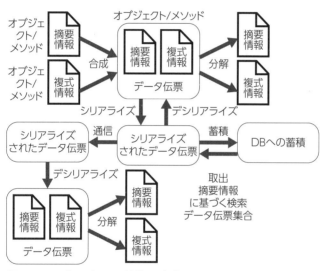

図 5.1.3　データ伝票と分散オブジェクト指向

　RDB を基盤とした ERP での会計処理や，専用の会計情報システムでは，複式の伝票で表される会計情報そのものが，代数的なオブジェクトとしてではなく，左右の借方と貸方を区別したテーブル形式のデータとして格納される。さらに，日付や取引先などの摘要に記載されるべき付加情報も，伝票の検索に必要な重要な情報としてデータベースに格納される。ER 図に基づく複式の会計伝票のデータベースへの格納では，簿記の複式データ部分と摘要項目として付加されるデータ部分とは，固有のデータオブジェクトとして分

離可能な形で処理されているわけではない。

　これに対してデータ伝票或いはデータバインダーは，JSON 形式でシリア
ライズすることで，ドキュメントデータベースに蓄えられ検索・抽出が可能
となるだけでなく，ネットワークを介して他の処理系へと送ることができ
る。一般に会計情報や，インボイスなどの POE データを他の処理系に送り
利用する場合，当該の情報を転送するためにシリアライズするための規格が
必要となる。これには現状 XBRL や PEPPOL のようなマークアップ言語を
用いたデジタルドキュメントの規格が用いられている。しかし何らかの転送
プロトコルや API を介して，他の処理系へ転送されたシリアライズされた
デジタルドキュメントは，処理系をまたがっての同一のクラスのインスタン
スとは見なされない。API を介してデータのやりとりをするとしても，相手
のデータベース処理系に依存したアドホックなデシリアライズの変換処理
と，データベース上でそれぞれの規格に従った手続的プログラミングによる
データ処理が行われている。

　本書で我々が提案する生産会計のデータ処理では，財務会計も含む複式
簿記の状態（ストック）と状態変化（フロー）のデータは，交換代数クラス
のインスタンスである代数的オブジェクトとみなされる。その摘要情報は，
データ代数クラスのインスタンスとみなされる。これらの代数的オブジェク
トが異なる処理系で同一の振る舞いをするならば，代数的オブジェクトに対
する関数計算に基づくデータフロー型の疎結合データ処理が，分散オブジェ
クト指向のプログラミングとして実現できる。そのためには，それぞれの処
理系に，同一の振る舞いをするクラスとメソッドを，言語を問わず実装する
ことと，システム間でデータ転送を行うための JSON オブジェクトのシリ
アライズと JSON 形式からオブジェクトに戻すデシリアライズの規格を実
装すれば良い。一つの処理系で，その処理系で使われているオブジェクト指
向言語により実装されたクラスの代数的オブジェクトは JSON 形式でシリ
アライズされ，処理系間で転送され，別の処理系で別のオブジェクト指向言
語で実装されたクラスのインスタンスにキャストされることで代数的オブ
ジェクトとしての振る舞いの同一性が保証される。その上での関数型計算に
基づくデータフロー型の情報処理は，それぞれのデータフロー単位をマイク
ロサービス化することができ，情報システムの組み替えをロバストに行うこ
とができる疎結合システムとなる。

　これにより企業のデータ処理に対するモノリシックでアドホックな手続的

プログラミングの持つ，モジュール間の密結合による組み替えの困難さや，システム間のデータ変換の困難さに答えることが可能になる。

　従来の ER 図に基づいたデータベース処理は，手続型でありその仕様記述も代数的に行うことができない。実務面では，RDB は事後的にデータ構造を追加することで，複雑でメンテナンスの難しいデータベースへと容易に変化する。さらにビジネスプロセスの変化に対応した改変が難しい。ERP 上で定義されたデータ構造とビジネスプロセスを世界標準であると主張するのは，ビジネスプロセス・イノベーションを，ビジネス情報処理のプラットフォーマに委ねてその傘下に入り，自己決定権を失うことに他ならない。クラウド化の進展と共に，勘定系を中心としたコアモジュールと外部にオープン化されたマイクロサービスを分離して API で連携する動きも始まっている。しかしコアモジュールの設計を実物複式の状態空間に基づくこと抜きには，複式簿記という共通の土台となる状態空間があるにもかかわらず，個別性の強い系列化されたシステムが並立する状況がつづくことになる。

　ビジネスプロセスに応じた代数的オブジェクトに対する諸計算を，代数的なオブジェクトとその集合に対する関数型の情報処理として実現するためには，関数型の作用素に対する集合論的な仕様記述がまず求められる。その上で，仕様記述から関数の実装，データフローの実装まで一貫して行うことで，オフィスから工場，さらにサプライチェーン上でのさまざまな実物複式での活動時点データ（POE Data）の情報処理がアジャイルかつロバストに実装できる。

　ネットワーク上で，代数的オブジェクトとそれを収納するデータ伝票やデータバインダーといったデータコンテナを転送し，異なった処理系の上でも同一の代数的仕様記述に基づく操作を可能とするためには，すでに述べたように交換代数とデータ代数とそれらを格納するデータコンテナのシリアライズが必要となる。そのために，データ代数と交換代数を含むデータ伝票やデータバインダーの JSON 標準形が定義されている。これを用いて，REST 対応の Django などのフレームワーク上で，データコンテナに対する情報処理を行えば，クラウド上でも，複式実物 POE データのデータ処理が容易に実装可能となる。また REST 対応でシリアライズされたデータの転送が可能であれば，後述する X-Road のようなサーバー間のセキュリティ・フレームワーク経由で，データの漏洩リスクを最小にした上で，膨大な POE データの組織透過的で，国家透過的な監査や統計抽出などのセキュアな利活用が

可能となる。X-Road については，6 章で言及する。

5.1.4　データ代数とその利活用

　代数的多元実物簿記（交換代数）を用いた状態表現は，情報処理の対象としては交換代数のクラスのインスタンスである代数的オブジェクトで表される。この代数的オブジェクトに対する関数は，交換代数のクラスメソッドとして定式化され，多元実物簿記の伝票に対する諸計算が可能となる。ただしこれは伝票の複式簿記部分に対する計算であり，伝票には必ず摘要項目があり，日付や相手先などの諸情報が記載されている。実務ではこの摘要として記載された情報を元に，必要な伝票を分類，抽出する。この摘要項目は，各項目がレコード形式で表現でき，情報処理としては Key・Value 型のデータ構造として扱うことができる。この摘要項目の Key・Value 型のデータ構造をここではデータ代数と呼び，個々のレコードをデータ代数の元と呼ぶ。データ代数の元の一般形は，Key を基底として，Value をその値として，これを形式和で結んだ式で表現できる。レコードが複数ある表は，データ代数の元として扱われる。

　データ代数は，交換代数と対で，摘要のような付加情報を Key・Value 型のレコードを基底とその値を持つ数式表現を使って関数型の情報処理をするために導入された。だが，その数式はプログラムの記法として導入されたものであり，交換代数のように公理系で保証された代数系ではない。Key・Value 型のデータ処理を表現するための関数形での情報処理のためのデータ表現形である。基底に対する値は，数以外にリテラルとブール値を認める。したがって同じ基底を持つ元同士の加法は，後から足した方の元の値で上書きする演算として実装されている。これは同一のキーに対するデータを後から追加した時上書きされることに対応する。

　データ代数の元に対して用いることのできる作用素は，基底に対する射影作用素，つまり特定の基底を持つ元を抽出する操作が中心である。これにより Key・Value 型のレコードからなる表は，データ代数元の集合として扱われ，交換代数と同じく AADL 言語で内法的な集合論記法による計算も可能となる。

　データ代数の元のレコードとしての表現はカラム名（列）として，値，基

底の名前キー，値のデータ型の三つを用いる。このとき，レコードは，名前キー単位で作成される。データ代数では，このレコードをデータ代数元として表現し，その形式和で表データを表現する。これはまた Key・Value で与えられるデータの組みを，キーを基底として，バリューを値としてデータ代数で扱うことに対応する。データ代数では，交換代数と同様に基底に値を割り当て，それを形式和で結んだ数式表現を用いるが，和の計算は定義されず，同じ基底は一つしか存在しない。データ代数で用いる計算は，基底を選んでその値を抽出する射影演算である。

　今，データ代数の元が，注文伝票の連番，宛先名称，発行者という三つの名前キーからなるとする。ここで S1 は取り得る連番の全体集合×{decimal}，S2 は宛先名称の集合×{literal}，S3 を発行者の名称の集合×{literal}とする。そのとき，$\Omega = S1 \times S2 \times S3$，とすると，データ代数の元 $X \in \Omega$ となる。データ代数の元の集合は，{X1, X2, …}のように表現される。

　このデータ代数クラス（Dtalge）とデータ代数集合のクラスであるデータ代数集合クラス（DtAlgeSet）をデータ代数の処理系の上で定義して，基本演算を実装することにより，表形式のデータとして表現可能な，交換代数に付随する摘要事項をデータ代数で表現することが可能となる。ただし交換代数と異なり，データ代数では自然で可換な加法は定義されない。他方でデータ代数上でもリレーション代数上の集合演算としての射影，選択，結合，商演算に対応する演算が定義され，リレーショナル代数を部分的に表現できる代数系となっている。

5.2　見積書のデータ伝票

　本節では，生産会計での摘要データのデータ処理の事例として，見積書を取り上げ，表 5.2.1 のような見積書の摘要項目を表す Key・Value 型の表データをデータ代数で表現する。見積書は，財務会計では，会計処理の対象とはならない。したがって見積書は財務会計の伝票として扱われない。しかし生産会計では，生産に関する一連の業務プロセスの中で用いる複式の情報は交換代数で表現し，それに対する摘要情報をデータ代数で表現する。ここでは第一部で扱った筐体生産の例についてその見積書のデータ伝票を示す。その上で表 5.2.1 のような見積伝票の摘要項目を表す表データをデータ代数で表現する。なお財務会計で用いる伝票も，複式のデータ部分と摘要部分に分け

られ，ここでの方法が適用できる。

（1A）見積書の摘要の表形式表現

　典型的な見積書の摘要項目の事例として，表 5.2.1 を示す。この表ではレコードは，（値，キー，型，PKey or Null）の組でカラム（列）が記述されている。下表で「連番」は，主キーであることを示す"PKey"が記入されているが，主キーでないレコードではこの第四カラムは捨象され，（値，キー，型）で示される。なお下表では Null は # で表されている。

表 5.2.1　見積書の摘要項目の Key・Value 型の表

見積書	title	string	#
千葉県市川市	宛先住所	string	#
出口弘	宛先名称	string	#
113256	連番	decimal	PKey
20220427	日付	string	#
CUC 商事	発行者	string	#
下記の通り見積もり致します	挨拶	string	#
20220505	有効期限	string	#
納品後月末締め翌月末一括現金振込	支払条件	string	#
正式受注後 2 週間	納期	string	#
550000	見積合計金額	decimal	#

　見積書の摘要は表の全体，11 行のレコードで示される。キーごとに，Key・Value 及びその型が一つのレコードデータとなる。各行は，（値，キー，型）の順序対で示される。それゆえ，摘要データは次のような Key・Value を示す，（値，キー，型）の順序対によっても表現できる。

　（（見積書，Title，String），（千葉県市川市国府台，宛先住所，String），（出口弘，宛先名称，String），（113256，連番，Decimal，PKey），（20220427，日付，String），（CUC 商事，発行者，String），（下記の通り見積もり致します，挨拶，String），（20220505，有効期限，String），（納品後月末締め翌月末一括現金振込，支払条件，String），（正式受注後 2 週間，納期，String），（550000，見積合計金額，Decimal））

この摘要情報を Key・Value 型の表現と対応する形でデータ代数の数式で表現すると下記のようになる。

（1B）見積り伝票の摘要のデータ代数表現
X＝見積書＜Title, literal＞＋
千葉県市川市＜宛先住所, literal＞＋
出口弘＜宛先名称, literal＞＋
113256＜連番, Decimal, PKey＞＋
20220427＜日付, Int＞＋
CUC 商事＜発行者, literal＞＋
下記の通り見積もり致します＜挨拶, literal＞＋
20220505＜有効期限, Int＞＋
納品後月末締め翌月末一括現金振込＜支払条件, literal＞＋
正式受注後 2 週間＜納期, literal＞＋
550000＜見積合計金額, Decimal＞

このデータ代数元のクラスであるデータ代数クラス（Dtalge）とデータ代数集合のクラスであるデータ代数集合クラス（DtAlgeSet）をデータ代数の処理系の上で定義して，基本演算を実装することにより，表形式のデータとして表現可能な，交換代数に付随する摘要事項（アノテーション）をデータ代数で表現することが可能となる。

（2A）見積り詳細の複式実物簿記によるテーブル表現
見積書の中核となる，見積金額に関する詳細情報は，多元実物簿記のテーブル形式表現で次のように与えられる。

表 5.2.2　見積り詳細の複式実物簿記によるテーブル表現

借　　方			貸　　方		
見積価格	500000	円	W13_筐体	5	個
見積税額	50000	円	仮受消費税	50000	円

これは，交換代数により次のような数式で表現される。

（2B）見積り詳細の複式実物簿記による交換代数表現

Y＝5＾＜W13_筐体，個＞＋500000＜見積金額，円＞＋50000＜借受消費
税，円＞＋50000＜見積税額，円＞

ここでは，見積金額，W13_筐体，見積税額は資産勘定。借受消費税は負
債勘定となる。

（3）見積り伝票の JSON 標準形の例

　見積書を摘要部分の Key・Value（データ代数）表現と見積り詳細の交換
代数表現に分けた。これを合わせたものが，データ伝票になる。ここではこ
のデータ伝票を簡略化した JSON 表現を下記に示す。実際の処理系の中で
の表現は，付録 2 で紹介する FalconSeed のマニュアルに詳述してある。

　ここでは，MetaData で摘要部分を，Details で交換代数で示した見積り詳
細を，Transfer で，筐体の実物測定である個数を金額表記に変換するための
振替伝票の交換代数を示している。

{"MetaData": [{"Title": "見積書"}, {"宛先住所": "千葉県市川市"}, {"宛
先名称": "出口弘"}, {"連番": 113256}, {"発行日付": 20210427}, {"発行者":
"CUC 商事"}, {"挨拶": "下記の通り見積もり致します"}, {"有効期限":
"20210505"}, {"支払条件": "納品後月末締め翌月末一括現金振込"}, {"納期":
"正式受注後 2 週間"}, {"見積合計金額": 550000}],

　"Details": {"Exalge": [{"Value": 5, "HAT": true, "Account": "W13_筐体",
"Unit": "個"}, {"Value": 500000, "HAT": false, "Account": "見積価格", "Unit":
"円"}],

　"Exalge": [{"Value": 50000, "HAT": false, "Account": "借受消費税", "Unit":
"円"}, {"Value": 50000, "HAT": false, "Account": "見積税額", "Unit": "円"}]],

　"Transfer": {"Exalge": [{"Value": 5, "HAT": false, "Account": "W13_筐体",
"Unit": "個"}, {"Value": 500000, "HAT": true, "Account": "W13_筐体", "Unit":
"円"}]]}}

　このままでは JSON 形式は見にくいので，整形したものを下記に示す。

```
{
    "MetaData": [
        {
            "Title": "見積書"
        },
        {
            "宛先住所": "千葉県市川市"
        },
        {
            "宛先名称": "出口弘"
        },
        {
            "連番": 113256
        },
        {
            "発行日付": 20210427
        },
        {
            "発行者": "CUC 商事"
        },
        {
            "挨拶": "下記の通り見積もり致します"
        },
        {
            "有効期限": "20210505"
        },
        {
            "支払条件": "納品後月末締め翌月末一括現金振込"
        },
        {
            "納期": "正式受注後 2 週間"
        },
        {
            "見積合計金額": 550000
        }
    ],
```

```
        "Details": {
                "Exalge": [
                        {
                                "Value": 50000,
                                "HAT": false,
                                "Account": "借受消費税",
                                "Unit": "円"
                        },
                        {
                                "Value": 50000,
                                "HAT": false,
                                "Account": "見積税額",
                                "Unit": "円"
                        }
                ]
        },
        "Transfer": {
                "Exalge": [
                        {
                                "Value": 5,
                                "HAT": false,
                                "Account": "W13_筐体",
                                "Unit": "個"
                        },
                        {
                                "Value": 500000,
                                "HAT": true,
                                "Account": "W13_筐体",
                                "Unit": "円"
                        }
                ]
        }
}
```

一般に従来の見積書の記載では，見積金額に関する情報が複式簿記の形式で表現されることはない。多くの見積書では，摘要項目と同様に，見積金額の情報もレコード形式で表現されている。これに対して生産会計では，図 5.2.1 に示されるように，受発注に関するさまざまなワークフローの中で用いられる，見積書，注文請書，納品書，請求書，見積依頼書，注文書，受領書などの事務書類の中核に複式の仕訳情報を用いる。

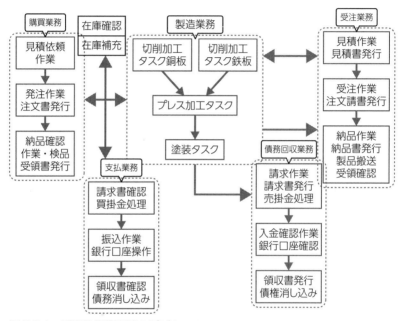

図 5.2.1　受発注業務関連のビジネスワークフロー

　財務会計では，ロット生産に伴う投入産出関係は，その会計公準の範囲外であった。生産会計ではこの生産による価値形成のプロセスについて，そのタスクごとの投入産出関係を生産会計での状態の会計測定の基本単位とする。それをロットごとに生産プロジェクト単位でまとめたものを会計測定のシステム境界とすることで，財やサービスの生産に対する多元実物評価での複式簿記の状態表現が導入された。だが仕訳による複式記述が用いられるのは，生産工程における投入産出関係だけではない。すでに 4 章で見てきたように，投入産出関係に，マイナスの価値評価を持つバッズの記述を導入す

ることで，環境会計もまた生産会計のシステム境界へと含めることができ
た。複式記述が用いられるのは，何らかのシステムの状態とその変化を表す
記述だけではない。例えば，投入産出仕訳は，原料が投入され製品や仕掛品
に変化するという状態変化を記述するが，その製品の受注に関する見積書，
注文請書，納品書などの伝票類は，財務会計の境界の外にあると同時に，生
産での投入産出という状態変化の記述の境界の外側にある。しかしながら見
積伝票は，何をどれだけ幾らで販売することができるという取引の見積とい
う活動時点（POE）データであり，そこには見積られた取引についての複
式データが見積伝票の中核に含まれている。このように，注文請書では，取
引の約束の活動時点（POE）データが注文伝票として，納品書では，製造
した製品の送付についての活動時点（POE）データが納品伝票として発行
される。これらの伝票には中核に複式の交換代数オブジェクトでの記述が含
まれる。

　このように，企業の生産活動に付随して，ロットやそれを構成するタスク
の製造業務のみならず，受発注業務や倉庫との受払い業務，さらに債権回収
や支払い業務のようなさまざまなワークフローが必要となる。このうち債権
回収や支払い業務は，財務会計の境界の範囲であり，そこでの仕訳伝票は，
財務会計の伝票として処理される。他方で図5.2.1に示されるように，受発
注に関するさまざまなワークフローの中で用いられる，見積書，注文請書，
納品書，請求書，見積依頼書，注文書，受領書，倉庫との受払書などに対応
した諸伝票類は，本書で論じてきたデータ伝票として，中核に複式の交換代
数のデータオブジェクトを含む記述が可能である。

　一般に従来の見積書の伝票の記載では，見積金額に関する情報が複式簿記
の形式で表現されることはない。見積伝票では，摘要項目と同様に，見積品
目と金額の情報もレコード形式で記載されている。これは受発注に関するさ
まざまな伝票についても同様である。これは，一つには，従来の財務会計の
伝票が金銭評価で複式表示を行っていたのに対して，見積伝票などの受発注
関連伝票では，見積対象の個数など，多元実物測定の単位での記載が求めら
れ，従来の財務会計の複式簿記ではこれに対応できていなかったためであろ
う。もう一つは，そもそも生産に伴う状態変化でさえない，見積などの活動
を複式の会計測定の境界に入れるという会計測定の概念枠組み自体が存在し
ないためであろう。

　本章では，生産会計という概念枠組みで，単に生産工程の投入産出関係を

多元実物簿記で複式化したのみならず，より広い範囲のビジネスワークフローの諸伝票についても，そこでの仕訳を多元実物簿記の交換代数表現と摘要のデータ代数表現に分けて，これをデータ伝票で表現する。これにより，今後生産のみならず，それに関係したバックヤードの事務処理や環境関係の報告書など，多くの非財務情報を多元実物簿記の代数オブジェクトとして扱うことを主唱したい。それにより企業のビジネスプロセスの情報処理は，関数型のデータフローを単位としたマイクロサービスの疎結合な集合体として扱うことができ，その会計測定の認識の境界を，サプライチェーンや国単位まで広げることのできる枠組みの構築が可能となる。

5.3 交換代数に基づく会計情報システム

活動時点で複式の状態を実物単位で把握し，それをマネジメントのスコープで集約してマネジメントに用いるという，複式実物 POE データの利活用を可能とするためには，理論モデルと情報処理の仕組みと同時に，それに基づいた共通の社会インフラ構築が必要となる。そこでは旧来のデータベース処理の基本である ER 図でのデータ構造設計と手続的なプログラミングは時代遅れとなる。同様にマークアップ言語によるデジタルドキュメントを中核に置いた情報処理にも限界がある。すでに見てきたように，多くの活動時点の状態把握は，複式の構造を持ち交換代数でその中心部分は記述できる。したがってそこでの情報処理は，交換代数の元に対する関数型のフィルターの連結によるデータフロー型の計算モデルによって可能となる。さらに個々の関数の記述は，振替伝票を宣言型のデータとした宣言型のプログラミングでその多くが可能となる。本節ではその概要を述べる。

5.3.1 生産システムの組替と情報システムの組替

交換代数及びデータ代数の情報処理でのもう一つの課題が，関数型の計算のアルゴリズムの実装方法である。ER 図によるデータ構造に基づく手続型の計算モデルは，実際の状態変化をマネジメントする現場からは，どのような計算を行っているかは見えないブラックボックスとなる。マネジメントのスコープを，金銭単位で企業単位にとる情報処理は，データを把握・利活用するためのミクロな「意味」を理解している現場にとっては，ブラックボックスであるという問題がある。現場がマニュアル通りに作業をすることだけ

が求められ，作業の意味を理解しスキルアップすることが求められない労働
モデルであれば情報処理が現場と解離した設計がなされていても問題はない
かもしれない。実際 Industry4.0 で構想されているトップダウンの工場ビジョ
ンや，そのための実行管理システムの設計は，現場からの変更を軽視するも
のとなっている。

　他方で，活動時点情報に基づいたミクロデータをボトムアップなマネジメ
ントにも活かすことで，組み替えが頻繁で，変化にロバストに対応できる生
産現場と双対になる情報システムの構築が可能となる。日本の多品種小ロッ
ト生産の現場では，頻繁なラインの組み替えがあり現場は常に改善を繰り返
している。これはタスクの組み替えによる変化が安定した運用に至るまでの
レスポンスタイム（時定数）が短いことを意味している。生産システムの組
み替えに追従して情報システムを組み替えようとしても，従来の ER 図の基
づくデータベースソリューションのようなモノリシックなシステムでは，シ
ステムの再設計と変更から安定運用までの時定数は遥かに長い。関数型の
データフローソリューションのような疎結合型のシステム設計であれば生産
システムの組み替えに追従するシステム構築が可能となる。

5.3.2　振替と宣言型プログラミング

　工場のラインが，現場主導で組み替えられることがあるように，生産に関
する複式のデータ処理のための計算は，現場で理解しそれを修正することが
できることが望ましい。しかしたとえ関数計算であってもプログラミングを
現場で理解し修正することは容易ではない。他方で財務会計の領域では，計
算機を用いなかった時代から現場主導で用いられている振替計算という複式
簿記の計算アルゴリズムがある。振替計算は「対象となる複式データに振替
伝票という複式データを足した上で，その残高をとる」という計算方法であ
り，複式簿記の領域での極めて一般的な計算方法として知られている。実際，
複式簿記で行う計算のかなりの部分は，振替計算によって実行できる。その
際に用いられる振替伝票の中に，実際に何を計算するかという内容が含まれ
ている。例えば実物記述を金銭記述に変換するには，実物単位の財やサービ
スの価格に基づいた振替伝票を作成し，それを加えて残高をとることで変換
計算は行われる。第 1 章で例示した決算仕訳でも，仕訳伝票を足して残高
をとる操作が頻繁に行われている。このように，計算アルゴリズムを共通し
た計算方式（関数）と計算の内容を指示するデータ部分に分ける手法は，プ

ログラミングの世界で宣言型プログラミング（Declarative programming）と呼ばれている。宣言型のプログラミングは関数計算と相性がいいことが知られている。交換代数での振替伝票を用いた宣言型の計算では，振替伝票がどのような処理をするかの意味を表現する宣言型のデータであり，それ自体が複式のデータとなっている。この振替伝票を生成するためには，個々のデータ処理の局面でその関数型のフィルター計算の意味を理解している必要がある。この振替による宣言型の計算により，交換代数の関数計算の多くの部分が実装できる。結果として関数型のフィルター計算の連鎖として実行される情報処理では，データフローの経路を組み替えることに対してロバストな情報システムが容易に設計・実装できる。

5.3.3　会計情報の表現と意味

　情報処理の世界では，ロバストで疎結合なモジュール化の重要性が次第に認識されるようになりつつある。だが会計情報や取引情報，経済情報の表現と情報処理は，むしろ XML などのマークアップ言語とその上のオントロジーを用いたより複雑なデータ形式と意味の表現を持つデジタル文書の標準化に向かっているように見える。

　一般に何らかの形式を持った文書の形式を保持して表現する規約と，文書の内容について共通規約の下で情報の出し入れ操作ができることを意味づけとみなす，文書の表現のデジタル化の規約の歴史は長い。その過程で，ツリー上のデータ構造の上でタグづけしたデータ構造として文書を扱うマークアップ言語がさまざまに発展してきた。だがその歴史は同時にマークアップ言語による表現の複雑化による失敗と簡略化の繰り返しの歴史でもあった。SGML（Standard Generalized Markup Language）は文書の形式を表現するマークアップ言語の源流で，1989 年に ISO8879 として規格化された。しかし文書表現の規格としては複雑すぎて普及せず，その大幅な簡易版の HTMLが WEB 上での文書表現の規格として普及した。他方で XML（Extensible Markup Language）は SGML を引き継ぎながらも新しい機能を付け加えたマークアップ言語として発展してきた。EDINET などで財務情報の表現に用いている XBRL（eXtensible Business Reporting Language）はこの XMLの一種である。XBRL では，会計情報の意味は，XBRL タクソノミーとして OWL（Web Ontology Language）によって与えられる。しかしそこでい

う意味は，セマンティック Web 領域でいう「意味」であり，タグの上にどのように勘定科目などの会計情報を格納しているかを示し，その出し入れを定義している。会計固有の複式概念や，負債，振替，残高，仕訳などの計算も含んだ，複式のストック・フローダイナミクスの状態が表現されているわけではない。表現されているのは，マシンで共通にデータを扱うことのできるタグ付けとデータの出し入れの約束事としての意味付けである。むろんこの意味付けは複雑な文書のシンタクティカルな正当性と同時に，文書の中で特定のタグが何を表現しているかについての情報を共通の約束事として定義しており，それは同時に人間にも読むことができる約束事となっている。しかしそれは会計人が見て会計概念との対応をすぐ理解できるようなものではない。とりわけ XBRL の計算リンクは，プログラムとは言い難いパーシングを必要とする。そのため，企業の会計処理では，データベースを用いた計算が主流で，XBRL は主に，情報の開示の形式とデータの利用のためのデジタル文書の共通のフォーマットとして用いられている。

　XML の深い階層のパーシングが，情報処理を難しくするという反省から，軽量なデータ交換フォーマットとして規格化されたのが JSON（JavaScript Object Notation）である。5.1 で導入したデータ伝票は，交換代数とデータ代数（キー・バリュー型のデータ構造）からなり，交換代数が多元実物測定での複式の状態とその変化に対する代数的な意味を与え，データ代数は簿記の伝票の摘要項目と同様に，その状態及び状態変化に関する付加的な情報を与える。これらを合わせたデータ伝票に JSON 標準形を与えることで，ドキュメントデータベース上で蓄積・検索・抽出を可能とすると同時に，異なるプログラミング言語を用いている処理系の間で，交換代数とデータ代数のオブジェクトを，同じ機能（計算）と意味を持つデータオブジェクトとしてキャストすることが可能となる。

　この対象の複式状態と複式状態に対する付加情報を単位としたデータ伝票は，状態に対する代数的な意味の記述と状態の付加情報に対するキー・バリューによる意味の記述をパックしたものとなっている。そこではマークアップ言語による報告書のデジタル文書としての形式の定義やタグの用語のオントロジーの定義は行っていない。会計測定のための勘定科目とその計測単位が交換代数の基底として定義される必要があるが，これは複式の状態表現の意味を定めるために必要な定義である。報告書や契約書などの書類の書式をデジタル文書として定めるためには，別途マークアップ言語などでの形

式定義を必要とする。これは複式簿記の状態及びその付加情報とは独立に定義される必要がある。書式を定義しているマークアップ言語に，オントロジーが付加されることで規約によって定められた文書の解釈に基づくデータの取得や書き換えが可能となる。しかしそこで扱われているのは，ストック・フローダイナミクスの状態概念のようなシステム的意味を持った概念ではない。

　代数的な状態表現は，文書の解釈の共通化のための約束事としての「意味」ではない。システムの状態記述は，それ自体が意味と計算体系を持った数理的枠組みである。本書で説明してきたたように，複式簿記は，プラスのストック，マイナスのストックと，価値の生成，価値の消滅という状態概念を持ち，マイナスの数を用いず，状態の変化を両立て（Double Entry）で記述する，ストック・フローシステムの状態記述を与えている。これは自然科学で用いる，マイナスの数を用いる単式でマイナスのストック概念を持たないストック・フローのダイナミクスでの状態記述の拡張となっている。交換代数は，この拡張されたストック・フローの状態記述を，勘定科目を基底とする代数系として公理化したもので，ベクトル空間の代数系の拡張となっている。さらに代数的多元実物簿記は，交換代数の基底に対し金銭評価のみならず，勘定科目固有の多元実物測定に基づく評価を用いる。

　離散時間の動的システムに対して，状態記述の言語が与えられ，対象とする領域（システム境界）を設定し，領域ごとに状態の固有の基底が定義され，どのように状態変化が与えられ測定・認識するかを，離散時間の活動時点複式データ（複式 POE データ）として明確にすることが，複式状態記述に対して対象とする領域固有の意味を与えることになる。

　一般にタルスキーに始まる数学の意味論では，シンタクスとしての公理系の意味は，集合論的に構成された構造（モデル）によって与えられる。これは，ストック・フローダイナミクスの抽象的なシンタクティカルな定義に対して，領域固有のストックやフローの意味解釈を対象領域の構造として定め，そこで基底や，交換代数の諸計算の解釈を与えることに他ならない。

　すでに本書では，複式のストック・フロー型の状態記述のモデルが財務会計領域以外にも広く適用できることを示してきた。物やサービスの生産領域や地球温暖化ガス（GHG）や廃棄物などのバッズを排出する環境概念を加味した生産領域など多様な領域で多元実物測定による複式の状態表現のモデルを示してきた。この数学的なモデル概念に基づいたストック・フローダイ

ナミクスの状態の意味解釈は，同時にそこでの計算操作の意味解釈を交換代
数の関係や関数のモデル上での解釈として与える。

　このモデル構造を状態空間とする状態概念とその上の関数や関係の意味を
オブジェクト指向言語の上のクラスとオブジェクト，クラスの上のメソッド
として実装することで，この交換代数とそのモデルを用いた会計状態のス
トック・フローダイナミクスが，関数プログラミングにより実装できること
を，5.1 で示した。

　情報処理としてみたとき，XML などのマークアップ言語に基づくデジタ
ル文書は，その言語のパーサーを用いて木構造をパーシングして必要な情報
を取り出す必要がある。さらに計算を行うには，パーシングした結果に何ら
かの演算操作をして，さらにそこから木構造を再構成する必要がある。それ
ぞれのマークアップ言語は専用のパーサーのライブラリーが用意されている
とはいえ，パーサーを用いたデータ処理は典型的な複雑で手続的なデータ処
理であり，しかもその処理の意味は，会計概念との乖離が大きく，会計現場
にとって理解の容易なものではない。

第 6 章

実物複式簿記に基づいたリアルタイム・エコノミーとリアルタイム監査

6.1　組織の壁を越えた複式 POE 情報の集約

　本章では，多元複式実物簿記による生産会計や財務会計などでの局所的な複式 POE データをどのように捕捉して，それを全体経済，その部分ドメインとしての地域経済やサプライチェーンなどでの固有の政策課題に活かせるのかについて論じる。

　6.1 では想定したシステム境界に応じた複式 POE データの集約とそこでの認識関心に基づいた利活用という課題についてまず論じる。

　従来の複式状態記述は，会計公準が示すように，永続的なエンティティと想定された企業単位での，実現された損益に関する金銭評価に基づくストック・フロー記述であった。そこでの認識関心は，外部ステークホルダーに対する情報開示と，企業のマネジメントでの利活用であった。企業間での連結決算を除けば，企業間での財の移転の連鎖は十分に捕捉されてこなかった。今日，デジタルインボイスのための「仕様」「運用」「ネットワーク」の国際的な標準仕様システムである Peppol（Pan European Public Procurement Online）の運用により，企業間での財の移動は原理的には捕捉できるようになりつつある。しかしそれを蓄積し，政策的，統計的な視点から運用するための枠組みは途上にある。さらに，加工統計としての国民経済計算（System of National Accounts: SNA）で消費支出や資本形成等の支出側国内総生産を推計するコモディティ・フロー法（以下，コモ法）は，物やサービスなどの商品の流れを推計する物的接近法であるが，その推計には，Peppol で捕捉される物流の流れは用いられていない。むろん本書で述べたような企業の生産工程単位での投入産出データも用いられていない。

＜https://www.esri.cao.go.jp/jp/sna/data/reference1/h12/pdf/chap_2.pdf＞（20230731 Access）

　現在の産業連関分析の手法では，産業間の財の投入産出関係を供給・使用表（Supply Use Table: SUT）で表現している。そこでの最終需要と投資を

含む財の流れを測定するための用いられているのがコモ法である。コモ法では，商品を約2200品目に分類した上で，その財ごとの流通での販売・購入を生産企業，卸企業，小売企業の流通の諸段階であらかじめ設定された流通経路について流通段階ごとに，1）企業での中間消費や卸・小売のための需要，2）企業での固定資本形成（投資財）のための需要，3）家計の最終消費のための需要，に分けて流通過程での経路ごとの配分比率，運賃率，マージン率を用いて価値の連鎖を金額ベースで推計する。この配分比率，運賃率，マージン率などのパラメータは原則産業連関表の基準改定から推計しているため，その更新頻度は産業連関表の改訂のインターバルである5年単位となる［ESRI, 2019］。

　本書で論じたような生産会計の多元実物複式データが，記録され，統計的に利用可能となるという前提が満たされるならば，現在の基幹統計調査を時間間隔が短く粒度の細かいデジタルスキャンデータで置き換えることができる［Deguchi, 2008; 2010］。

　トランザクション・チェイン上での流通経費（運賃）のインボイスも含む形で，実物複式POEデータのデータ伝票を集積した，インボイスのデータレジスターを構築することができるのであれば，原理的にはコモディティ・フローのコモ8桁以上の精度での認識が可能である。これに加え主要産業の製造に関するプロジェクトを集積分析することができれば，ミクロな生産関数と，産業連関のネットワーク解析が可能となる。産業連関分析の投入産出表はこの製造と流通のネットワークをマトリクス形式にたたみ込んだ構造とみなされる。このようなPOEデータの取得と利用が可能となれば，「工業統計表」等の生産統計から，各商品の生産額或いは出荷額を把握して，さらに「通関統計」から求められる輸出入による調整を加えることで，コモ8桁，或いは6桁の粒度で分類された商品の国内総供給を得る，現在のコモディティ・フロー法に対応するデータがさらに詳細な粒度でかつ短い時間隔で直接測定することが可能となる。だがそのためには個票利活用に関するセキュリティ上の課題と同時に事業所やロット単位での商品に対するコード化という課題がある。

6.2 コモディティ・フローグラフと商品・事業所のコード体系

6.2.1 商品・事業所のコード体系

生産会計では，会計認識の境界を，ロット単位の生産において，そこでの多元実物複式の状態変化を論じてきた。このロット生産の境界は，一般的には一部の外注のタスクを除いては，一つの企業の境界の内側にある。しかし，生産された物的な財は，一般に流通プロセスを経て販売され，販売先でさらに何らかの生産に投入される，在庫投資となる，製造資本への投資となるなどのプロセスを経て，さらに減耗し，除却される。このプロセスは企業の境界を越えた会計システム認識を必要とする。そのためにはこの財の流通と変化のネットワークを捕捉することがまず必要となる。そのために本節では，コモディティ・フローグラフという財の流通のネットワーク概念を導入する。だがその前提に，流通する組織を識別し，流通する財を識別する共通のコード概念が必要となる。

取引を企業の壁を越えたシステム境界で把握し，利活用するためには，ロット単位での投入産出仕訳と，受発注の取引のための，商品と事業所とロット番号を含むコード体系が定義されていることが必要となる。このコード体系は財務会計であれ生産会計であれ，会計記述に用いる勘定科目とは通常は別の体系である。勘定科目のコード体系（Accounts Code）は，法的に規定されていないため，事業主ごとに自由に設定できる。日本工業規格では勘定科目の情報処理用のコード体系が大分類，中分類，小分類，細分類の四つの粒度で JIS 0406 として規格化されている。これとは別に金融庁の EDINET（Electronic Disclosure for Investors' NETwork）の勘定科目コードが広く用いられている。さらに EDINET では XBRL（eXtensible Business Reporting Language）のタクソノミーが導入されている。この XBRL のタクソノミーは，深い階層を持った XML で財務報告用の情報をさまざまな粒度で作成・表示と計算を行うための標準化の体系である。XBRL はマークアップ言語であるため，その基本的な目的はデジタル文書の構造定義であり，本書で扱ってきた複式状態の代数的な表現とはその設計概念が異なる。我々は代数的実物簿記により複式の状態空間を表現し，離散複式イベントによる変化を拡張されたストックフロー・ダイナミクスとして把握する。その上で，状態間の変換や計算を交換代数に対する関数計算により行うことで，財務情報のみならず環境や生産に関する非財務情報の報告用の情報をさまざまな粒度で

作成・表示するための計算をデータフロー型の疎結合計算により行う。これに対してマークアップ言語である XBRL 上での MATH LINK による計算は XML のツリー構造を探索する手続的な計算であり，その複雑さは RDB に対する SQL 言語での手続的な計算を遥かに上回る。さらに XBRL のオントロジーを与えるために，OWL（Web Ontology Language）や，RDF（Resource Description Framework）を用いるアプローチも XML や RDF に対する手続的な計算であり，これらは会計的な知識や複式簿記の計算に対する知識とは別種の XML に対する知識とプログラミング技能が要求される。

　ここでは，マークアップ言語による会計文書のデジタル文書としての標準化を与える XBRL については論じない。交換代数上では，勘定科目に対するコード間の相互変換は，按分変換を含む振替変換を振替伝票に基づく宣言的なプログラミングで定義・実行可能となる。その振替を定義するのに必要なのは，コード間の対応表だけである。そこで以下では，事業所及びロット単位の商品に対して，現在定義されている国際的なコード体系を前提として，そのコードと事業所が独自に定めた勘定科目がいつでも振替変換で相互翻訳可能であるとして論を進める。

　販売側及び購入側それぞれの取引のデータ伝票の摘要項目を用いて，商品のロット別の追跡やそれに基づくさまざまな監査が可能となるためには，商品別のコードと，それをさらに細分化したロット別商品コードが発行されている必要がある。さらに事業所に対するコードも必要となる。また生産地域を表す地域コードが発行され，その地域コードと事業所が紐づけられていれば，産地偽装などの監査も容易となる。ここではこれらのコード体系の現状を概括すると同時に，必要なコード体系がデータ伝票の勘定科目や摘要に用いられており，そのデータ伝票がロット単位の生産や取引に対して発行され，利用権限に関するセキュリティが担保された環境で蓄積・運用されているとする。

　事業所の識別コードには，EDI などで取引相手の識別に使われている国際標準の企業・事業所識別コード（Global Location Number: GLN）がある。GLN は GS1 事業者コードとロケーションコード＋チェックデジットの合計 13 桁で構成されている。GS1 事業者コードは，日本では「45」または「49」で始まる 9 桁，10 桁または 7 桁の番号が割り当てられる。

　事業所とは別に，商品に関するコードも必要となる。これについては GTIN

（Global Trade Item Number）が国際標準の商品識別コードとして用いられている。GTIN コードは，国内では JAN コード（Japanese Article Number）とも呼ばれる。ただし GTIN コードは事業者と商品を表すための GS1 事業者コードと商品アイテムコードとチェックディジットからなり，商品アイテムコード部分は 3 桁，2 桁または 5 桁となる。GTIN コードは社外との取引に用いられるが，さらに社内で細かく在庫管理や型番管理に用いられるものに，GTIN をベースとした在庫管理単位（Stock Keeping Unit: SKU）がある。さらに，農業などで原料のトレーサビリティを可能とするために，GTINコードを拡張してロットや個別製品を識別できる番号を付加した SGTIN がある［MAFF, 2008］。

　データ伝票を用いた会計情報処理のために，事業所コードやロット単位の商品コードとして，GLN や GTIN 或いはその拡張コードが適宜用いられるとする。

　ただしここで言及した商品コードは，財務会計で広く用いられている，EDINET や JIS 0406 などの情報処理用の勘定科目のコード体系とは異なっている。異なるコード体系の相互運用は，データ処理で常に課題でありまたバグの温床でもある。5 章で扱ったデータ伝票では，摘要部分と交換代数部分を分離し，別オブジェクトとして管理している。ここで扱った事業所コードや，商品コードは，主に特定の条件を満たすデータ伝票をシリアライズされたデータベース上で検索するために用いられる。検索した伝票から何らかの監査や計算をするためには，検索されたデータ伝票の JSON 標準形から交換代数部分を抽出し，それを処理形上のオブジェクトにキャストしてから交換代数上のオペレータによる関数計算を行うものとする。交換代数の基底としての勘定科目は，科目間の振替さえ定義しておけば相互変換は容易である。GTIN コードを勘定科目としてデータ伝票の中で用いたとしても，振替計算で自社の勘定科目と変換することは，コード間の対応表さえあれば振替変換により容易に行える。実際に生産会計を生産現場に導入する際には，勘定科目を GTIN コード或いはその拡張コードとした方が，詳細な在庫管理や生産管理が容易になる。生産会計のデータを報告書や財務会計のデータに用いるときに，振替変換で必要な荒い粒度の報告用の勘定科目体系に変換することは容易である。

6.2.2　コモディティ・フローグラフ

　次に我々は，企業の壁を越えた取引の連鎖の扱いのために，事業所をノードとして，事業所間のロット単位の取引をアークとしたコモディティ・フローグラフと呼ぶ，有向非巡回グラフを定義する。

　ロット別の SGTIN コードのような商品コードが付加された商品と GLN のような事業所コードを用いて，販売側と購入側の商品と事業所が識別されているとする。このとき注目している商品コードを売買している全ての事業所のデータ伝票から，GLN コード単位で事業所をノードとし，どの事業所からどの事業所へその商品コードの財を販売したかをアークとした有向グラフを構成することができる。この有向グラフは，データ伝票の摘要情報から特定の商品コードの売買に係る伝票を全て検索した上で，売手の事業所から買手の事業所の向きで矢印を決めることで定義できる。この有向グラフのノードは売買の主体を GLN で示したもので，アークは売手から買手の方向で売買が行われたことを示す。

　なおこの有向グラフでは，同じ商品コードに関する売買の流れで，ある主体を始点とするアークが同じ主体のところに戻ってくる巡回経路がないと仮定する。これは販売した商品を，販売先（販売先の販売先を含む）の企業から購入することはないことを意味する。グラフ論的には，有向グラフに閉路がないことに対応する。ただし販売先と何らかの売り戻し契約があるときは，キャンセル扱いとして，逆向きの取引とはみなさない。この閉路がないという条件を満たす有向グラフはグラフ理論で，有向非巡回グラフ（Directed Acyclic Graph: DAG）と呼ばれる。

定義 6.1　コモディティ・フローグラフ　CFG[a]

　Ωを，事業所を識別するための GLN コードのような事業所コードの集合とする。W を，商品を識別するための GTIN コードのような商品コードの集合とする。

　DSlip を，データ伝票の集合とする。

　DSlip[a]，a∈W を，商品コード a を売買商品コードとするデータ伝票の集合とする。

　アークの集合，R[a]⊆Ω×Ω を，(x, y)∈R[a] iff. d∈DSlip[a] かつ x は d の売手コード，y は d の買手コード，と定義する。これにより商品コード a の商品に対し直接売買関係にある事業所の間に，売手から買手に向けての

170

矢印が順序対として定義される。さらにアークには，$\neg\exists x \in \Omega\,(x,\,s) \in R[a]$ となる特別なノード s が存在するとする。これは任意の $x \in \Omega$ に対して $(x,\,s) \notin R[a]$ ということでもあり，このような s をこのグラフの始点と呼ぶ。つまり，CFG[a]＝$(\Omega,\,R[a])$ は一点だけ始点となるノードを持つグラフである。これは商品コード a の商品は，s が唯一の製造販売元（Seller）ということになる。

　このとき，CFG[a]＝$(\Omega,\,R[a])$ を商品コード a に対するコモディティ・フローグラフと呼ぶ。また CFG[a] の始点 s を s＝Starting_Node[CFG[a]] で表すこととする。

　コモディティ・フローグラフは仮定から一点だけの始点 Starting_Node[CFG[a]] を持つ有向非巡回グラフとなっている。CFG[a] は一つの事業所で生産され商品コードがつけられた商品を対象としているため，始点を一つしか持たないと仮定したが，必要に応じて $a \in A$ となる，商品コードの集合 A に対して，CFG[a] を束ねたグラフを想定して議論する。

　なお，5.2 で扱った見積り書のデータ伝票表現の例では，商品コードも事業所コードも使われていない単純な例だったが，ここではデータ伝票の摘要欄のキーに，売手コード欄，買手コード欄，売買商品コード欄が設定されており，売手，買手の事業所コードと商品コードが記載されているものとする。

　コモディティ・フローグラフは，事業所コードをノードとし，その間の売買関係をアークとする有向非巡回グラフであり，そこではアークに，実物計測の販売量などの重みは付加されていない。しかし必要に応じて，商品コードごとのデータ伝票の集合 DSlip[a] から，アークに対して関心に応じた重みを計算して付与することで，重みつきグラフとすることもできる。また逆にグラフのノードから，関係するデータ伝票集合を検索して必要な情報を関数計算により取り出すこともできる。例えば，商品コード a のノード v での実物計測での販売量は，a に関し v が売手のデータ伝票を検索し，そこから出荷伝票を抽出し，その販売を表す交換代数 x に対して |Projection[<a, a の実物計測単位>](x)| で求められる。これを実物計測での重み付きコモディティ・フローグラフと呼ぶ。

この商品コードごとに定義される有向非巡回グラフであるコモディティ・フローグラフは，商品の生産から流通，中間投入，投資の流れを示すグラフとなっている。これは国民経済計算で扱う商品の流れ（コモディティフロー）そのものといってよい。コモディティフローは，国内総生産を推計する物的推計法で計測されるが，その経路での財の流れの分岐比率などのパラメータは，産業連関表をもとに推計されるため，経路の推計も含め5年に1度の改訂頻度となっている。

　もしリアルタイムにデータ伝票を蓄積し，企業の商売上の秘密を秘匿したまま，そこから政策上必要な統計データを抽出する，或いはさまざまな監査をすることができれば，従来の加工統計での工業統計調査などに基づくコモディティフローの推計よりも遥かに細かい粒度と短いタイム・インターバルで政策上必要な統計データを構成することが可能となる。なお国民経済計算のコモディティフローの推計で用いる商品分類はコモ8桁コードという一番細かいコードでおよそ 2200 種類程度である。これは GTIN コードと比べるとずっと荒いが，これもコード間の振替によって状態量の変換は容易である。

　一般に有向非巡回グラフは，ノード間に半順序関係を導くことができる。

定義 6.2　コモディティ・フローグラフから導出される半順序集合（Partially Ordered Set）POS（CFG[a]）

　CFG[a]＝(Ω, R[a]）を商品コード a に対するコモディティ・フローグラフとする。

　このとき，CFG[a]から次のように構成された Ω 上の二項関係＜を定義する。

　POS（CFG[a]）＝(Ω, ＜)iff

　　1）(u, v)∈R[a] → u＜v

　　2）u∈Ω　u＜u

　　3）u＜v and v＜w → u＜w

　　4）u＜v and v＜u → u＝v

　このとき，(Ω, ＜)は，次の半順序関係の公理を満たす。

　　(1) u＜u≡(u, u)∈R[a]（反射率）

　　(2) u＜v and v＜w → u＜w（推移率）

　　(3) u＜v and v＜u → u＝v（反対称率）

　これは（1）は定義の2）から，（2）は3）から，（3）は4）から明らか。
ゆえに，POS（CFG[a]）＝（Ω，＜）は半順序集合となる。この半順序関係＜
を，商品コードaの取引順序関係と呼ぶ。ただし有向非巡回グラフは閉路を
持たないので反対称率で前提を満たすのは，u＜uだけになる。なお半順序
関係では，推移率が成り立っているが，コモディティ・フローグラフは，u
からvに販売取引があり，vからwに販売取引があるからといって，uから
wに取引があるとはいえない。つまり推移率が一般になりたたない。

　s＝Starting_Node[CFG[a]]でコモディティ・フローグラフの始点となる
事業所を示す。これはPOS（CFG[a]）の最小元となる。

　End_Nodes_Set[CFG[a]＝{x｜∀y∈Ω：￢（x＜y）}をCFG[a]の極大ノー
ドとなる事業所の集合とする。ただし，POS（CFG[a]）＝（Ω，＜）はCFG[a]
から生成される半順序集合とし，コモディティ・フローグラフCFG[a]は最
小ノードを持つと仮定した。これはPOS（CFG[a]）が最小値を持つことに対
応する。特定の商品のロットごとに商品コードが与えられていることから，
あるコードの商品を生産し出荷する最初の主体は一つである。これに対し
て，商品の売り先は，中途で量が分割され販売された場合には複数にわた
る。したがってある時点での特定コード商品の有向非巡回グラフは，最小
ノードを一つ，極大ノードを一つ以上持つことになる。ある時点での極大
ノードとなる企業や個人は，その商品を在庫或いは投入した状態にある。一
般に最小ノードで出荷した商品の実物計測単位での量は，極大ノードで購入
した商品の実物計測単位での量の総和より小さい。これは中途のCFG[a]の
ノードで，一部が販売されず在庫されているか生産に投入されている或いは
毀損された可能性があるからである。これらがないという仮定の下では，最
小ノードで出荷した商品の実物計測単位での量は，極大ノードで購入した商
品の実物計測単位での量の総和と等しくなる。これは逆に，極大ノードとな
る事業所で購入した商品の実物計測単位での全体量が最小ノードの事業所で
出荷した商品の実物計測単位での量より大きければ，その商品は，コモディ
ティ・フローの途中で，コードが偽装されるなどして不正販売されたなど，
何らかの不正が生じたことになる。これらを厳密に論じるためには，さらに
コモディティ・フローグラフの商品の種別や，地域別の集約についての定義
を必要とする。

【コモディティ・フローグラフの集約】

　ロット別商品コードに基づくコモディティ・フローグラフに対して，商品のグループコード概念を導入することで，商品のカテゴリー別或いは，産地など生産地域別にコモディティ・フローグラフを集約することが可能となる。商品のグループコードとは，一般にある粒度で識別された商品名或いはそのコードである。ロット別商品コードはそれをさらに細分化したものだが，同一カテゴリーの商品であることを示すのが商品のグループコードである。

　商品のグループコードを導入することで，グループコードに対応するロット別商品コードの集合を定義できる。さらに特定の産地を示す地域コードを定義することでその産地に対応する事業所コードの集合を定義できる。

　例えば「Apple」を商品グループコードとする。これに対して，ロット単位の商品コードが，Apple_1234，Apple_234 のように与えられているとする。このとき商品グループコード Apple に対する，商品のグループコード集合を例えば，

Comodity_Code_Set[Apple]

＝{Apple_1234, Apple_234, …}のように定義する。同様に「Aomori」を地域コードとした上で，地域別の事業所コード集合が

Regional_Company_Code_Set[Aomori]

＝{Com_4523…, Com_4512…, …}のように定義されているとする。

　これらはいずれも，ロット別商品コードと，事業所コードに対して別途定義しておく必要がある。グループコードに基づく商品コード集合を用いることで，コモディティ・フローグラフを商品グループコード別に集約することができる。

　同様に地域コードに対応する，地域別の事業所コード集合に属する事業所を用いて，その地域を産地とする商品グループコードを持つ商品のコモディティ・フローグラフを集約することができる。

　A を商品のグループコード，Comodity_Code_Set[A]をそのグループコード集合とすると，

Comodity_Graph_Set[A]＝{G|G=CFG[a], a∈Comodity_Code_Set[A]}は，A のグループコード集合に属する商品コードに対応するコモディティ・フローグラフの全体となる。これは CFG[A]とも記し，商品グループコードで集約したコモディティ・フローグラフと呼ぶ。

　例えば，国民経済計算のコモディティ・フロー法で用いられる商品分類である，コモ 8 桁分類，コモ 6 桁分類，コモ 22 分類のそれぞれを商品のグループコード，Como8digit, Como6digit, Como22kind とすると，そのグループコード集合は次のように記すことができる。

Grop_Code_Set[Como8digit]

Grop_Code_Set[Como6digit]

Grop_Code_Set[Como22kind]

　これらから，国民経済計算のコモ法に対応するコモディティ・フローグラフを得ることができる。

CFG[Como8digit]＝

{G|G＝CFG[a], a∈Comodity_Code_Set[Como8digit]}

CFG[Como6digit]＝

{G|G＝CFG[a], a∈Comodity_Code_Set[Como6digit]}

CFG[Como22kind]＝

{G|G＝CFG[a], a∈Comodity_Code_Set[Como22kind]}

　このグラフは，データ伝票の集積から得ることができ，さらにコモディティ・フロー法で必要な，それぞれのノードでの販売量，中間投入量，投資量，在庫量，減損量なども対応するデータ伝票を検索して計算することができる。これは理論上，データ伝票のリアルタイムの集積から，コモディティ・フロー法のデータがリアルタイムに集約できることを意味する。ただしコモディティ・フローグラフは，商品の流通経路のグラフであり，生産工程での投入産出によりある財が別の財に変化するプロセスは含まれていない。

　同様に地域コード V と商品グループコード A から，その地域で生産されかつ商品グループコード集合に属するコモディティ・フローグラフの集合が，次のように定義できる。

Comodity_Graph_Set[A;V]＝CFG[A;V]

＝{G|G＝CFG[a], a∈Comodity_Code_Set[A] & Starting_Node[CFG[a]]

∈Regional_Company_Code_Set[V]}

　これは商品コード a に関するコモディティ・フローグラフで，その始点となる事業所コードが地域コード V の事業所コード集合に属している，即ち特定の地域で生産された商品グループコード集合に属するコモディティ・フ

ローグラフの全体となる。

6.3　コモディティ・フローグラフ上でのリアルタイム監査

6.3.1　企業組織内でのリアルタイム監査の課題

　現在連続監査（Continuous Auditing）或いはリアルタイム監査という概念が注目を集めている。これは ICT 技術や AI を使い，監査をリアルタイムに連続的に行えるようにするという構想である［CICA & AICPA, 1999］［AICPA, 2015］。本節では，近年着目されているリアルタイム監査（Real Time Auditing）について，多元的実物簿記に基づく POE データの記述とそれに基づく会計監査という視点からこれを論じる。現時点ではこの連続監査は，デジタル時代の会計情報をリアルタイムに利活用して，従来の財務会計の監査を補完するものとして認識されている。しかしリアルタイム監査のためのタイムインターバルの短い，粒度の細かいデータとして，財務会計のデータのみならず，生産会計のデータを含むようになれば，その監査のスコープも広がることが期待できる。

　会計公準では，一定期間ごとに決算を行い，財務諸表を作成することを定めている。他方で，さまざまな取引は，離散イベントとしてそれが生じた時点で，伝票として仕訳される。これを数式表現で，POE データとして捕捉することで，リアルタイムにさまざまな財務会計指標の把握が可能となる。さらに本書で論じてきたように，生産会計での POE データも含むのであれば，従来の生産管理を含む形で多くの非財務情報に関するマネジメント上の指標をリアルタイムに把握して，組織のマネジメントに活かすことができる。これには実現された取引のみならず，受注段階での見積などの POE データも含む。

　これら多彩な複式 POE データに対して，会計監査を短い時間インターバルで，より細かい粒度で行うことについて考察する。財務会計の会計期間は四半期単位で，実際にロットでの生産活動が行われるタイムインターバルよりも遥かに長いのが普通である。これは，経営システムが，経営上の何らかの変化に対する応答のインターバルである時定数が短いにもかかわらず，会計監査が遥かに長いインターバルで行われていることを意味している。

　本書で着目するのは，いわゆる不正会計すなわち法令など組織が遵守すべ

き規範に対しての逸脱に対する会計監査である。代表的な不正会計の手口には，売上の水増し，費用先送り・損失隠し，循環取引などがある。これらの不正を監査により見抜くためには，四半期単位の財務会計の情報だけからでは困難が伴う。より時間間隔が短く，個々の取引に目配りするなどの粒度の細かい会計情報が必要となる。

　現在，連続監査あるいはリアルタイム監査として注目されているのは，主にこうした不正に対する監査となる。財務会計の日々の伝票を ERP などの会計情報システムから抽出することで，時間間隔が短く粒度の細かい情報に基づきリスクを分析することがある程度可能となる。そこでは，リスクを分析する手法と，監査機関が財務データの流出などのリスクのないセキュアな手法でデータを分析することが求められる。

　しかし製造業であれば，売り上げの水増し，費用先送り・損失隠し，循環取引などの脱法取引には，仕掛品や原料在庫，製品在庫の管理が密接に関係する。財務会計の情報だけでなく，受発注情報や在庫情報を生産管理の情報と紐づけ粒度の細かい測定と記述を多元実物簿記で行うことが，企業の壁を越えて求められる。

6.3.2　コモディティ・フローグラフ上でのリアルタイム監査の課題

　取引の記述は，企業会計では販売や購入の記録の基本となる。金融商品を含め財の移動とそれに伴う収益，損失の発生は財務会計では，取引の行われた時点や変化の認識時点で発行される仕訳伝票により記述される。しかしそれは，会計公準に従った当該の企業の境界の内部での変化の記述である。したがって財務会計の売上伝票は，企業間のトレーサブルな形のトランザクションデータに読み直すことはできない。また金額表示の取引情報からは，量的な生産や中間投入，販売，在庫投資，設備投資などの情報は得られない。

　他方で，もし企業間の取引連鎖それ自体がデータ伝票を通じての物量表示と，物量と価格の間の振替計算を経由した金額表示との両建てで記録され，それがコモディティ・フローグラフを通じてトレーサブルになるならば，組織間関係から国レベルまでさまざまな企業の壁を越えたマネジメントが可能となる。本節ではこの課題を簡単な事例を通じて扱う。

　サービスサイエンスでは，Value in Use（使用価値）と Value in Exchange（交換価値）の区別が基本となる。この二つの価値の生産会計での扱いにつ

いては，すでに 3.5，3.6，3.8 で論じた。製造のプロジェクトによって生成される財には，ものとして生産され交換され流通される財と，生産されたその場で物的資本サービスや人的資本サービスとして製造プロセスへ投入されるか，人的資本の質を維持改善するために人的資本へと投入されるサービス財がある。後者の代表例は医療サービスであり，医療サービスの投入産出は，病態ごとにクリニカルパスで示される。クリニカルパスを構成する個々の医療タスクでは，診察や検査，治療が医療サービスとして生成され，それが保険点数と交換で患者に販売され，投薬を除きその場で患者＝人的資本へと投入される。

　他方で，物やエネルギーはサプライチェーンを通じて原料としての投入や製品の在庫投資，設備投資に用いられ，最終的に減耗し，除却される。これらを実物簿記で活動時点データとしてそれぞれのイベントの発生地点で把握し，蓄積し，必要に応じて必要なスコープで集約することが求められる。これについては，インボイスが世界的にデジタルデータとして流通するようになりつつある中で，それを制度的にも情報処理的にもどのように利活用できるかが課題となりつつある。

　現在デジタル化の進んでいる PEPPOL（Pan European Public Procurement Online）を用いたデジタルインボイスのデータのオントロジーは，そのマークアップ言語でのデジタル文書の構造定義の中に，実質的に実物簿記での複式のトランザクションの中身と取引の摘要データの中身を含んでいる。ただしそれは拡張された複式のストック・フロー状態を表す状態変数オブジェクトとしては定義されていない。PEPPOL のインボイスのデータ構造を系統的にデータ伝票の形式に組み替えることができれば，複式のストック・フロー状態の代数的オブジェクトによる表現や，交換代数上のデータフロー型の計算が可能となる。

　本書では前節で論じたように，取引に関するデータ伝票の集合から抽出した，ロット単位での製品の売手と買手の事業所間の取引の集合を，始点となる製造元の事業所ノードを 1 点だけ持つ有向非巡回グラフ有向グラフとして把握して，サプライチェーン概念の構造化を行った。次のステップで，コモディティ・フローグラフを用いてさまざまな組織間監査をリアルタイムに行うことが課題となる。

　組織間に関する監査概念は，会計学での連続監査の延長上にあると同時に，経済システムの動向をリアルタイムに捕捉しようというリアルタイム・

エコノミーの構想とも密接に関係する。リアルタイム・エコノミーの構想
は，エストニアの電子政府での行政や企業サービスのデジタル化とワンス
トップサービスの進展などに触発されて出現した［Siegale, 2002, Akagi,
2022, Deguchi, 2023］。ただし現時点でのリアルタイム・エコノミーの構想
では，デジタルインボイスのようなタイムインターバルの短いさまざまなデ
ジタルデータを利活用可能することで，経済システムに対する新しい運営が
可能になるというビジョン以上の具体的なシステムの構築案は提示されてい
ない。

　リアルタイム・エコノミーも連続監査も，会計情報や取引情報のデジタル
化の進展を受けてほぼ同時期に生じてきた構想である。ビジネスで利活用す
る諸情報がデジタル化して，それが生産から流通，ビジネス取引全般に至る
中で，これらの構想がクロスオーバーするところに，ロット単位の生産か
ら，企業，企業間関係，国民経済などのさまざまなスコープを対象とした，
さまざまな情報の取得と利活用，監査が可能となる。

　現在の市場は，取引の連鎖を保存してそれを取引上の秘匿事項を担保した
まま社会的な利活用を促進する形にデザインされていない。その理由の一つ
には取引データ捕捉と，そのデータレジスターへの蓄積のための社会インフ
ラが構築されていないという問題がある。前者は現在，デジタルインボイス
が普及し始めており，徐々に捕捉されるデータは増えるだろう。だが捕捉し
たデータの蓄積と利活用はまだ進んでいない。

　取引データの利活用のもう一つの課題に，品目ごとに固有の計測単位を用
いた取引の量的データの利活用が進んでいないことがある。デジタルインボ
イスも，B2C のレシートも，医療のレセプトデータも，取引データとして
品目と同時に量の記載がある。

　商品の販売価格は，直接の取引相手以外には秘匿性が高い。価格は取引主
体 A–B 間と，B–C 間では同一ではない。直接の取引相手である A–B，B–C
の二者間では販売価格はそれぞれ共有されるが，A–C 間では取引価格は共
有されない。B にとって仕入れ価格と販売価格の差を知られることは，ビジ
ネスの戦略に関する重要情報の漏洩とみなされる。

　実物簿記を導入することでこの困難を回避することができる。その上で，
前説で論じたように生産のロット単位の粒度で商品コードのついた商品に関
して，サプライチェーンに関する監査がどのように可能となるかを論じる。

　1）商品の主体間での取引の連鎖に関する追跡可能性の保証，2）二重売

買がないこと（唯一性）や循環取引のないことの認証，3）取引のコモディティ・フローグラフに特定の事業所が含まれるかの認証（例：反社会或いは機微技術管理），4）特定の主体（開始ノード）から始められた取引であることの認証などのさまざまな監査が，目的と権限に応じて可能となるような仕組みを実物簿記と摘要データからなるデータ伝票を蓄積したデータレジスターの記録を基盤に実現することが課題となる。

　さらにその次のステップで，データレジスタ上に蓄積された取引の連鎖の情報と，財やサービスの生産のプロジェクトの実物複式情報を統合することができれば，国民経済計算で統計データから構築されていたコモディティーフローの計測を遥かに詳細で，時間隔の短い統計として再構築するという道筋が見える。

　ID で識別される商品やそれに付随する情報について，追跡可能性（トレーサビリティ）を担保して，その経路上の取引の監査を行うためには，調査客体の秘匿情報の保全のために，次の要件を満たす必要がある。まず当該の 2 主体間の取引の一つ一つがその 2 主体しか知り得ない情報として記述されること。次にそれが他者に漏れないように保管され，その上で 2 主体間の取引の連鎖として商品が流通するとき，それぞれの二者間取引の情報が当該の二者間のペア以外には漏洩しないこと。さらに何らかの権限の範囲で，この取引の連鎖に対して，取引の始点を知る，或いは統計的なデータや指標を計測するなどの監査請求があったときに，データが漏洩しない「非開示計算」が行われる必要がある。なお非開示計算については，6.5 で論じる。

　次に簡単な事例としてリンゴを A から B，B から C へと販売する取引の連鎖を通じてここでの議論の計算や監査の具体例を示す。一般に取引が価格評価による記述であった場合には，価格情報は A，B 間でも，B，C 間でも販売価格として共有される。しかし，C は A の販売価格を知る立場にはない。取引主体 B が A からリンゴを仕入れて，C に販売するとき，A の販売価格を C も共有するということになれば，C が B の仕入れ価格と販売価格の両方を知ることになる。これは B の利潤を C に知られるということで，B にとって許容できない情報共有になる。
　他方で，B が A からリンゴ 2kg を仕入れて，C に 2kg 販売したという実物単位での記述は，実際に財としてのリンゴが取引を通じてどれだけ量的に

移転したかを示す情報となる。Aから仕入れたリンゴについて，Bにとって
C以外の販売先やリンゴを原料としての生産プロセスへの投入，あるいは在
庫投資がない場合は，BのAからの仕入れ量とBのCへの販売量は同じに
なる。

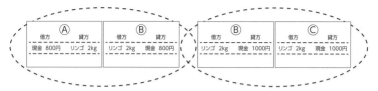

図6.3.1　取引の連鎖のテーブル表現 A-B, B-C

この取引の連鎖の情報がデータ伝票のJSON形式でデータレジスタに蓄
積され，検索可能であり，かつ検索した交換代数のデータに対して非開示計
算が可能とする。このとき，取引情報の非改竄監査，取引の一意性の監査，
取引の出発点の監査など，取引の連鎖に対するトレーサビリティ計算に基づ
いたさまざまな監査計算が可能となり，監査結果を提供するシステムが構築
できる。

取引主体AからB，BからCへと販売され流通した財に対して認証を要
請する事例を考える。そこでの実物簿記による取引記述は，以下のように記
される。これは簡易化されたインボイスとみなされる。

(1) AからBにリンゴ2kg販売した取引のデータ伝票

AからBにリンゴ2kgを800円で販売した取引は次のように示される。
ここでは勘定科目には一般的な財の名称を使っており，摘要情報にはロッ
ト別のユニークな商品コードとして apple_243 を記述する。

X1[A:Sell]＝2^＜リンゴ, kg＞＋800＜現金, 円＞

X1[B:Buy]＝2＜リンゴ, kg＞＋800^＜現金, 円＞

簡単のため，この取引に対する摘要は，取引される財であるリンゴの売
買取引でのロット別の商品コード（apple_243）と取引先に関する事業所
コードの集合Ω＝{A, B, C}及び取引に付与されるユニークコードである
取引IDのみとし，次のように示されるものとする。なお取引IDは売り
買いの両側の取引記述で同一となる。

Y1[A:note]＝apple_243＜財ID, literal＞＋A＜販売元, literal＞＋B＜販

売先, literal＞＋tran_01＜取引 ID, literal＞

Y1[B:note]＝apple_243＜財 ID, literal＞＋B＜購入元, literal＞＋A＜購入先, literal＞＋tran_01＜取引 ID, literal＞

これに対して，データ伝票は次のように集合論的に表示されるものとする。

A のリンゴ販売のデータ伝票：＜X1[A:Sell], Y1[A:note]＞

B のリンゴ購入のデータ伝票：＜X1[B:Buy], Y1[B:note]＞

(2) B から C にリンゴ 2kg 販売した取引のデータ伝票

B から C にリンゴ 2kg を 1000 円で販売した取引は次のように示される。摘要情報には同様にロット別のユニークな商品コードとして apple_243 を記述する。

X2[B:Sell]＝2^＜リンゴ, kg＞＋1000＜現金, 円＞

X2[C:Buy]＝2＜リンゴ, kg＞＋1000^＜現金, 円＞

Y2[B:note]＝apple_243＜財 ID, literal＞＋B＜販売元, literal＞＋C＜販売先, literal＞＋tran_02＜取引 ID, literal＞

Y2[C:note]＝apple_243＜財 ID, literal＞＋C＜購入元, literal＞＋B＜購入先, literal＞＋tran_02＜取引 ID, literal＞

B のリンゴ販売のデータ伝票：＜X2[B:Sell], Y2[B:note]＞

C のリンゴ購入のデータ伝票：＜X2[C:Buy], Y2[C:note]＞

定義 6.3　データ伝票集合　DataSlipSet[a, Γ]

1) 商品ロット ID 別のデータ伝票集合 DataSlipSet[a, Γ]

今，a∈W をロット別商品コード，W はその集合とする。データ伝票を要素とする集合を Γ とする。

以下では単純化のために，データバインダーを省略し，取引のデータ伝票が取引のデータレジスタ上に格納されているとする。このデータレジスタ上のデータ伝票を要素とする集合 Γ としている。このデータ伝票を要素とする集合 Γ から，あるロット別商品コードを持つデータ伝票を全て抽出した集合を，商品ロット ID 別のデータ伝票集合と呼び，DataSlipSet[a, Γ] で示す。

DataSlipSet[a, Γ]＝{ω | ω ＝ ＜X, Y＞, ω∈Γ, Projection[＜財 ID, literal＞](Y)＝a＜財 ID, literal＞}

2）商品ロット ID 別の販売側データ伝票集合　DataSlipSet_Sell[a, Γ]

DataSlipSet[a, Γ]＝{ω｜ω＝＜X, Y＞, ω∈DataSlipSet[a, Γ],
Projection[＜販売元, literal＞](Y)≠null}

商品ロット ID 別の販売側データ伝票集合は，商品ロット ID 別のデータ
伝票集合から，販売側のデータ伝票を取り出したもの。

3）商品ロット ID 別の購入側データ伝票集合　DataSlipSet_Buy[a, Γ]

DataSlipSet_Sell[a, Γ]＝{ω｜ω＝＜X, Y＞, ω∈DataSlipSet[a, Γ],
Projection[＜購入元, literal＞](Y)≠null}

商品ロット ID 別の購入側データ伝票集合は，商品ロット ID 別のデータ
伝票集合から，購入側のデータ伝票を取り出したもの。

定義から，DataSlipSet[a, Γ]＝DataSlipSet_Sell[a, Γ]∪DataSlipSet_
Buy[a, Γ]が成り立つ。

定義 6.4　データ伝票集合からの交換代数抽出集合　ExtractExalge（Data-
SlipSet[a, Γ]）

ExtractExalge(DataSlipSet[a, Γ])＝{X｜ω＝＜X, Y＞, ω∈DataSlipSet
[a, Γ]}

同様に，販売側，購入側のデータ伝票集合から交換代数部分を抽出するこ
とができる。

ExtractExalge(DataSlipSet_Sell[a, Γ])＝{X｜ω＝＜X, Y＞, ω∈Data-
SlipSet_Sell[a, Γ]}

ExtractExalge(DataSlipSet_Buy[a, Γ])＝{X｜ω＝＜X, Y＞, ω∈Data-
SlipSet_Buy[a, Γ]}

定義 6.5　交換代数抽出集合の和を交換代数チェインと呼ぶ。

ExalgeChain(DataSlipSet[a, Γ])
＝Σ{X｜X∈ExtractExalge(DataSlipSet[a, Γ])}

定義の事例　リンゴの A–B，B–C 間での取引での定義 6.1, 6.2, 6.3, 6.4,
6.5 の事例

今，Γ⊇A＝{＜X1[A:Sell], Y1[A:note]＞, ＜X1[B:Buy], Y1[B:note]＞,
＜X2[B:Sell], Y2[B:note]＞, ＜X2[C:Buy], Y2[C:note]＞}とする。ただ

しΓには，A以外にapple_243を摘要に含む取引はないものとする。また事業所コードの集合Ω＝{A, B, C}とする。

1）コモディティ・フローグラフ　CFG[apple_243]

　　CFG[apple_243]＝(Ω, R[a])＝({Λ, B, C}, {(A, B), (B, C)})

　　これを矢印で表示すると，A→B→C, Starting_Node[CFG[apple_243]]＝Aとなる。

　　重み付きコモディティ・フローグラフのアークのウェイトは，Weight((A, B))＝2, Weight((B, C))＝2となる。

　　このアークの集合は下記のデータ伝票集合で，販売元と販売先の事業所コードから得られる。なおアークは，定義から売手側のデータ伝票から求められている。これは現在のインボイスが，売手側により発行されているためそれに定義を合わせているためである。

　　もしこの商品をBがCに1kg，Dに1kgと分割して販売していたときには，

　　CFG[apple_243]＝(Ω, R[a])＝({A, B, C, D}, {(A, B), (B, C), (B, D)})となる。このときは，アークのウェイトは，Weight((A, B))＝2, Weight((B, C))＝1, Weight((B, D))＝1となる。

2）コモディティ・フローグラフから導出される半順序集合　POS(CFG[a])

　　POS(CFG[apple_243])＝(Ω, ＜), Ω＝{A, B, C}

　　A＜A, B＜B, C＜C, A＜B, B＜C, A＜C

　　最小元はCFG[apple_243]の始点Starting_Node[CFG[apple_243]]と同じでAとなる。

　　極大元はCとなる。なお，商品をBがCに1kg，Dに1kgと分割して販売していたときには，極大元は，CとDになる。

3-1）データ伝票集合　DataSlipSet[apple_243, Γ]

　　＝{ω｜ω＝＜X, Y＞, ω∈Γ, Projection[＜財ID, literal＞](Y)＝apple_243＜財ID, literal＞}

　　＝{＜X1[A:Sell], Y1[A:note]＞, ＜X1[B:Buy], Y1[B:note]＞, ＜X2[B:Sell], Y2[B:note]＞, ＜X2[C:Buy], Y2[C:note]＞}

　　＝{＜2^＜リンゴ, kg＞＋800＜現金, 円＞, apple_243＜財ID, literal＞＋A＜販売元, literal＞＋B＜販売先, literal＞＋tran_01＜取引ID, literal＞＞,

<2＜リンゴ, kg＞＋800＾＜現金, 円＞, apple_243＜財ID, literal＞＋B
＜購入元, literal＞＋A＜購入先, literal＞＋tran_01＜取引ID, literal＞＞,
＜2＾＜リンゴ, kg＞＋1000＜現金, 円＞, apple_243＜財ID, literal＞＋B
＜販売元, literal＞＋C＜販売先, literal＞＋tran_02＜取引ID, literal＞＞,
＜2＜リンゴ, kg＞＋1000＾＜現金, 円＞, apple_243＜財ID, literal＞＋C
＜購入元, literal＞＋B＜購入先, literal＞＋tran_02＜取引ID, literal＞＞}

3-2) 販売側データ伝票集合　DataSlipSet_Sell[a, Γ]
DataSlipSet_Sell[a, Γ]＝{ω｜ω＝＜X, Y＞, ω∈DataSlipSet[a, Γ],
Projection[＜販売元, literal＞](Y)≠0}
＝{＜2＾＜リンゴ, kg＞＋800＜現金, 円＞, apple_243＜財ID, literal＞＋
A＜販売元, literal＞＋B＜販売先, literal＞＋tran_01＜取引ID, literal＞＞,
＜2＾＜リンゴ, kg＞＋1000＜現金, 円＞, apple_243＜財ID, literal＞＋B
＜販売元, literal＞＋C＜販売先, literal＞＋tran_02＜取引ID, literal＞＞}

3-3) 購入側データ伝票集合　DataSlipSet_Buy[a, Γ]
DataSlipSet_Buy[a, Γ]＝{ω｜ω＝＜X, Y＞, ω∈DataSlipSet[a, Γ],
Projection[＜購入元, literal＞](Y)≠0}
＝{＜2＜リンゴ, kg＞＋800＾＜現金, 円＞, apple_243＜財ID, literal＞＋
B＜購入元, literal＞＋A＜購入先, literal＞＋tran_01＜取引ID, literal＞＞,
＜2＜リンゴ, kg＞＋1000＾＜現金, 円＞, apple_243＜財ID, literal＞＋C
＜購入元, literal＞＋B＜購入先, literal＞＋tran_02＜取引ID, literal＞＞}

4) 交換代数抽出集合　ExtractExalge(DataSlipSet[apple_243, Γ])
＝{X｜ω＝＜X, Y＞, ω∈Γ, Projection[＜財ID, literal＞](Y)＝apple_
243＜財ID, literal＞}
＝{X1[A:Sell], X1[B:Buy], X2[B:Sell], X2[C:Buy]}
＝{2＾＜リンゴ, kg＞＋800＜現金, 円＞, 2＜リンゴ, kg＞＋800＾＜現
金, 円＞, 2＾＜リンゴ, kg＞＋1000＜現金, 円＞, 2＜リンゴ, kg＞＋
1000＾＜現金, 円＞}

5) 交換代数チェイン　ExalgeChain(DataSlipSet[apple_243, Γ])
＝Σ{X｜X∈ExtractExalge(DataSlipSet[apple_243, Γ])

=2^＜リンゴ, kg＞＋800＜現金, 円＞＋2＜リンゴ, kg＞＋800^＜現金, 円＞＋2^＜リンゴ, kg＞＋1000＜現金, 円＞＋2＜リンゴ, kg＞＋1000 ^＜現金, 円＞

　本節では，取引の連鎖をコモディティ・フローグラフとして把握する事例を扱ってきた。これらに基づき，サプライチェーン上のトレーサビリティに関連した監査事例を示そう。本来リアルタイム監査の主要な対象は，企業内の取引の記録である。だがそれにはどのようなデータをどのような形で，データ伝票に格納し，データレジスター上に蓄積するかの仮定が必要となる。生産会計では，3，4章で扱ったように，生産の投入産出仕訳や，そこに地球温暖化ガスや廃棄物などのバッズを含めた仕訳を扱う。これらが生産と環境のデータレジスターに保存され，企業の非財務報告書や国民経済計算での環境勘定に生かされるのみならず，生産工程やそこでの環境に関する何らかの監査項目を新たに定義し監査することも可能であり，今後の大きな課題となる。

　以下では，サプライチェーン上のトレーサビリティに関する簡単な監査の事例を扱う。
1) 取引の追跡可能性の監査
　　商品の取引の連鎖に関する追跡可能性の保証は，その商品 ID に対して連結した（途切れて二つ以上に分解されていない）有向非巡回グラフとしてのコモディティ・フローグラフを生成できることを意味する。

2) 循環取引がないことの監査
　　コモディティ・フローグラフは，有向非巡回グラフであり，当該の商品 ID に対してコモディティ・フローグラフが生成できることは，循環取引がないことを意味する。

3) 二重売買がないこと（唯一性）の監査
　　同じ品物を二重に販売するという二重売買は，何らかの偽造により行われる。この偽造そのものを取引データだけから見抜くことは難しいが，二重売買が行われた結果，取引量に矛盾を来すことを見出すことは可能である。

　上記の例では，もし A の販売量よりも C の購入量が多ければ矛盾が生じていることになる。なお中途の B で例えばリンゴジャムの生産のような生産工程での原材料としての投入や在庫が生じているかもしれないので，A の販売量と C の購入量は等しくなるとは限らず，矛盾の生じる条件は，A の販売量よりも C の購入量が多いこととなる。なおデータレジスターに，生産情報や在庫情報も格納されているのであれば，等式で条件を記述することも可能である。また B が C と D に apple_243 を分割して販売しているときは，D と C の購入量の総和が，A の販売量よりも大きいという条件になる。

　これを式で示すと次のようになる。

　最小ノード A の販売量　Sell_QT[A, apple_243]

　＝|Projection[^＜リンゴ, kg＞]

　(ExtractExalge(DataSlipSet[apple_243, {＜X1[A:Sell], Y1[A:note]＞}]))

　＝|Projection[^＜リンゴ, kg＞](X1[A:Sell])|＝|2^＜リンゴ, kg＞|＝2

　極大ノード C の購入量　Buy_QT[C, apple_243]

　＝|Projection[＜リンゴ, kg＞]

　(ExtractExalge(DataSlipSet[apple_243, {＜X2[C:Buy], Y2[C:note]＞}]))

　＝|Projection[＜リンゴ, kg＞](X2[C:Buy])|＝|2＜リンゴ, kg＞|＝2

　ここで Sell_QT[A, apple_243]≧Buy[C, apple_243]が満たされない，つまり A の販売量より C の購入量が多いとすると，どこかで商品コードの書き換えなどによる二重売買の不正が生じたことになる。なおここでは B での原材料としての利用や在庫を考慮していないので，この条件を満たしているからといって，二重売買がないことは保証されない。この条件が満たされない場合には，明らかに不正があることが示されるだけである。

4) 取引のコモディティ・フローグラフに特定の事業所が含まれるかの認証（例：反社会或いは機微技術管理）は，当該の商品に関するコモディティ・フローグラフに，問題となる事業所のコードが含まれているかの検索で示される。

5) 特定の主体（開始ノード）から始められた取引であることの認証は，コ

モディティ・フローグラフに始点が一つあることを確認することで保証される。なお購入した商品 ID が特定の地域産品であることの認証は，その商品 ID に対するコモディティ・フローグラフの始点の事業所が，特定の地域に存在していることを示せば良い。また 3）と同様の手法を用いて，特定の産地と表示している商品の購入量の総和が，その商品のコモディティ・フローグラフの始点でかつ当該産地にある事業所の販売量の総和より大きい場合に，偽装があることが示される。

6.4　経済システム・グラフの成長と安定性の制御

6.4.1　経済システム・グラフとその上の動的プロセスの制御問題

　さまざまな活動主体による財やサービスの生成と交換・利活用の継続的な活動を離散イベントの連鎖として複式の多元実物測定により把握することで，経済システムを価値の生産と交換・投資・除却と減耗のプロセスのネットワークとして捉えることができる。6.2 で導入したコモディティ・フローグラフ，「CFG[a]＝(Ω, R[a])　a∈W，Ω は事業所コードの集合，W は商品コードの集合」は，財の交換に絞って財の流れを商品ごとに把握するための有向非巡回グラフである。すでに示したようにコモディティ・フローグラフは，扱う財の粒度によって，例えばコモ 8 桁の商品分類の粒度などさまざまな粒度の商品分類で集約できる。

　先にも指摘したが，コモディティ・フローグラフは，それぞれの商品ごとの流通経路の静的な構造を表したグラフであり，その商品の製造工程や，その商品が原料として別の商品やサービスの製造プロセスに投入される製造工程や，設備投資，在庫投資などの動的変化は扱っていない。それぞれの商品のコード別のグラフは，その商品の販売の始点から，それがこれ以上流通されることのない終点までの有向非巡回グラフとなる。他方で，生産工程における投入と産出プロセスも有向グラフとして記述することができ，これをコモディティ・フローグラフと接続させることで，経済全体の生産と流通のネットワークを示すことができる。

　現状の産業連関分析の基礎となる SUT（Supply Use Table）では，供給表（Supply Table）は財がどの産業により生産されたかを記述し，投入表（Use Table）は財がどの産業の生産のために原料として投入されたのか，或いはどの最終需要に使われたのかを記述している。そこでは，家計が内部で生産

し，自己投入した財やサービスは記録されない。また生産会計の視点から
は，供給表はある粒度で集約した財が，どの産業（事業所の集約）により生
産されたかを記述する表であるとみなせる。同様に投入表は，商品を原料と
して投入する産業或いは家計での最終消費に紐づけた表となる。ただし生産
会計では，最終消費の概念を用いず，家計の購入は，家計内の物的資本サー
ビスのための資本財の購入，家計内での物的資本サービスを用いた財やサー
ビスの生産のための原材料やエネルギーの購入，家計内で直接的に人的資本
に投入される財やサービスの投入に区分して扱う。

　3 章で扱った生産会計での，ロット単位での財の製造工程では，原料の投
入以外に，物的資本サービスの投入と，人的資本サービスの投入を製品の生
産と結びつける投入産出仕訳が製造工程を特徴づけていた。さらに物的資本
サービスも，人的資本サービスもそれを産出するサービス生産の工程を仮定
している。

　図 6.4.1 は，この生産工程での投入産出関係を有向グラフとして表示した
ものである。必要に応じてグラフのアークには実物計測での投入量や産出量
を記述して，重み付き有向グラフとみなせる。

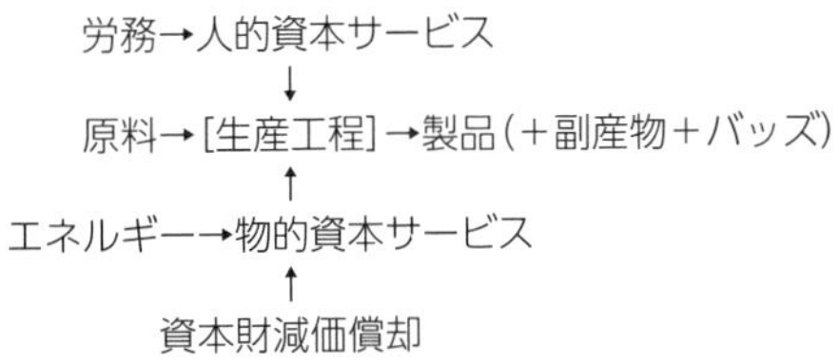

```
労務→人的資本サービス
              ↓
原料→[生産工程]→製品（＋副産物＋バッズ）
              ↑
エネルギー→物的資本サービス
              ↑
    資本財減価償却
```

図 6.4.1　生産工程での投入産出グラフ

　さらにすでに 3 章，4 章でも言及したように，生産会計では最終需要とい
う概念を用いない。価値が消滅するのは，減価償却として認識される資本財
の減耗或いは，除却によってのみとする。家計での最終需要という概念枠組
みでは，経済システム全体の動的な再生産と成長の巡回のプロセスが記述で
きない。本書では，最終需要の代わりに家計におけるサービス生産と，生産
された或いは購入した財やサービスの人的資本への投入という枠組みを導入
した。家計内で継続的に生活に必要な衣食住などのサービスを生み出して或
いは購入して，それを人的資本へと投入することで人的資本の減耗を補塡す
る。教育サービスの投入などにより人的資本の質の向上をもたらす。さらに

スキルを持った労務を産出する。この家計内での投入産出プロセスを有向グラフとして表示したのが図 6.4.2 で，これを人的資本の再生産グラフと呼ぶ。必要に応じてグラフのアークには実物計測での投入量や産出量を記述して，重み付き有向グラフとみなせる。

財やサービス→［人的資本］→労務
　　　　　↓↑
　　　人的資本の減耗の補塡
　　　人的資本の質の向上

図 6.4.2　家計内での人的資本の再生産グラフ

　コモディティ・フローグラフは，流通経路の静的な構造を表す有向非巡回グラフであった。このコモディティ・フローグラフに，生産工程の投入産出グラフと，家計での人的資本の再生産グラフ及び家計内での生産工程での投入産出グラフを接続することで，家計の人的資本の変化を含む，循環する経路のグラフが完成する。コモディティ・フローグラフは商品ごとに生成されるが，生産工程での投入産出グラフと家計での人的資本の再生産グラフを接続することで，コモディティ・フローグラフが相互に結びついた巨大なグラフが得られる。ただし全ての財が結びついた一つのグラフが得られる保証はない。部分的に孤立した部分グラフもありえるがここでは単純化のために全ての財やサービスは一つの巨大なグラフで結びつけられるものとする。このコモディティ・フローグラフと，生産工程の投入産出グラフ，家計での人的資本の再生産グラフを，適当な財の粒度と事業所の粒度で接続した，経済全体を表現する一つの巨大なグラフをここでは，経済システム・グラフと呼ぶ。経済システム・グラフは家計による労務の提供と事業所による労務の購入とその人的資本サービスへの投入を経由した巡回経路を持つ巨大な有向グラフとみなせる。コモディティ・フローグラフは家計を含む事業所をノードとしていたのに対して，生産工程の投入産出グラフは，生産工程を単位としているので，生産工程を事業所に紐づけることが必要となる。

　我々の視点からは，経済システムのマネジメントは，この経済システム・グラフ上での価値の産出と交換，投入，消滅の動的なプロセスを，それぞれの経済主体の自律性を最大限生かした自律分散システムとして，多属性目標の間接制御（境界値制御）を行うことである。経済システム・グラフ上でのこの動的なプロセスを含めて，経済システム・ネットワーク或いは単に経済

システムと呼ぶことにする。なお自律的主体に対する間接制御（境界値制御）とは，エージェントの自律性を前提として，政策的・制度的境界条件を変えることでエージェントの行動に影響を与える制御法である。またここでネットワークとグラフを用語として分けたのは，グラフが静的な構造を表すのに対して，ネットワークは，機能面に着目して動的なシステムを表す際に用いられることがあるからである。

　経済システム・ネットワークの把握と制御のためには，この経済システム・グラフ上の動的プロセスとしての経済システムを複式の状態空間の上で把握して自律分散制御することが必要である。ここで提起している制御概念は，既存のマクロ経済のビルトインスタビライザーのような制御概念とも，比較静学の視点とも，不均衡動学とも異なる枠組みである。さらにマクロの動学的モデルとしては，ミクロ的基礎付けに基づく動学的確率一般均衡モデル（Dynamic Stochastic General Equilibrium: DSGE）がしばしば利用されるがこれとも異なる。

　ミクロな事業所水準，ロット水準で観察される複式離散事象の継続的な生起からなる経済システム・グラフ上の動的プロセスである経済システム・ネットワークに着目し，これを制御する枠組みを構築するという問題関心は，現時点では構想が先行している未開の地平である。本書ではそこで求められる多元実物測定に基づく複式状態空間の構成について論じてきたに過ぎない。しかし数理的な既存の経済モデルと，我々が将来的に構築せねばならない価値の生産と交換・投資・除却と減耗の離散イベントからなる動的プロセスの制御理論との最大の差は，その構造パラメータ及び状態変数の構造と測定の粒度と時間隔にある。さらに自律的エージェント集団に対する間接制御と，介入制御のための意思決定サイクルについても既存の理論枠組みとの間に大きな乖離がある。

　近年社会科学の領域で，伝統的なマクロ計量モデル或いはマクロ現象論モデルから，ミクロな意思決定主体の行為レベルでモデルを構築する，エージェントベースモデリング（Agent Based Modeling: ABM）への転換が進みつつある。ミクロな意思決定主体の状態変数と政策的な介入水準での構造パラメータを用いて構築されたABMでは，マクロな状態はミクロな状態からの適当な範囲での集約量として求められる。またエージェントの行動モデルは，非定常な役割モデルで構築されており，動的な意思決定モデルそのもの

の定常性は前提としない。このような動的モデルの解析はミクロ経済学的な基礎付けに基づく動学的確率的一般均衡（DSGE）モデルの枠組みとは全く方向性が異なる。DSGE では，システムの状態変数はあくまでマクロ変数であり，それをミクロな状態変数から集約量として求める枠組みが与えられているわけではない。また一見制御的に見える，外性の変化に対するインパルス応答の計算も，同質的で行動を変化させないエージェントの合理的最適化を前提とした均衡への復帰応答に過ぎない。また CES などの生産関数の仮定も同質的である。生産会計で測定されるミクロなロット単位の生産では，そこでの投入産出仕訳そのものが局所的な生産関数とみなされる。そこでは同一の財の産出は同一の投入構造を持つという産業技術仮定が満たされている保証はない。溶接技術や切削加工ひとつとっても，そこでの投入産出関係が異なるものは多く存在し，さらにプロセス・イノベーションを通じて変化していく。同じ製品を生産する工程の生産技術のプロセス・イノベーションは，投入産出仕訳の物的資本サービスや人的資本サービスの変化を通じて把握される。さらに新しい財の出現であるプロダクト・イノベーションは新たな財やサービスを生み出す投入産出仕訳により記述される。

　経済システム・グラフ上の自律分散型の動的プロセスの制御問題は，この動的ネットワークが満たすべき最小限の機能要件を充足しつつ，より高い水準での物的資本や人的資本の成長を可能とするための成長モデルを含む必要がある。

　一般に経済主体や家計のように非定常的な主体の意思決定を含むミクロな状態変化の制御・分析では，数理的な解析は一部を除き難しい。特に自律的で学習し変化する多様なエージェントの非定常的な意思決定を含む，自律分散型の動的システムでは，その制御のための介入の手段は行動の境界条件を変化させ，自律的な行動変容を促す間接制御に基づく必要がある。直接状態を変化させる入力による線形・非線形の既存の制御理論は使えない。この種の自律的エージェントからなるエージェントベースモデリングに対しては，複数の介入手段を講じたときのプロセスに関するシナリオ解析を行うことが基本となる。これをエージェントの状態変数の水準で行うために開発されたのがエージェントベースシミュレーション（Agent Based Simulation: ABS）である。本書では，ABM 及び ABS についての説明は紙幅を大幅に超えてしまうため行わないが，筆者らによる研究を参照されたい［Deguchi, 2004; Deguchi, 2000］。

　エージェントベースモデリングでの，エージェントベース・シミュレーションを用いたシナリオ評価や，ランドスケープサーチは，モデルの構造パラメータを変えてシミュレーションのシナリオの可能な全体像を示すアプローチであり，力学系の相図に対する構造安定性の分析に対応する。非定常システムとしてのエージェントベースのシステムモデルでは，モデルのパラメータ推計の正確性を問うのではなく，政策介入などで構造変数が変化したときに，何が起き得るのかの全体像を理解すること，その結果だけでなくメカニズムをステークホルダーの討議空間にホワイトボックスとして提示することが肝要となる。このシミュレーション空間上での力学系の分岐理論に対応する解析手法をランドスケープサーチと呼んでいる［Deguchi, 2013C; 2006］。

　このような視点からは，現在のマクロ経済モデルに，状態モデルを考慮しない一様で合理的なエージェントモデルを接合したマクロモデルの拡張は，DSGE に限らず，我々のリサーチプログラムのスコープからは外れることになる。

　例えば，サブプライム・ローン危機に関しては，さまざまな数理的モデル分析がなされている。いずれもミクロな会計複式 POE データの水準での状態変数や離散イベントを考慮したモデルではない［Fujiwara, 2008］。これに対して，筆者らは試論的なモデルではあるが，サブプライム・ローン危機の動的プロセスを，ステークホルダー間の会計取引の連鎖として捉えた分析を行っている［Zhu, 2021］。

　他方で古くからある経済セクターの成長については，フォン・ノイマン以来の成長モデルがある。そこでは，消費と投資の分配の経路を，複数の期にまたがり最適化するための経路分析が行われてきた。これに対して我々の主唱している，経済システム・グラフ上の動的プロセスの解析は，単に循環経路の再生産の軌道安定性，或いは外性変化に対する経路のダイナミクスのインパルス応答を課題とするだけではない。ミクロな経済主体の生産や取引，投資という自律的主体の行為水準でモデルを構築することで，経済システムの変化を集計量としての変数で間接的に捉えるだけでなく，そこで行われている行為の水準で捉え，それに対するさまざまな制度の設計が可能となる。従来の経済学はさまざまなインセンティブや罰則の制度設計に対して，その影響を経済主体の行為とその結果生じるミクロな実物複式の状態とその変化として捉える術を持たなかった。他方で企業のマネジメントは当然のことな

がら，経済主体の状態に着目して行われる。本書ではその企業のマネジメントで参照される状態概念を，会計公準に従った財務会計的な状態概念から，生産のロット単位，企業単位，企業間ネットワーク単位，産業単位，国単位とさまざまなスコープに拡張し，さらに金銭評価による複式状態記述のみならず，それぞれの財の特性に合わせた多元的な実物測定に基づく複式状態記述を可能とした。これらはいずれも集計量として集約することはできるが，その基盤は個々の主体の価値の生成，循環，蓄積，投資，減耗，除却のミクロプロセスである。このミクロな意思決定行為とその活動時点複式状態の変化へ，経済システムの分析を還元することで，経済システム分析に，エージェントベースモデリングの意味でのミクロ的基盤を与えることができた。これは R. マテシッチらに始まる会計学に基礎を置いた経済システムの捉え直しの試みの一つとなる。

6.4.2　人的資本の維持・成長と経済システム・ネットワーク

　家計における財やサービスの購入を，「消費」ではなく，家計内でのサービス生産と人的資本への自己投入，或いは直接的な財やサービスの人的資本への投入として捉えることで，経済システム・グラフ上の動的プロセスは，循環し再生産し，成長するネットワークとして捉えることができる。これは経済システムの分析に，投資と消費の配分という視点を超えて，人的資本の成長を経済システムの分析の中心軸に置くことを可能とする。

　経済システム・グラフ上の動的プロセスの全域にわたる物とサービスの生産と流通・投入・投資に関する主体の意思決定時点での実物複式 POE データが利用可能となるならば，我々の社会経済システムに関するマネジメントの質は大きく変化する。そのためには現在は家計の「消費」として捉えられているさまざまな生活サービス（衣食住等の諸サービス）を家計内の生産プロジェクトによって作られたサービスとして捉え，それと直接購入した財やサービスを，人的資本の維持と成長のための投入であると認識することが必要となる。それにより家計での人的資本の維持・成長と，そこで生成される労務を企業が購入して人的資本サービスの生成のために投入するプロセスを通じて，家計は，人的資本の維持と成長に対して特別の制約条件を満たすべき，かつ経済システム・ネットワークの再帰的循環に不可欠な主体として組み込まれる。この家計で必要とする生活サービスの原料購入や，物的資本サービス（冷蔵庫は家事でのフリージングサービスのための物的資本サービ

スを提供する等）のための資本財（家電や住宅など）の購入は，コモディティ・フローグラフの終端で結びつけられる。

　人的資本サービスへ提供される労務の提供と交換で得られる家計収入が，家計の人的資本の維持と成長に必要な家計内生産の原料や資本財，直接的に人的資本に投入される財やサービスの購入と結びつけられることで，人的資本が維持され成長する動的な経済システム・ネットワークの全体像がミクロな複式の価値形成と交換，投入，投資のプロセスの中で把握可能となる。

　家計の人的資本のレベルと QOL を維持成長させつつ，企業は高いスキルの人的資本サービスと高度な物的資本サービス及びそれに基づく高い生産性を持つ財の生産のための投入産出関係を可能とする技術を発展させることができる。それにより経済システム・ネットワークを人々の生活を豊かに維持することのできるように成長させつつ制御することが社会経済システムの政策マネジメントにとって最大の課題の一つとなる。

　現在の経済統計では，価値形成と交換・消費・配分・投資の動的な循環ネットワークの状態について，産業連関表や工業統計調査などを通じてのコモディティフローの把握や家計調査により，その大雑把な輪郭を掴んでいるに過ぎない。またフォン・ノイマンに始まる成長可能フロンティアに対するターンパイク経路の分析は，たかだか投資と消費の配分の比率を決めることで成長可能経路の最適化を行っているに過ぎない。そこでは労働のスキル別所要量推計はない。生産やサービスのプロジェクトを国全体で集約して，そこからどのようなスキルの人的資本サービスが今現在の産業構造の下で投入されているかを示し，さらに今後想定される産業構造ではスキル別の人的資本サービスがどのように変化するかに関するスキル別の人的資本サービスの必要供給量推計が行われる必要がある。

　労働市場については，外部労働市場であれ，組織内の内部労働市場であれ，労働市場の需給や，スキルのミスマッチによるフリクション失業など，多くの事柄が論じられてきた。他方で，生産会計で論じてきたような，多元実物測定による複式の状態概念は，人的資本のストックとフローについては現状未開拓の領域となる。生産会計の議論を通じて，財やサービスの生産に必要な人的資本サービスそのものの生産への投入と，スキルと労務の関係についての分析を 3 章では行った。しかし，人的資本そのものの減耗や，その維持のための投入，人的資本のレベルを上げるための教育投資，人的資本

の毀損を修復するための医療サービスの投入，これらの結果として人的資本のストックの状態とその変化をどのように表現するかという状態空間の構築については，依然として途上にある。

　人的資本の状態と変化について論じるには，生活や健康の質（Quality of Life: QOL）や教育レベルや能力の質（Quality of Knowledge: QOK）を表す複数の変数に対する適切な計測を含むストックとフロー表示と，その減耗についてのモデルを必要とする。なお QOK は知識マネージメントの一部で用いられることがあるが，定義は明確ではない。ここでは QOL と同様に多次元のストック変数として何らかの計量化ができているものと仮定する。

　生活の質の変数のストック評価は，基本となる衣食住のレベルでさえも，これを多元実物計測による複式の状態変化として把握するのは簡単ではない。

　食品を購入して摂取する，或いは食材と家計内の物的資本である電子レンジや炊飯器を用いて調理しできた食品を摂取するという行為は，既存の経済モデルの枠組みであれば消費とみなされる。そもそも家計内サービスや財の生産のための資本財となる電子レンジや炊飯器の購入が「消費」として扱われ，家計内での生産はすでに論じたように生産の境界の範囲外としてカウントされない。さらに食品を人的資本としての人に対して食事により投入した結果，人的資本の QOL のストックレベルの変化をどう記入すべきかの指針もない。ただし，衣食住はそれが満たされない状況になると生活の質が下がる。これを QOL の減耗と捉えると，人的資本への投入は QOL の減耗を補填する機能があることになる。同時に住居がよりよいものになれば QOL のストックのレベルは上昇することとなる。このような QOL 及び QOK が何らかの多次元で多元的なストック変数であるとして，そのレベルが生活や健康の質，教育レベルや能力の質を表すと仮定する。そのうちの一部の変数は，食事や衣類のように一定間隔で補填しないと減耗するとみなすことができる。経済システムのマネージメントは，このストック変数の充足が一つの目標となる。しかし本書ではこれ以上の具体的な QOL や QOK のモデル化はしない。

　その代わり，既存の人的な資本の把握についての幾つかの異なったアプローチを概括し，今後のモデル化の一助としたい。人的資本については，歴史的にさまざまな視点からの分析がされてきた。人間の能力や能力構築，あ

るいは人間の能力を価値形成のための一種の資本として扱う人的資本に関する関心の歴史は長い。そこでは一方で，産業社会の基盤となるリテラシーをいかに向上させるかという産業革命以降の，国民国家の教育という課題がある。他方で，人々が自立し自らの可能性を探究するための能力構築（Capability Development）への関心も広範なコンテクストで課題とされている。例えば OECD はその人的資本会計に関する報告書の中で，人的資本の捕捉の必要性を述べている ［OECD, 1999］。

　経済学の側からは，シカゴ学派の人的資本研究が大きな影響を与えている ［Becker, 1976］。他方で組織のマネージメントの側からは，労務管理論から人的資源管理論（Human Resource Management: HRM）への発展があった。さらに近年では，企業の人的資本投資の可視化のための規格として，ISO30414 に注目が集まっている。

　「ISO30414：社内外への人事・組織に関する情報開示のガイドラインとなる国際標準規格」では，11 領域（1. コンプライアンスと倫理，2. コスト，3. ダイバーシティ，4. リーダーシップ，5. 組織文化，6. 組織の健康，安全，福祉，7. 生産性，8. 採用，異動，離職，9. スキルと能力，10. 後継者育成，11. 労働力確保）にわたる諸領域をさらに項目にブレークダウンする形で，人的資本の KPI を見える化しようとしている。しかしここで扱われている人的資本の概念は，企業の成長という視点からのものであり，家計における人的資本の QOL や，企業の成長と別方向での QOK についての問題関心は見られない。またこれらの指標のストックとフローの状態記述が与えられているわけでもない。

　サービスや財の生産にどのようなケーパビイティを持った人的資本サービスが必要かについて，把握することは働きかたのみならず，産業構造を把握する上でも必須である。我々はすでに生産工程ごとに必要な人的資本サービスのスキルを仮定することで，生産工程で必要な人的資本のスキルの総量を，投入産出の所要量計算によって求められることを示してきた。これはある産業で必要な生産工程での投入産出仕訳での人的資本サービスから，その産業に必要なスキルの総量が求められるということである。これは医療サービスの生産であれば，特定のクリニカルパスを必要とする疾患の人数から，それに必要なクリニカルパスの総量と，そこで求められる専門医などのスキルの総量が求められるということである。これはものとしての財やソフトウェアの生産でも同様であり，何らかの財やサービスの生産に対するプロ

ジェクト単位での投入産出仕訳と，そこでの人的資本サービスが求められれ
ば，そのプロジェクトの所要量から，必要なスキルを持った労務の所要量も
また計算可能となる。

　しかしそこで求められるのは，スキルを持った労務の総量であり，人的資
本としての人材が，どのような教育投入を経てさまざまなスキルの産出を
QOK として獲得するかの投入産出構造と QOK のレベルについては論じら
れていない。

　今日の人的資本に関する経済や経営の視点からの認識関心の一つに，ハッ
ピネスなどの概念を用いて言及される，人的資本の QOL の維持と上昇に関
する課題がある。だがそれと並んで大きな課題が，人的資本の能力やスキル
の構築とそれが経済の成長や企業の経営にどのように結びつくかである。こ
の能力やスキルの構築については，今日二つの真逆の方向性がある。一つ
は，ISO30414 で言及した，企業にとっての成長の源泉の一つとしての人的
資本の高度化とそのマネジメントという視点である。これに対して，真逆の
視点が，企業がビジネスを仕組み化することにより，能力の中心と周縁を峻
別し，周縁部を低スキル・低コストのビジネス単位として，全体の生産性を
上げ競争優位に繋げるかという視点である。後者は，財やサービスの製造工
程における人的資本を機械による物的資本へと置き換えることを意味してい
るのではない。問題となるのは，「労働を低スキルに固定する標準化とその
プラットフォーム化」である。

　MIT の Autor は，先進国での労働の質が，低スキル労働の増大と中スキ
ル労働の減少という危機的な状況を示していることを指摘している［Autor,
2009; 2013］。Autor によれば，1979-1989 には，低スキル労働の減少，中ス
キル労働の増大，中高スキル労働の大幅な増大が見られた。これが，1989-
1999：低スキル労働の増大，中低スキルの減少，中高スキルの増大が見ら
れるようになり，1999-2007：低スキルの増大と中スキルの減少，高スキル
は横ばいとなった。さらに 2007-2012 には，低スキルの大幅な増大，中ス
キルの大幅な減少，高スキルの増大が見られるようになった。この低スキル
労働者の増大と，高スキル労働者への二極化と，中スキル労働者の減少とい
う変化は，情報技術の発展と共に顕著に現れるようになってきた。このよう
なビジネス・モデルの拡大の傾向は，低スキル労働者の増大と，高スキル労
働者への二極化と，中スキル労働者の減少という明らかな傾向を生じさせて
いる。これは結果としてアンダークラスの増大と社会の二極化を招くリスク

要因として認識されつつある。

　Autor の指摘にあるインターネットや高度情報処理システムの進展以降の世界での労働市場の低スキル労働と高スキル労働への二極分解は，「仕組み」としての低スキル・低コストの労働を前提とした付加価値配分の中心と周縁を作り出そうとするマネジメントの結果とみなせる。この「労働の低スキル化と標準化」による企業の成長モデルは「ISO30414」における人的資本のマネジメントとは異なる方向性を意図したものである。

　プラットフォーム型のビジネス・モデルの一部では，系統的に人材の質を劣化させ，安いコストで使い，組織内でのケーパビリティ・デベロップメントがない組織構造を明確に模索している。そこでは，さらに労働者を形式的に独立事業者として，サービス提供に必要な物的資本まで労働者負担にした上で，労務管理上の責任を忌避する方向性さえ見られる。これはしばしばシェアリング・エコノミーと呼ばれているが，実態を表す適切な用語とは言い難い。

　この種の中央から運営する高付加価値労働の中心側と，低付加価値労働でなりたち切り離し可能な周縁部からなる仕組みを持つビジネス・モデルでは，自社雇用であるとしても，系統的に能力開拓の内部労働市場や，キャリアラダーを潰して，安価な労働力として，労働コストを下げることで生産性を上げる方向性を模索している。そこでは，ICT 技術を使い，ビジネス・モデルを標準化する中で，人的資本サービスは物的資本サービスに代替可能でかつ物的資本に比して安価な資本サービスとして位置付けられる。結果として準備が整えば，人的資本サービスは物的資本サービスに置き換えられ，企業はより高い成長を実現する。そこで置き換えられる物的資本サービスは，AI であろうが，既存の情報技術や自動化技術であろうが関係ない。

　産業革命以来の，労働の機械化の流れは，局所的に労働を機械に置き換えることでさまざまな摩擦を引き起こしてきた。それにもかかわらず，機械化は生産性を上昇させ，新たな市場の可能性を拓き，そこではより高度のスキルが要求され，大学教育のような高度人材育成が社会に求められた。さらに組織の内部労働市場でも，それなりのスキルラダーが設定され，高スキルの人材育成は社会全体としての効用を上げると同時に，企業にとっても望ましいものとされてきた。今現在起きつつある変化は，一部企業の生産性の上昇が，労働者の人的資本のスキルを系統的に低下させている点に大きな問題がある。労働のプラットフォーマリゼーションで生じつつある中で，ギグワー

クや，労働のマニュアル化による低スキル労働の増大が，どのような人的資本のスキル構成を社会にもたらし，それがスキルと収入の低いアンダークラスを生み出し中間所得と中間スキル集団を解体させる可能性があるというリスクについては，統計的にも，経済の成長シナリオとしても検証する必要がある。

　そのためには，財やサービスの生産のロット単位のプロジェクトを総量として把握し，そこでのスキルセットを把握することが必要となる。結果的に教育が供給するスキルよりも低いスキルが，労働のプラットフォーマリゼーションが進む中で求められ，低い収入と低いスキルのアンダークラス集団が広がっていくという経済成長のシナリオが，流通領域のみならず，製造領域も含め広範に進行するのであれば，見かけの生産性の上昇にもかかわらず，社会は成長の隘路に陥り，スキルと収入の二重のデバイドが社会に生じるだろう。それは民主主義社会の持続可能性そのものを脅かしかねない。これに対して多様で高いスキルを持ちそのスキルをライフタイムで向上させることができる集団が中間層として形成され，その層が十分な購買力を持つだけの収入を，そのスキルが活かされることで得て，その購買力と対応する形で多様な財とサービスが生み出されるというビジョンを対抗シナリオとして打ち出す必要がある。そのためには，ミクロデータに基づいた人的資本に関する新しい統計とそれに基づいた人的資本の成長を含む経済の成長モデルが必要となる。

　家計では，家族構成や収入に応じ，どのような居住・服飾・遊び・調理・空調・掃除・洗濯等々のサービスが家計内のサービス生産のプロジェクを通じて生産され，人的資本へと自家投入される。その需要量が家計内のサービス生産プロジェクトを根拠として推計される必要がある。その上で家計内サービスの総需要量と，財とサービスの生産，流通，投入，投資と労働のスキル別の供給と所得の分配が，この価値の循環の動的ネットワークを維持成長させるための制御原理を確立することが求められる。だが21世紀の社会経済システムのありようは，それとは程遠い位置にある。現在の社会は，さまざまな価値形成活動が可能とする財やサービスの生産と流通，投入，投資の諸活動からなる動的なネットワークが潜在的に到達可能な価値のストックとフローの動的循環経路よりも遥かに低い水準で不安定に循環しているように見える。より高い経済システム・ネットワークのストックとフローの動的な循環経路に到達するためには，物的資本と人的資本の量と質，生産技

術によって規定される財・サービスの種類と投入産出の質を高めるための，人的資本，物的資本，技術開発に関する投資が方向性を持って行われることが必要となる。

　現状は，低スキル労働による生産性上昇を求める労働のプラットフォーマリゼーションが，低スキル労働とアンダークラスの増大を招き，中産階級の没落の可能性さえあり得る。このままではプランテーション経済の下で中産階級が形成されず，成長できなかった植民地経済と同型の隘路に陥りかねない。この隘路を脱出して豊かな財やサービスの生産と循環のネットワークを生成しそれを動的に維持し制御するための枠組みの構築が求められる。同時に，我々の社会が開かれた民主主義社会として生き延びていくためには，個人のデータを管理しそれにより個人の行動に影響を及ぼすシステムとその試み自体が，透明に見える化されて抑制される必要がある。この条件を満たす社会インフラを構築することができた社会が，次の時代に，ミクロで時定数の短い膨大な活動時点データを利活用することで，個人や組織の多様な創造性を最大限に活かす社会を構築するための必要条件を満たすことになる。

6.5　データレジスタの構築と運用のためのセキュリティ基盤インフラ

　本書で，財務会計で用いている金額評価で企業単位の複式の状態空間概念を，多元実物測定を許す複式の状態空間へと拡張した。またその状態表示の対象となるシステムのスコープも，ロット単位の生産，企業，流通，国民経済などさまざまに設定できることを示した。これによりこの多元実物測定に基づく複式の状態空間は，ロット単位の生産のマネジメントから，企業のマネジメント，サプライチェーンのマネジメント，国の経済のマネジメントなどさまざまなスコープでの財やサービスの形成と流通，投入，投資，減耗，除却などの諸プロセスのみならず，廃棄物の処理や地球温暖化ガスの排出，さらに人的資本サービスや非財務サービスを記述するための基本となる状態空間となることを示した。この状態空間は，経済や経営で用いるマクロ変数が還元されるべきミクロの状態空間となる。

　この多元実物測定に基づくミクロの複式状態空間は，物理学のミクロな状態変数のように，物理的に「在る」対象を記述する状態概念ではない。実物複式簿記の状態変数は，人間の価値の形成と利活用のプロセスを可能とする

ために構築する必要のある状態概念である。社会的に「構築された」対象を記述する状態変数により，その状態に依拠した認識や活動が可能となる。

　可観測でない，すなわち，状態が測定できないのであれば，可制御にはならない，すなわち，特定の状態へと目標を定めて変化させるためには，目標となる状態が認識されていなければならない。企業や経済システムのマネジメントでは，マクロな目標管理が行われるが，そこに到達する状態空間の変化の経路分析は自律分散制御の問題として扱われる必要がある。

　そのための共通認識となる実物計測の複式状態空間は，それぞれの経済主体の複式状態空間からボトムアップに構築され運用される必要がある。それは会計公準の変化を伴う財務会計の拡張を制度化することに他ならない。他方で非財務情報の公開の義務化の流れの中で，企業の生産を含む諸活動を統合的に代数的な実物簿記による複式状態空間に一元化することができるならば，それは企業にとっても大きなメリットとなる。会計計算と表示のための情報処理は，XML系のマークアップ言語による文書構造の標準化と，データベースソリューションに分岐しており，どちらもデータ処理には手続的なプログラミング固有の複雑さを内包している。これに対して，代数的実物簿記で構築された状態空間モデルでは，そこでのさまざまな計算は，関数計算とその連鎖のデータフロー型のプログラムとなり，改変や再構築にロバストとなる。

　だが，企業会計が本書で示した方向で拡張され，新たな状態空間が構築されたとしても，それだけでは，企業間関係や，社会と企業の関係，或いは国民経済のために，この構築された状態空間を利活用することはできない。そこでは，状態空間の相互利活用のための，制度的な基盤と同時に，セキュリティに関する技術的な基盤が提供される必要がある。

　現在の企業情報は，公開義務のある財務諸表など一部を除き，当然のことながら，企業内部或いは取引関係にある企業内で秘匿されている。これらを企業のデータの秘匿性を担保した形で利活用する制度・技術的枠組みが必要となる。

　このような枠組みに対応する企業及び個人データの運用は，欧州の電子政府先進国であるエストニアなど一部で実験的に始まっている。その中核にあ

るのが電子レジスターの概念である。従来，国の統計の制度では，レジスターは統計調査の母集団を定める母集団データベースとして捉えられている。ビジネスレジスターは調査対象の事業所に対する原簿という理解がなされている。

＜https://www.stat.go.jp/data/jsdb/index.html#:~:text＝事業所母集団データベースは，経済統計を正確，整備・運用されています%E3%80%82＞（20230920 Access）。

この母集団レジスターは，事業所のみならず，家計・個人，行政などさまざまな範囲で統計的な調査の基盤となる。これに対して母集団レジスターを発展させて，レジスターの対応する調査客体に対するデータそのものを蓄えた，データレジスターの構築に向けたビジョン形成と実践が始まりつつある。

さまざまなデータレジスタが横断的に利用できることで，各種調査に対する重複を防ぎ，効率的な行政やビジネスの相互運用が可能となる。

エストニアの電子政府では，人口レジスター（Population Register）

＜https://www.siseministeerium.ee/en/activities/population-procedures/population-register＞（20230920 Access）やビジネスレジスターなどさまざまなデータレジスターの運用を始めている。これらは，エストニアのレジスター情報センター（Centre of Registers and Information Systems）で紹介されている。

＜https://www.rik.ee/en＞（20230920 Access）

人口レジスターは，エストニア国民，エストニアに居住登録している欧州連合国民，及びエストニアでの居住許可または居住権を与えられている外国人に関する主要な個人データを統合したデータベースあり，個人情報保護の規定に従い，行政手続の基礎となる。人口レジスターには，氏名，出生データ（生年月日及び出生地），性別，個人識別コード，国籍，本籍地及び追加住所に関する情報，連絡先詳細（電話番号，電子メールアドレス），居住地の情報，婚姻状況ステータス（独身，既婚，未亡人/寡婦，離婚），母親，父親，配偶者，子供に関する情報（親権を含む），後見に関する情報，法的能力の制限。死亡データ（死亡の時間と場所）。修了教育レベル，個人の民族，母語など多くの情報が登録されている。

社会におけるさまざまなデータレジスターの構築と利活用は，今後発展し

ていくことは必然であり，また避けることのできない，また避けるべきでない未来であろう。だからこそどのような経路で，どのようなデータレジスターを構築し，どのようにそれを運用するかの社会的インフラの構築が，今課題とならざるを得ない。データレジスターの構築と運用のためのセキュリティの基本原則として次の三つが必須となる。

(1) インターネットを経由したサーバ間連携に関する強固なセキュリティ基盤となるインフラの構築が必要とされる。これについては，次に述べるX-Road がサーバ間連携のセキュリティの代表的なインフラとみなされている。

(2) この基盤となるセキュリティインフラの上で，さまざまなデータレジスタを構築するにあたって，データの閲覧資格の厳格な運用のみならず，データにアクセスした人間の個人番号を含むアクセスログを必ず収集し必要に応じて確認できる，ダブルトレーサビリティのためのインフラが提供されていることが求められる。このダブルトレーサビリティについても後述する。

(3) さまざまなデータレジスタを，データレジスタに格納されたデータの秘匿性が担保されたまま利活用可能とするためには，データを秘匿したまま各種統計計算や指標計算，会計計算を行うための非開示計算のインフラが提供されていることが求められる。なおここでいう非開示計算は，いわゆる秘密計算（Secure Computation）とは異なる。秘密計算とは，計算データを暗号化したまま暗号化された対象に対しても加減乗除などの計算処理を直接行う技術をいう。秘密計算では，実務的な計算を多量に行うためには，計算資源が多量に必要とる。さらにその限定された計算能力で手続的なアルゴリズムを組む必要があるため，社会的な共通インフラとして導入することは実用的ではない。ここでいう非開示計算（Non-Disclosure Computation）とは，公開鍵暗号基盤（Public Key Infrastructure: PKI）を用いた次のような計算方式である（特許 7165386「情報処理装置，監査支援方法，及びコンピュータプログラム」）。これをデータ伝票に関する計算で示す。

  1) 計算に必要なデータは，データレジスタから必要なデータ伝票を検索し，そこから必要な交換代数オブジェクトを抽出することで得る。

  2) 抽出された交換代数或いはその集合を公開鍵暗号を用いて暗号化して非開示計算サーバへ送る。

3）目的の計算を行うための交換代数に対する関数は，あらかじめ計算の正当性を認証してホワイトリストに登録する。関数の正当性の検証とは，関数の定義に目的の計算だけが定義されており，それ以外の情報の流出に関する何らかの関数型が含まれていないかを検証することである。

4）正当性が検証された関数のオブジェクトに対して，ハッシュ値を計算して公開登録する。

5）ホワイトリストに登録された関数の計算を行う前に，その関数のハッシュ値を計算し，保管されたハッシュ値と比較することで関数の非改竄を保証する。

6）ホワイトリストに記載され，さらに非改竄が証明された関数を用いて，非開示計算サーバ上で交換代数に対する関数計算を行う。

7）計算に用いたデータは破棄した上で，計算結果だけを公開鍵暗号を用いて計算をリクエストした主体に報告する。

　　この非開示計算では，計算すべき内容をあらかじめ関数フィルターとして，ホワイトリストに登録するための合意形成を行うことで，さまざまな統計計算や，コモディティフロー・グラフ上の監査などについて，調査客体の個票の秘密を担保したまま，社会的に求められるさまざまな計算が可能となる。

　これら三つのセキュリティインフラの基本原則の中で，第一の原則を満たすシステムの一つが，サーバ間連携のセキュリティインフラであり，エストニアによって社会全体でデータを利活用するために開発・実装・利活用されている X-Road である。X-Road はすでにエストニアの電子政府で用いられているセキュリティ基盤でありエストニアでは公的サービスを中心にサービス間のセキュアな連携を可能としている。

　＜https://www.niis.org/data-exchange-layer-x-road＞

　＜https://e-estonia.com/solutions/interoperability-services/x-road＞（20230920 Access）

　X-Road は，データ交換をサポートし促進するために，1）アドレス管理，2）メッセージルーティング，3）アクセス権管理，4）組織レベルの認証，5）マシンレベル認証，6）トランスポート層の暗号化，7）タイムスタンプ，8）メッセージのデジタル署名，9）ロギング，10）エラー処理，等の一連

の共通機能を実装し提供している。

　X-Road 自体はオープンソースで提供されており＜https://github.com/nordic-institute/X-Road＞（20230920 Access），エストニアのみならずフィンランドなどいくつかの公的サービスで利用を始めている。また欧州では，すでに電子インボイス（e-Invoice）を中心とした IoB（Internet of Business）の構想も具体化されようとしている＜https://telema.com/internet-of-business-iob/＞（20230920 Access）。しかしデジタルインボイスなどの文書構造を定義した XML 規格である PEPPOL のデータはエストニアでは X-road ネットワークに接続されているが，デジタルインボイスのデータをデータレジスターに蓄積して利活用する枠組みは，現時点では提供されていない。

　データレジスターの構築と運用のためのセキュリティの第二の基本原則が，データレジスターへのアクセスのためのダブルトレーサビリティのインフラである。ここでいうダブルトレーサビリティ原理とは，「特定の個人や組織に関する個票データへアクセス（トレース）する行為そのものを記録として管理し，それをトレース可能にするという二重のトレーサビリティを担保したデータ管理の原理」である［Deguchi, 2008］。

　一定以上の秘匿性を持つ個票サーバの運用でダブルトレーサビリティ原理を満たすためには，アクセスそのものにマイナンバーのような ID の入力を必要とし，個票データをトレースした ID 自体を記録しそれをトレースできるようにする必要がある。これにより個人や組織の秘匿個票にアクセスがあればそのアクセスした ID を通知するシステムや，個票を開示することなく，ホワイトリストに登録された統計的なデータや経営・経済指標の計算を行い，結果だけを閲覧権限のある ID に通知するという非開示計算のためのサービスが可能となる。我々の社会が開かれた民主主義社会として生き延びるためには，個人のデータを用いて間接的に個人の行動に影響を及ぼす試みを可能とするシステム自体が管理され，個票へのアクセス行為そのものが透明化される必要がある。この条件を満たした社会インフラを構築することができた社会が，次の時代に，粒度が細かくタイムインターバルの短い膨大な活動時点データを活かし，個人や組織の多様な創造性を最大限に活かすことのできる活力のある社会を構築するための必要条件を満たすことになる。

　逆に，ダブルトレーサビリティが担保されないならば，膨大な POE データは，個人の行動をインセンティブや圧力で変容させるツールに用いられる

リスクが高い。個人への干渉は独裁国家で思想や行動への干渉の道具として用いられているだけではない。民主主義国家でも選挙の結果を数％程度ずらすことで民主主義の根幹が脅かされかねないリスクがあることは，すでにケンブリッジ・アナリティカがフェイスブックの5000万人分のデータを用いて選挙戦へと干渉したことで示されている。

　＜https://bipartisanpolicy-org.translate.goog/blog/cambridge-analytica-controversy/?_x_tr_sl=en&_x_tr_tl=ja&_x_tr_hl=ja&_x_tr_pto=wapp＞＜https://www.theguardian.com/technology/2019/mar/17/the-cambridge-analytica-scandal-changed-the-world-but-it-didnt-change-facebook＞（20230920Acess）

　エストニアの人口レジスターは，個人情報に加えて，データを入力する人，データについて問い合わせる人など登録データの処理に関する情報が含まれており，データをトレースした人をトレースするというダブルトレーサビリティ原理を満たしたシステムとなっている。これが可能となるのは，X-Roadというサーバ間連携のセキュリティインフラが実装されているからである。

　データレジスターの中核として，取引に関するビジネスレジスター，生産に関する投入産出情報を記録する生産技術レジスター，地球環境への地球温暖化ガス排出や廃棄物処理に関する環境レジスター，資本形成に関する設備投資レジスターなどが構築される必要がある。これらはいずれも本書で論じてきた実物複式の状態表現を用いての状態と状態の変化の記述が可能となる。それゆえ，データ伝票，データバインダーを用いたデータレジスターを構築することで，データレジスターに関する計算を，非開示計算として実現することも可能となる。

　さらに，どういう状態構造を持つか，また悉皆調査であるかどうかは別として家計や個人のQOL，QOKに関する人的資本レジスターが構築されることで，家計の厚生や教育に関する維持と成長のための投資を明示的に，経済システム・ネットワークの動的プロセスの中で論じることが可能となる。

6.6　未だ在らざる現実の構築を目指して

　本書で我々は，未だ在らざる社会的現実である，価値の生成，交換，投入，投資，減損，除却のダイナミクスをマネジメントするための複式状態空

間の構築について語ってきた。この未だ在らざる社会的現実についてそのビジョンと構築について述べることは、いかなる種類の知の運用なのだろうか。ここで我々が導入した代数的な多元実物簿記による、生産会計は、現在の企業や社会では現時点では実装されていない会計システムである。それにもかかわらず生産会計の体系を、財務会計を縛り続けている会計公準を超えた、多元実物測定に基づく複式簿記の代数的な体系として展開し、それを社会実装することは、新しい社会経済システムを実現するためには不可避である。

　人間の社会経済的な活動は、ものとしての財やサービスの生成や交換やその利活用に付随して、価値の分配と消滅のプロセスが含まれる。物理的な変化を記述する動的システム論では、そのダイナミクスは捉えきれない。そこでは、複式の状態空間に基づいた価値の変動のダイナミクスの記述が避けて通れない。価値変動の複式のダイナミクスの範囲が財務会計の会計公準で規定された範囲を遥かに超えて、広く財やサービスの生産プロセスを包摂するものとなっている。本書ではその範囲が、環境会計や、エネルギー会計など多彩で、従来別々に発展してきた領域に共通の状態概念を提供することを示してきた。

　人的資本を保全し成長させることのできるさまざまな投入を可能とし、それに必要な財やサービスの生産に人的資本が労働として投入される。その動的な円環を制御し、人的資本と財やサービスの生産をどちらも成長させるためのマネジメントが可能となるためには、現在の国民経済の測定の粒度と時間間隔では到底足りない。自律分散制御系としてこの円環を成長させることのできるマネジメント原理そのものの確立の前段階として、広範な人間の価値形成と消滅のダイナミクスが生じている領域へ複式の状態記述を可能とし、それを共通の現実として現実の組織や行政の中で確立することが求められる。

　生産会計が可能とする状態空間により、従来単式の台帳で管理されてきた、環境やエネルギーやバッズを含む財やサービスの生産やそのマネジメントに関する諸概念を、一つの状態空間から統合的に導出することができる。これはシステムの記述に状態空間を中心とすることで、さまざまなシステムに関する情報は、状態から出力関数を構成することで導出できるという一般的な状態システム記述の枠組みが、複式の状態空間でも成り立つということ

の言い換えに過ぎない。

　むろん複式の状態空間であろうがなかろうが，マネジメントに必要な情報が得られることこそが重要なのであり，必要な情報が何らかの元帳に記述され管理されることが重要で，それが複式であることの必然性に対する疑義もあるだろう。むろん，ルカ・パチョーリ以前の世界でも，商売の記録はあったし，工業簿記の発達以前にも物作りはあった。しかし商業簿記が導入されることで遥かに高度なマネジメントが可能となった。同様に工業簿記が導入されたことで，ものづくりやそのための資本財への投資に関する妥当な損益計算が可能となり，ものづくりのマネジメントは高度になった。

　価値の生成，流通，投入，投資，消滅を含む，全ての人間活動システムは，多元実物評価の複式簿記により状態記述が行われるべきというのが本書の中心的な主張である。だがこの主張の妥当性の評価は当然のことながら，自然科学のようにすでに存在する現実に対して成り立つ法則の真偽を検証するようなものではない。未だ在らざる社会的現実を評価することはできない。本書で行ったことは，未だ在らざる社会的現実の構築に対して，それが可能であり必然であり有益であることをさまざまな角度から主張することだけである。その主張の中には，5.1 で扱った，会計システムの関数計算とデータフロー型の情報処理システムとしての実装という課題もある。この関数計算の処理系自体は，すでに開発済でダウンロードして使うことができる＜https://github.com/degulab/FALCON-SEED＞。しかしそれが現在の会計情報システムを置き換えるのかどうかも未だ実現されていない将来の課題である。

　全てのイノベーションは，未だ在らざる現実について語り，それを社会的に実現しようとする営みである。企業の経営も政治的な政策も，現実社会に何らかの目的を持って介入し，現実を書き換え，それがさらにその次の現実の基盤となる営みとなる。そこでの企業や政策のマネジメントは広義の制御である。現代の制御理論は状態空間を構築することから始まる。状態が観察可能でなければ，状態を現在の状態から計画した状態へと変化させることはできない。可観測は制御の基本である。その状態空間の認識の粒度が粗ければ，粗い範囲でしか計画は立てられない。同様にシステムの応答特性である時定数よりも長いインターバルで測定された状態に基づく介入制御は，振動を増幅してしまうなど失敗する可能性がある。

状態測定は，より細かい粒度で，短いインターバルで行われることで，より有効なマネジメントが可能となる。その前提となる状態は，経済や経営が価値の生成と消滅を論じる以上，多元実物測定に基づいた複式の状態でなければならない。それがより詳細なマネジメントのための必要条件だからである。

　次の半世紀に，我々の社会経済システムが「誰一人取り残さない持続可能で多様性と包摂性のある社会」へと変化するためには，環境保全を境界条件とした経済成長と同時に，家計を構成するさまざまな人的資本の保全と成長を可能とするマネジメントが必須である。そのためには多元実物測定の複式の状態記述を，より細かい粒度と短いインターバルで行い，それがマネジメントに生かされる制度的枠組みを構築する必要がある。そこで用いられる複式の状態記述は，我々の導入した代数的実物簿記である必要はないかもしれない。しかし数学的には，ストック・フローの複式の状態記述が可能となる代数系は，同型を除き唯一なのである。

付録 1
代数的多元簿記の公理的基礎

　本書では，交換代数と呼ばれる複式実物簿記の数式表現を扱ってきた。本来この数式表現の背後にはそれを特徴づける公理系がある。付録 1 ではこの交換代数の公理系について簡単に説明する。公理系そのものは数学的な証明が煩雑であること，また既に書籍として詳細な証明は公刊されているので，ここでは公理系の解釈と簡単な証明にとどめる［Deguchi, 2000; 2004］。

1.1　交換代数と複式簿記

　多元的実物簿記（Multi-Dimensional Bookkeeping System）では，勘定科目に対応した重さや個数，時間，エネルギーなどの対象に応じた測定の単位系を扱う。それゆえ実物計測での記述では，複式簿記の特色として認識されている借方と貸方のバランスは成り立たない。しかし簿記の持つ数理構造を理解することで，複式の状態記述では実物記述の方が根源的な状態記述であり，金額評価に振り替えて収益を計上することで結果的に借方と貸方が金額評価の状態記述に関してバランスするように設計されていることが理解できる。この簿記の数理的構造は，交換代数の公理系により特徴づけられる［Deguchi, 1986; 2000; 2004］。

　交換代数は，公理系により規定される代数系だが，本書ではこれを構成的な計算体系として扱ってきた。交換代数の式は，勘定科目とその測定単位の順序対を，＜現金，円＞，＜リンゴ，kg＞のように記している。この順序対を基底とし，係数に正値のみをとる自由生成の代数式が交換代数の式となる。この代数式の元に対しプラス（＋）を，基底間の形式和として定義する。さらに簿記固有の，ハット（＾），バー（￣），射影（Projection），ノルム（||）という演算を導入したものが交換代数の計算体系である。交換代数の式はマイナスの数値の替わりに＾（ハット）という記号をつけた基底を用いる。ハットは演算子であると同時に基底に対する表現としても用いる。基底 e に対して ＾＾e＝e と規約する。簿記の借方貸方で表される状態の表示は，勘定

定科目とその数量の形式和で示される。

　すでに 1〜3 章で説明したように，交換代数はストック・フロー型の離散時間の動的システムを記述するベクトル空間を拡張した代数系である。その公理的な特徴づけは 2 段階に分けて行われる。第一段階が，マイナスの数を用いない，複式での状態記述を可能とする冗長代数という状態記述の特徴づけである。第二段階が，システムの状態概念にプラスのストックのみならず，マイナスのストックや，損益の発生（価値の形成），損失の発生（価値の消滅）という状態概念のカテゴリーを加えた，ストック・フロー型の状態記述の拡張である。通常の単式簿記的な財の記述では，経済的な財を表す適当な勘定科目の集合 $\{e_1, e_2, e_3, \cdots, e_n\} = \Lambda$ を用いて財の種類を分類し，その量や増減は，それを基底として生成される Z-加群，または実係数ベクトルによって記述している。

　しかし複式簿記では，負債というマイナスのストック概念が状態概念に用いられている。さらに生産会計では，バッズというマイナスの価値を持つ財の状態表示も導入した。これらは自然科学では用いない状態概念である。これらを適切に表現するために，基底 e とそのハット基底 ^e を区別した上で，システムの状態変化を一定の規則に基づいた，二つの基底のペアで記述する。これが複式（double entry）と呼ばれる所以である。例えば，現金でリンゴを買うという変化は，現金が減ってリンゴが増える。これは ^<現金，円>と<リンゴ，kg>の複式記述は認められる状態変化であるということを意味する。他方で現金とリンゴが同時に増える変化は，簿記の状態変化としては認められない。もし現金とリンゴを拾って取得してしまった場合には，<現金，円>と<損益，円>及び，<リンゴ，kg>と<損益，円>のペアによる複式記述となる。

　この複式簿記での状態変化の記述で，認められる状態変化を基底間の関係として定めているのが交換代数の公理系である。簿記の複式記述は，この交換代数の基底間の関係を表す公理によって特徴づけられる，拡張されたストック・フローダイナミクスとみなされる。以下ではこれらの概念を最小限で要約する。

1.2　冗長代数

　第一段階では，双対基底によりマイナスの数を用いない計算を表現する代

数系を導入する。これは冗長（Redundant Algebra）と呼ばれ，冗長代数の公理で特徴づけられる。しかしその公理系はやや煩雑なため，ここでは定義2-1のように構成的に冗長代数の表現を与え，その上の演算を定式化する。冗長代数の公理については，文献を参照されたい［Deguchi, 2004］。

　さまざまな財などを区別する勘定科目とその計測単位の組を基底とした数式表現に対して，マイナスの状態を表す双対基底をハット（＾）という記号を用いて導入する。これによりマイナスの数を用いないで状態の増減を複式で表現することができる。その上で，複式簿記の残高をとる計算に対応する相殺計算の作用素であるバー（￣）を導入する。

［定義2-1］基底の集合Λとそこから生成される代数系［Λ］

　$\Lambda = \{e_1, e_2, \cdots, e_n\}$を，勘定科目を表す適当な基底の集合とする。［$\Lambda$］で，$\Lambda$から形式和によって生成された，単位元0を持つ自由可換半群を表す。単位元を0とする。

　このΛを基底の集合と呼び，各々のe_iは，勘定科目の基底と呼ぶ。

　本書で，基底として想定しているのは，＜現金, 円＞や＜リンゴ, kg＞のような勘定科目と測定単位の順序対である。

［例2-1］［Λ］の構成法

　$\Lambda = \{e_1, e_2, e_3\}$，を適当な勘定科目として，（0を含む）自然数の集合Nから係数を選び，形式和を，$x = 3e_1 + 2e_2 + 5e_3$のように生成する。このように生成した元の全体を［Λ］で示す。

　［Λ］は，外算法＊：$N \times [\Lambda] \to [\Lambda]$を持った代数系と考えることができる。

　複式簿記では，負の数を用いずに状態の減少を記述する工夫がなされている。例えばリンゴの増加に対して，リンゴの減少を表す基底が必要である。それが双対基底である。

［例2-2］単式簿記の代数表現

　$e_1 = ＜現金, 円＞$，$e_2 = ＜リンゴ, 円＞$とすると，$x = 500e_1 - 300e_2$は単式簿記での現金500円の収入とリンゴ300円分の支出を意味している。

　このような負の数でストックとしての状態の減少を表現する記述は，物理

的な系で状態の変化を記述しているやり方と基本的に同じものであり極めて自然な表現である。しかし複式簿記では，上述のような，負の数は用いられてはいない。このことを代数的に表現するためには，次に述べる基底の双対基底と基底集合の拡大の概念を導入することが必要になる。

［定義2–2］双対基底と拡大基底集合

　$\Lambda=\{e_1,\ e_2,\ \cdots,\ e_n\}$ を基底の集合とする。このとき，基底 $e\in\Lambda$ から作られる新しい基底 ^e を導入する。それを，e の双対基底と呼ぶ。そして，$^\wedge\Lambda=\{^\wedge e|e\in\Lambda\}$ を Λ の双対基底の集合，$\Gamma=\Lambda\cup^\wedge\Lambda$ を Λ の拡大基底集合と呼ぶ。

　拡大基底集合に対しても，形式和で生成された代数系［Γ］が定義できる。この代数系［Γ］上に，ハット（^）とバー（¯）という二つの演算を導入する。

［定義2–3］ハット（^）演算

　$f：\Lambda\rightarrow{}^\wedge\Lambda$ を $f(e)=^\wedge e,\ e\in\Lambda$ で定義すると全単射となる。

　同様に $g：{}^\wedge\Lambda\rightarrow\Lambda$ を $g(^\wedge e)=e$ で定義する。

　この関数 f, g を用いて，$\Gamma\rightarrow\Gamma$ の関数を ^ として次のように定義する。

　　$^\wedge(e)=f(e),\ e\in\Lambda,\ ^\wedge(e)=g(e),\ e\in{}^\wedge\Lambda$

　^ は $\Gamma\rightarrow\Gamma$ への写像とみなせる。これが $^{\wedge\wedge}e=e$ の規約の意味となる。この ^ 演算は，次の例のように［Γ］の式に自然に拡張される。

　　　例：$^\wedge(3e_1+2^\wedge e_2+5e_3)=3^\wedge e_1+2e_2+5^\wedge e_3$

　すでに1章，2章で示した計算体系で，^ は意味的には，ある項目に対して，相殺すべき反対項目を表わす基底となる。例えば現金が減ることを意味するのが，^＜現金, 円＞という基底となる。これを用いるとマイナスの数の代わりの表現が例えば次のように与えられる。

- $z_1=50$＜現金, 円＞,
- $z_2=60$＜現金, 円＞$+10^\wedge$＜現金, 円＞,
- $z_3=80$＜現金, 円＞$+30^\wedge$＜現金, 円＞

［定義2–4］バー（¯）演算

　相殺という演算を表わす，¯（バー）という作用素を導入する。

これは上記の例で,

$z_1 = {}^-z_1 = {}^-z_2 = {}^-z_3 = 50$ ＜現金, 円＞となる。

また $x_1 = 30$ ＜現金, 円＞＋ 20 ＜リンゴ, 円＞＋ 50 ＜負債, 円＞とする。

$^\wedge x_1 = 30^\wedge$ ＜現金, 円＞＋ $20^\wedge$ ＜リンゴ, 円＞＋ $50^\wedge$ ＜負債, 円＞

$^\wedge x_1 + x_1 = (30^\wedge$ ＜現金, 円＞＋ $20^\wedge$ ＜リンゴ, 円＞＋ $50^\wedge$ ＜負債, 円＞) ＋ $(30$ ＜現金, 円＞＋ 20 ＜リンゴ, 円＞＋ 50 ＜負債, 円＞) に対して, ${}^-(^\wedge x_1 + x_1) = 0$ となる。

[定義 2-5] 冗長代数 [Γ]

　拡大基底集合 Γ から生成された代数系 [Γ] に, ハット (^) とバー (¯) という二つの作用素を付け加えた計算体系を冗長代数と呼ぶ。冗長代数は特に断らない限り, [Γ] で表すものとする。

　この冗長代数にその基底に関する制約を公理的に加えたものが交換代数となる。交換代数の計算は, 1 章, 2 章で示した例が分かれば問題なく行える。本書の範囲では冗長代数と交換代数は計算を行う上では特に区別しなくてよい。

　しかし複式簿記がストック・フローのダイナミクスの拡張であり, そこでの複式 (Double Entry) の意味やマイナスのストックの意味を明らかにするためには, 勘定科目の基底の分類と, 基底間の関係に関する公理による特徴づけという第二段階が必要となる。

1.3　交換代数

　ここではまず基底の集合をプラスストック, マイナスストック, 損益 (価値の生成), 損失 (価値の消滅) のいずれを表すものかに分類することから始める。複式簿記簿記では, 勘定科目を, 資産, 負債, 損益, 費用或いは純資産に分類する。しかしストック・フローのダイナミクスとして分類する限りは, プラスストック, マイナスストック, 損益 (価値の生成), 損失 (価値の消滅) の四つに分類するのが, ストックフロー・ダイナミクスの拡張という視点からは, 理論的に明快なため, ここではこの四分類を用いる。

［定義 3-1］勘定基底集合

$\Lambda = \{e_1, e_2, \cdots, e_n\}$ を基底の集合，$\Omega = \{<$プラスストック$>$，$<$マイナスストック$>$，$<$損益$>$，$<$損失$>\}$ として，$^{\wedge}\Omega = \{^{\wedge}<$プラスストック$>$，$^{\wedge}<$マイナスストック$>$，$^{\wedge}<$損益$>$，$^{\wedge}<$損失$>\}$ とする。

このとき $g : \Lambda \rightarrow \Omega$ の上への全射（onto mapping）が定められているとする。即ちこの写像で Λ の要素を$<$プラスストック$>$，$<$マイナスストック$>$，$<$損益$>$，$<$損失$>$ のいずれかに分類できるとする。このとき Λ を勘定基底集合であると呼ぶ。

$^{\wedge}\Lambda$ に対しては，$g : {}^{\wedge}\Lambda \rightarrow {}^{\wedge}\Omega$ を次のように定義する。

1) $e \in \Lambda$ に対して $g(e) = <$プラスストック$>$ ならば，$g(^{\wedge}e) = {}^{\wedge}<$プラスストック$>$
2) $e \in \Lambda$ に対して $g(e) = <$マイナスストック$>$ ならば，$g(^{\wedge}e) = {}^{\wedge}<$マイナスストック$>$
3) $e \in \Lambda$ に対して $g(e) = <$損益$>$ ならば，$g(^{\wedge}e) = {}^{\wedge}<$損益$>$
4) $e \in \Lambda$ に対して $g(e) = <$損失$>$ ならば，$g(^{\wedge}e) = {}^{\wedge}<$損失$>$

これにより Γ から $\Omega \cup {}^{\wedge}\Omega$ への全射 g が定義される。このとき，Λ の拡大基底集合である Γ も勘定基底集合と呼ぶ。

［定義 3-2］会計ベクトル空間

Λ を勘定科目とその測定単位の順序対を基底とした，勘定基底集合とし，$\Gamma = \Lambda \cup {}^{\wedge}\Lambda$ を Λ の拡大基底集合とする。このとき，$[\Gamma]$ を，Λ を勘定基底集合とする会計ベクトル空間（Accounting Vector Space）と呼ぶ。

会計ベクトル空間 $[\Gamma]$ は，冗長代数に加えて，その基底が Ω によって意味づけされている。

［定義 3-3］会計ノルム

Λ を勘定基底集合とするとき，$x \in [\Gamma]$ となる x に対して，その会計ノルム $|x|$ を次のように定義する。

$$|x| = \sum_{i=1}^{n} a_i \quad ただし，x = \Sigma a_i e_i, \quad a_i \in N \quad e_i \in \Gamma$$

このとき，$|x|$ を会計ノルムと呼ぶ。

［命題 3-1］

$|x+y|=|x|+|y|$

証明：定義より明らか。

この会計ノルムは，上の命題で示されたように，線形空間のノルムとは類似の概念であるが，異なった性質を持っている。

複式簿記の最大の特色は，借方と貸方のペア（複式）で状態変化を記述することである。これは意味のある仕訳を特徴づけることでもある。交換代数 X で表現される状態変化が意味のある仕訳であるためには，$X=a_1e_1+a_2e_2$ で，$e_1⇔e_2$，e_1，$e_2∈Γ$ と表現され，e_1，e_2 が Γ 上の二項関係⇔を満たす必要がある。基底が金額評価のときには，$a_1=a_2$ が要請される。

この Γ 上の二項関係の満たすべき条件を示したものが次に述べる交換関係の公理である。複式の状態記述では，基底を交換関係で分類することが必須である。実際にどのように基底に交換関係を導入するかは，のちほど，交換代数の拡張構成定理で示す。

［定義 3-4］　交換関係の公理

Λ を勘定基底集合とする。Γ をその拡大基底集合とする。このとき Γ 上の取引関係と呼ぶ二項関係⇔に対して，次の六つの公理を交換関係の公理と呼ぶ。

(1)　$∀a, b∈Γ$　$a⇔b ≡ {}^{\wedge}a ⇔ {}^{\wedge}b$

(2)　$∀a, b, c∈Γ$　$a⇔b$ and $b⇔c → ¬(a⇔c)$

(3)　$∀a, b∈Γ$　$a⇔b ≡ b⇔a$

(4)　$∀a, b∈Γ$　$a⇔b → ¬(a⇔{}^{\wedge}b)$

(5)　$∀a, b, c∈Γ$　$¬(a⇔b)$ and $¬(b⇔c) → ¬(a⇔c)$

(6)　$∀a∈Γ$　$∃b∈Γ$　$a⇔b$

ここで，a, b, c∈Γ であり，¬は，否定を表す論理記号である。

これら六つの公理は，"意味があり認められる取引の記述"の持つ内的拘束を，交換代数の基底間の関係として特徴づけている。

公理の意味を明らかにするため，a=＜現金, 円＞，b=^＜リンゴ, 円＞，c=＜売掛金, 円＞という三つの基底を用いて説明する。

公理（1）は，リンゴを売り現金を入手する取引(a⇔b)が，意味があり認められる取引の仕訳であるならば，現金を払ってリンゴを購入する取引もやはり認められる取引の仕訳であることを意味している。

　これは例えば，リンゴを売り現金を入手する取引の仕訳，$X_1=300<$現金，円$>+300^<$リンゴ，円$>$が意味のある取引の仕訳であるならば，$<$現金，円$>⇔^<$リンゴ，円$>$であり，公理（1）から$^<$現金，円$>⇔^^<$リンゴ，円$>$，$^^<$リンゴ，円$>=<$リンゴ，円$>$であるから，$X_2=100^<$現金，円$>+100<$リンゴ，円$>$もまた意味のある取引の仕訳となることを意味している。

　公理（2）は，リンゴを売り現金を取得する取引(a⇔b)とリンゴを売り売掛金を取得する取引(a⇔c)が取引関係として認められるならば，現金を取得しかつ売掛金を取得する取引(b⇔c)は取引関係として認められないことを意味している。

　これは例えば，$X_1=300<$現金，円$>+300^<$リンゴ，円$>$と，$X_2=300<$売掛金，円$>+300^<$リンゴ，円$>$が意味のある取引の仕訳であるならば，$X_3=300<$現金，円$>+300<$売掛金，円$>$は，意味のない認められない取引の仕訳となることを意味している。実際に現金と売掛金が同時に増えるような仕訳は許されない。

　公理（3）は，取引関係⇔が反射律を満たすことを意味している。

　公理（4）は，リンゴを売り現金を取得する取引(a⇔b)が意味のある取引の仕訳であるならば，リンゴと現金を同時に取得する取引(^a⇔b)は，取引関係の公理を満たさない認められない仕訳であることを意味している。

　これは例えば，$X_1=300<$現金，円$>+300^<$リンゴ，円$>$が意味のある取引の仕訳であるならば，$<$現金，円$>⇔^<$リンゴ，円$>$，公理（4）より$<$現金，円$>⇔<$リンゴ，円$>$は認められない仕訳となる。なお$^^<$リンゴ，円$>=<$リンゴ，円$>$。これは，例えば$X_2=200<$現金，円$>+200<$リンゴ，円$>$は認められない仕訳であることを示している。

　なお，リンゴと現金を拾うなどの形でリンゴと現金を同時に取得するイベントが生じたとしても，これはX_2のように仕訳しない。このようなイベントの仕訳は単に損益の発生として，$<$現金，円$>⇔<$損益，円$>$，$<$リンゴ，

円＞⇔＜損益，円＞という交換関係に基づき，例えばX_3＝400＜現金，円＞⇔400＜損益，円＞及び，X_4＝400＜リンゴ，円＞⇔400＜損益，円＞のように仕訳けられて記述される。

　公理（5）は，取引関係にないという関係($\neg\Leftrightarrow$)が推移律を満たすことを述べている。

　この推移律は，例えば，＜現金，円＞と＜リンゴ，円＞が取引関係になく，＜リンゴ，円＞⇔＜売掛金，円＞が取引関係になければ，＜現金，円＞と＜売掛金，円＞もまた取引関係にないことを意味している。

　公理（6）は，任意の勘定科目 x に対して，それと取引関係にある科目 y がΓ上にあることを述べている。

　これら六つの公理は，意味があり認められる取引の仕訳の内的拘束を特徴づけている。

　この公理系から，簿記での勘定科目の基本的な分類である借方と貸方が，次に示すように取引不可能関係から導かれる同値類であることが示される。

　拡大基底集合Γが交換関係の公理を満たすならば，［Γ］は，交換代数と呼ばれる。

［定理3–1］同値類としての借方・貸方

　拡大基底集合Γに属する任意の基底 a, b$\in\Gamma$に対して，a と b とが取引不可能関係 a▲b にあるとは，$\neg$(a⇔^b)が成立することであると定義する。

　このとき取引不可能関係▲は，Γ上の同値関係になり，Γは，この同値関係によって，ただ二つの同値類に分類される。

　証明：取引不可能関係▲が反射律，対称律，推移率を満たすことを示せば良い。

(1) 反射律　a, $\in\Gamma$ a▲a $\equiv$ $\neg$(a⇔a) これは交換関係の公理（2）と（3）から明らか

(2) 対称律　a, b$\in\Gamma$ a▲b $\to$ b▲a を示すには，$\neg$(a⇔b) $\to$ $\neg$(b⇔a)を示せば良い。これは交換関係の公理の（3）から明らか

(3) 推移率　任意の a, b, c$\in\Gamma$に対して，a▲b かつ b▲c $\to$ a▲c を示すには，定義から$\neg$(a⇔b)かつ$\neg$(b⇔c) $\to$ $\neg$(a⇔c)を示せば良い。これ

は，交換関係の公理（5）から明らか

　これから取引不可能関係▲はΓ上の同値関係であることが示された。次にこの同値関係により同値分割されるΓ上の同値類が唯二つであることを示す。それには，¬(a▲b)かつ¬(a▲c)のとき，即ちaとbが取引不可能関係になく，さらにaとcも取引不可能関係にないならば，bとcは，取引不可能関係にある，即ちb▲cが成立して，bとcは同じ同値類に属することが示せれば十分である。これは取引不可能関係の定義に戻れば，(a⇔b)かつ(a⇔c) → ¬(b⇔c)を示すことに他ならない。これは，取引関係の公理の（2）と（5）から明らか。

　取引不可能関係によりΓが同値分割され，二つの同値類を得た。これが複式簿記において，借方と貸方という二つの項目が必要とされることの理論的基盤となる。なお取引関係の公理の範囲で，取引記述での借方と貸方のバランスという概念は必要とされない。したがって，多元実物計測に基づいた実物簿記でもこの交換代数の公理系は基盤となる。

［定義 3-5］会計同値類の集合
　拡大基底集合Γを▲による同値関係で割った
　Γ／▲＝{借方，貸方}を会計同値類の集合と呼ぶ。ただし
　借方＝{a｜a▲c かつ g(c)＝＜プラスストック＞∈Ω}
　貸方＝{a｜a▲c かつ g(c)＝＜マイナスストック＞∈Ω}
　g：Γ→Ω∪^Ωは勘定基底集合の定義で与えられた，勘定基底の分類の関数である。

　この定義から，aが借方に属しているのならば，^aは貸方に属しており，その反対にもしaが貸方に属しているのならば，^aは借方に属していることが直ちにわかる。
　より一般的に言えば，拡大基底集合Γは，二つの異なった観点から直和に分割される。即ち，
　（1）Γ＝Λ∪^Λ かつ Λ∩^Λ＝φ
　（2）Γ＝借方∪貸方 かつ 借方∩貸方＝φ
　この二つのやり方で拡大基底集合が直和分割できることが勘定科目の持つ基本的な特質である。

［例 3-1］拡大基底集合 Γ の二種類の直和話分割

Λ＝{＜プラスストック＞，＜マイナスストック＞，＜損益＞，＜損失＞}

^Λ＝{^＜プラスストック＞，^＜マイナスストック＞，^＜損益＞，^＜損失＞}

借方＝{＜プラスストック＞，^＜マイナスストック＞，^＜損益＞，＜損失＞}

貸方＝{^＜プラスストック＞，＜マイナスストック＞，＜損益＞，^＜損失＞}

とすると，

(1) Γ＝Λ∪^Λ かつ Λ∩^Λ＝φ

(2) Γ＝借方∪貸方 かつ 借方∩貸方＝φ

は満たされる。

［定義 3-6］借方ベクトルと貸方ベクトル

［借方］で借方から生成された交換代数を，［貸方］で貸方から生成された交換代数を表すこととする。このとき，x∈［借方］ならば x を借方ベクトルと呼び，x∈［貸方］ならば，x を貸方ベクトルと呼ぶ。

［命題 3-2］

任意の交換代数 x∈［Γ］は，借方ベクトルと貸方ベクトルの和に一意に分解できる。即ち，

∀x∈［Γ］ ∃！a∈［借方］ ∃！b∈［貸方］ x＝a＋b

証明：交換代数の定義から明らか。

次に二つの構成定理を示す。第一構成定理とは，^ を持たない Λ 上の交換関係から，^ 元を含む Γ 上の交換関係へと拡張構成を一意に保証する定理である。これにより出発点として勘定科目 Λ 上の交換関係だけを定義できれば，一意に Γ 上の交換関係が定義できることが保証される。

［定理 3-2］Λ 上の交換関係から Γ 上の交換関係を構成する交換関係の第一構成定理

Λ を基底の集合，⇔ を Λ 上の二項関係で，交換関係の公理のうちで，(2)，(3)，(5)，(6) を満たすとする。このとき，関係 ⇔ は，拡大基底 Γ 上の交換

関係に一意に拡張できる。

(2) $\forall a,\ b,\ c \in \Lambda$ $a \Leftrightarrow b$ and $b \Leftrightarrow c \rightarrow \neg(a \Leftrightarrow c)$

(3) $\forall a,\ b \in \Lambda$ $a \Leftrightarrow b \equiv b \Leftrightarrow a$

(5) $\forall a,\ b,\ c \in \Lambda$ $\neg(a \Leftrightarrow b)$ and $\neg(b \Leftrightarrow c) \rightarrow \neg(a \Leftrightarrow c)$

(6) $\forall a \exists b \in \Lambda$ $a \Leftrightarrow b$

略証：

a, b∈Λに対して，a⇔b ならば ^a⇔^b と定義する。

a∈Λに対して，a⇔^a と定義する。

a, b∈Λに対して，¬(a⇔b)ならば a⇔^b と定義する。

これにより Γ 上に二項関係⇔が導入でき，交換代数の公理を満たす。

第一構成定理は，基底集合Λ上で，交換関係を定義して，それが第一構成定理の条件を満たすのであれば，ハットを導入した拡大基底集合Γ上で交換代数の公理を満たすような交換関係の定義が一意に可能となることを意味している。

［例 3-1］第一構成定理の事例

第一構成定理は，Ω＝{＜プラスストック＞，＜マイナスストック＞，＜収益＞，＜損失＞}

の四つの基底の要素間に交換関係が定義できれば，拡大基底集合Γ＝Λ∪^Λの元の間に交換関係の公理を満たす関係⇔がユニークに導入できることを意味する。

1) ＜プラスストック＞⇔＜マイナスストック＞

例：＜リンゴ, 円＞⇔＜買掛金, 円＞,

X＝500＜リンゴ, 円＞＋500＜買掛金, 円＞

リンゴ　500　円／買掛金　500　円

2) ＜プラスストック＞⇔＜収益＞

例：＜現金, 円＞⇔＜利子収入, 円＞

X＝100＜現金, 円＞＋100＜利子収入, 円＞

現金　100　円／利子収入　100　円

3) ＜損失＞⇔＜マイナスストック＞

例：＜貸倒引当金繰入額, 円＞⇔＜貸倒引当金, 円＞

X＝10000＜貸倒引当金繰入額, 円＞＋10000＜貸倒引当金, 円＞

貸倒引当金繰入額　10000　円／貸倒引当金　10000　円
注：貸倒引当金繰入額は，費用すなわち損失の勘定で，貸倒引当金は
　　負債勘定
4)　＜損失＞⇔＜収益＞
　例　＜売上原価, 円＞⇔＜収益, 円＞
　X＝100＜売上原価, 円＞＋100＾＜リンゴ, 円＞＋200＜売上, 円＞＋
　200＜現金, 円＞
　売上原価　100　円／リンゴ　100　円
　現金　200　円／売上　200　円
　注：売上原価対立法での商品の売上は「売上原価」「売上」「商品（リ
　　　ンゴ）」の三つの勘定を使用しており，直接ではないが損失と収
　　　益の間に交換関係を認める。
　二項関係⇔は，この四つの勘定科目の間の上記の関係以外は成り立たない
とする。第一構成定理を用い，Ω∪＾Ω上に二項関係⇔が導入され，これが
交換代数の公理を満たす。これは 1 章の図 1.2.1 で示された関係となる。こ
れにより勘定科目が借方と貸方に二分される。

　次に，任意の勘定科目集合Λを導入したときに，その勘定科目集合Λの拡
大基底集合Γ上に，交換関係の公理を満たす二項関係⇔を導入するための第
二構成定理を示す。第二構成定理は，新しい勘定科目を導入するときに，そ
の勘定科目に対応する基底が交換関係を満たすように構成する方法を与え
る。

[定理 3-3]　勘定科目集合Λに交換関係を構成する第二構成定理
　Ω＝{＜プラスストック＞, ＜マイナスストック＞, ＜損益＞, ＜損失＞}
　ΛからΩへの全射，g：Λ→Ωが存在して，Λ上の二項関係⇔が次のよう
に定義されるとき，二項関係⇔はΓ上の交換関係の公理を満たす交換関係へ
一意に拡張できる。
(1)　If g(x)＝＜プラスストック＞ and g(y)＝＜損益＞ then x⇔y and y⇔x
(2)　If g(x)＝＜プラスストック＞ and g(y)＝＜マイナスストック＞ then
　　x⇔y and y⇔x
(3)　If g(x)＝＜損失＞ and g(y)＝＜損益＞ then x⇔y and y⇔x
(4)　If g(x)＝＜損失＞ and g(y)＝＜マイナスストック＞ then x⇔y and y⇔x

（5）上記以外の場合は，¬x⇔y

略証：

　第一構成定理からΩ∪^Ω上に二項関係⇔が導入され，交換関係の公理を満たすことが示された。このとき，gを用いて，Λ上に二項関係⇔が導入される。このΛ上の二項関係が，交換関係の公理のうち（2），（3），（5），（6）を満たすことが示せるので，第一構成定理から関係⇔は，拡大基底Γ上の交換関係に一意に拡張できる。

　なお，定義 3-1 で述べたように，Λが勘定基底集合であれば，ΛからΩへの分類gが与えられていることになる。

付録 2
代数的多元簿記の情報処理システム

　この付録では本書で扱った，代数的実物簿記に関するデータフロー型のデータ処理を行うための情報処理フレームワークである FALCONSEED について簡単に説明する。詳しくは FALCONSEED の GitHub を参照されたい。
＜https://github.com/degulab/FALCON-SEED＞

　AADL や Module Runner，Data Container Editor などの開発モジュールと，そのラウンチャーである FALCONSEED の Jar ファイルと関連マニュアル類などを同梱した開発環境は GitHub 上にダウンロードリンクを用意してある。また幾つかの入門のドキュメントも GitHub 上に用意してある。

　FALCONSEED はオープンソースの MIT ライセンスに，自由世界条項という次の五つの付加条項を加えた，独自のオープンワールドライセンス（Open World License）で商用利用を含めて配布・利用が可能となっている。
（1）I love the diversity of societies.
（2）I hate dictatorship.
（3）I love the openness of societies.
（4）I can access the Internet freely in a place where this software is used.
（5）The customer can access the Internet freely in the place where the application system, that is developed by this software, will be used.

A2.1　FALCON-SEED：統合開発環境の概要

　ここでは本書で扱った多元実物簿記とその部分体系である金銭評価の複式簿記について，その交換代数・データ代数などの代数的オブジェクトに対して関数計算を可能とする統合開発環境 FALCON-SEED（Framework of ALgebraic COmpilatioN for Social, Economical & Enterprise Data）について解説する。
　FALCON-SEED には，FALCON-SEED.jar と FALCON-SEEDPro.jar の

二種類が提供されている。前者は Java の実行環境である JRE が実装されていれば使うことができる。後者は AADL 言語で Java のコンパイルを必要とするので，Java の開発環境である JDK を必要とする。

　以下，FALCON-SEED.jar から起動できる二つのモジュール，Module Runner と Data-Container Editor について概要を記す。また FALCON-SEEDPro.jar から起動できる AADL Editor についても概要を記す。

A2.1.1　FALCON-SEED.jar

　FALCON-SEED のアプリケーション・ランチャーは，図 A2.1.1 で示されているように，三つのモジュールを提供している。ここではそのうち Module Runner と Data Container Editor について簡単に説明する。なお FALCON-SEED から起動可能なモジュールは，言語を切り替えることで英語にも対応している。

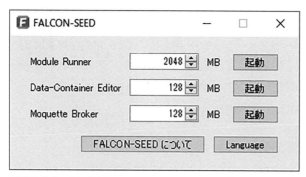

図 A2.1.1　アプリケーション・ランチャー（FALCON-SEED.jar）

【モジュールランナー】

　第一の Module Runner は，交換代数の元，交換代数集合，データ代数の元，データ代数集合及び csv 形式のデータ対して，開発済の関数型モジュールのリストから選んだフィルターを適用・計算するための GUI ベースのフィルター型計算の利用環境である。csv 形式のビックデータに関する組み込みフィルターが用意されており，さまざまなデータ解析に利用可能であるが，ここではそれについては言及しない。

　ここでは交換代数及びデータ代数の元及び集合を表示し，それに開発登録済の関数型の計算モジュール（フィルター）を適用し，結果を別のウィンド

ウで表示することのできるビジュアルな計算環境としてのモジュールラン
ナーに着目する。

　FALCON-SEEDPro が提供する AADL エディターにより，Module Runner
用の jar ファイル形式のフィルターを作成し，それを Module Runner のユー
ザ作成のフィルターライブラリーに追加することでモジュールランナーは機
能を拡張することができる。さらに複数のフィルターを連続して適用するマ
クロ機能も提供されている。詳しいモジュールランナーの利用法は，マニュ
アルを参照されたい。

【データコンテナエディタ】

　第二の Data Container Editor は，第 5 章で簡単に説明したように，交換代
数及びデータ代数に対して，摘要を付加したデータ伝票（Data Slip）及び，
データ伝票を綴った帳簿に対応するデータバインダー（Data Binder）を扱
うためのモジュールである。ここではデータ伝票及びデータバインダーを一
括してデータコンテナと呼んでいる。

　Data Container Editor では，

1)　データ伝票に記述する摘要（note）及び交換代数，データ代数などの
　　代数的データオブジェクトに対する入力や編集作業を行うことができ
　　る。

2)　代数的データオブジェクトと摘要からなるデータ伝票の入力や編集作
　　業を行うことができる。

3)　データ伝票の集合と摘要からなるデータバインダーの入力や編集作業
　　を行うことができる。

　これらのモジュールが提供するのは，ネットワーク上で運用されるシステ
ムを設計するためのフレームワークである，MVC モデルでいうところの，
Model（モデル）・View（ビュー）・Controller（コントローラー）のうちの，
モデル部分の中核機能に過ぎない。

　これらデータ編集とフィルター型の関数計算をオンライン上の実システム
として運用するためには，交換代数，データ代数，データ伝票，データバイ
ンダーを JSON 標準形としてシリアライズしたデータを，MongoDB のよう
なドキュメントデータベースに格納して，摘要部分の情報や基底の情報を用
いて必要なデータ伝票を検索するなどの機能も実装する必要がある。

さらに異なるシステム間で，データ伝票やデータバインダーを転送し，JSON 形式のデータをそれぞれの処理系での代数的オブジェクトにキャストすることで，異なる処理系で代数的データオブジェクトに対するフィルター計算を同様に行う分散オブジェクト指向を実装することも求められる。また既存の企業情報システムとの接続のための API やデータコンバージョンフィルターの実装も必要である。

その上でシステムを運用・表示するためのビューとコントロールの機能が必要となる。オンライン上での統合的な企業情報システムの開発運用のためには，上記に加えて，本書で展開したモジュール群をジャンゴ（Django）のような WEB アプリケーションの構築スキームなどと組み合わせることが必要となる。

A2.1.2　FALCON-SEEDPro.jar

FALCON-SEEDPro.jar では，図 A2.1.2 で示されているように，FALCON-SEED の提供する三つのモジュールに加えて，AADL Editor と Package Manager の二つのモジュールが提供されている。ここでは，交換代数及びデータ代数に対する関数型のモジュールをプログラミングするための開発環境である，AADL Editor について簡単に解説する。なお FALCON-SEED.jar は実行環境なので，Java のランタイムルーチンである JRE だけが必要とされるが，FALCON-SEEDPro.jar では Java の開発環境である JDK の実装が必要とされる。

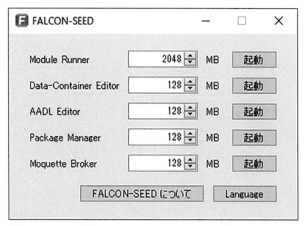

図 A2.1.2　アプリケーション・ランチャー（FALCON-SEEDPro.jar）

【AADL エディタを使った交換代数・データ代数プログラミング】

　AADL エディタを用いることで，交換代数により表現される多元実物簿記のデータ，データ代数により表現されるレコードデータに対する関数型の計算モジュールを開発するとともに，開発したモジュールを組み合わせたマクロの開発も可能となる。

　AADL（Algebraic Accounting Description Language）は，Java コンパイラ上で構築された交換代数，データ代数のフィルターの作成を可能とするための専用言語である。AADL コンパイラーは，交換代数を処理するための独自の文法を持つ AADL 言語で記述されたソースコードを Java コードに展開しそれをコンパイルし，Java の Jar ファイルとしての AADL 実行モジュールを生成する。交換代数の代数式と，集合論的な内包記法を用いることにより，交換代数を用いたさまざまな計算に関する仕様記述を容易に行うことができる。交換代数による式とその集合に対する集合論的な内包記述は，そのまま AADL 言語のプログラムの仕様となる。なお AADL 言語を使うためには，Java の開発環境である JDK の実装が必要とされる。

　同様に，Key-Value によるレコード形式のデータを扱うために AADL（Algebraic Data Description Language）が導入され，レコード形式のデータをデータ代数式として扱うことが可能となる。今後は特に問題のない限り，AADL 言語の中に ADDL 言語を含めて扱う。また両者あわせて DCL（Data Compilation Language）と呼ぶこともある。

　AADL エディタを用いたモジュール開発環境には，図 A2.1.3 で示されるような三つの機能がある。

　(1) 単独モジュールの開発・実行機能

　　　AADL エディタ基本操作は，AADL ソースのコンパイル，実行，コンパイル＆実行の機能を持つ。さらにビルド・オプションとして，プログラム中で用いる変数に対する使い方を書き込む機能を持つ。これは，モジュールランナーに AADL で開発したモジュールを移す際にモジュールの引数などの説明に用いる。

　(2) AADL マクロの開発・実行機能

　　　マクロファイル（.amf ファイル）を記述し実行する機能

(3) コンパイルした AADL 実行モジュールのモジュールランナーへの組み込み機能

　AADL で開発したフィルタープログラムをモジュールランナーに移してマイクロモジュールとして利用することができる。AADL で作成してコンパイルして，さらに設定ファイルを記述した jar ファイルをドラッグ・ドロップすることで，jar ファイルの内部記述が継承され，実行モジュールの設定がなされる。

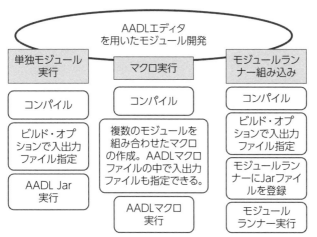

図 A2.1.3　AADL エディタを用いたモジュール開発の 3 類型

　これらの機能の詳細については，FALCON-SEED の GitHub 及び，FALCON-SEED の配布キットを参照されたい。FALCON-SEED の配布キットには，下記の関連ドキュメントが格納されている。本書では触れていない FALCON-SEED 関連の諸機能についても，これらのドキュメントを参照されたい。

1）FALCON-SEED　スタートアップマニュアル（falconseed_startupguide_ja.pdf）

2）AADL 開発環境　操作説明書（aadleditor_manual_ja.pdf）
　AADL エディタに関する詳細な操作説明書。

3）FALCON-SEED 操作説明書（falconseed_manual.pdf）
　FALCON-SEED 環境（モジュール・ランナー）に関する詳細な操作

説明書。

4）データコンテナエディタ操作説明書（dtcontainereditor_manual_ja.pdf）
　　データコンテナ環境に関する詳細な操作説明書。

その他関連の多くのマニュアルが配布キットに同梱されている。

A2.2　AADL 言語の文法概要と利用例

A2.2 では，交換代数の数式により表現された実物簿記の状態表現に対して，そこで行うことのできるさまざまな関数計算及び集合論的計算に関する，専用の情報処理言語，AADL（Algebraic Accounting Description Language）とその開発環境である AADL エディタについて簡単に説明する。AADL 言語は，交換代数に基づく簿記の計算を行うために，交換代数のクラスとその上のメソッドを定義すると同時に，交換代数の集合や条件処理などの，プログラミング言語としての文法を定義した言語である。AADL 言語は，JAVA のプリプロセッサーとして実装されており，JAVA 言語に一度変換されたのち，JAVA コンパイラで JAR モジュールにコンパイルされ，JAVA の実行環境で利用することができる。AADL は専用の AADL エディタを利用して開発できる。

また AADL 言語が交換代数を扱うのに対し，AADL 言語では Key Value のさまざまなレコード型のデータを扱う。レコード型のデータは，その値とし数値だけでなく，文字列（リテラル）もとるため，いわゆるベクトル型の代数にはならない。他方で，レコードの項目を基底とした表現を与え，射影などの基本的な演算を定義することで関数型の言語として扱うことができる。我々はこれを ADDL（Algebraic Data Description Language）として定式化する。今後 AADL に言及する際には，特に断らない限り，ADDL でも同様の操作が定義されているものとする。AADL と ADDL を用いることで，企業のデータ処理は，データベースを用いた ER 図の作成や，手続的な情報処理から，代数的なフィルターモジュールによる関数型のフィルター処理とそのフィルターを連結させるデータフロー的な情報処理への転換が可能となる。

A2.2.1　AADL 言語の文法概略

（1）AADL の文

program プログラム名 {文}

　AADL の文は，式の組み合わせにより構成され，単一の文はセミコロンで終わる必要があります。複数の文は {} で囲まれたブロックに記述することができる。

（2）AADL で使用できるデータ型

Boolean　真偽値

Decimal　数値（実数）

String　文字列

ExBase　交換代数の一つの基底

Exalge　交換代数の元

TransTable　交換代数の振替変換テーブル

TransMatrix　交換代数の按分変換マトリックス

BooleanList　複数の Boolean のリスト

DecimalList　複数の Decimal のリスト

StringList　複数の String のリスト

ExBaseSet　交換代数基底（ExBase）の集合

ExAlgeSet　交換代数の元（Exalge）の集合

　交換代数の元は，交換代数

3＜orange, yen, #, #＞＋2＜apple, yen, #, #＞＋5＜banana, yen, #, #＞などを表す。なお AADL では基底は 4 項（勘定科目，単位，日付，その他自由）で扱えるようになっている。これは初期に最小限の摘要を基底に含めようとしたためで，現在では摘要部分をデータ代数で表現してデータ伝票に交換代数部分と摘要部分を記入しているために後半の 2 項目は不要となる。そのため本書では基底は 2 項目（勘定科目，単位）として扱った。プログラム上は 4 項目の記入のうち，後半の 2 項目は省略できる。

（3）利用可能なリテラル

真偽値リテラル（Boolean 型）「true」（真），「false」（偽）

数値リテラル（Decimal 型）「3」，「-1.25」などの整数，小数値

　文字列リテラル（String 型）「"ABC"」など，ダブルクオーテーションで囲まれたもの。以下のエスケープシーケンスも利用可能。

　¥b　バックスペース　　¥t　タブ　　¥n　改行　　¥r　復帰

　¥f　改ページ　　¥'　シングルクオート　　¥"　ダブルクオート

　¥¥　¥文字　　¥nnn　8 進数表記（n は 0 から 7）

　¥unnnn　ユニコード表記（n は 0 から 9，a から f，A から F）

1）交換代数基底リテラル（ExBase 型）「<"apple"，"yen"，#，#>」など，<>で囲まれたもの。<>内には，文字列リテラル，String 型変数，String 型の値を返す関数等を指定できる。<>の並びは，名前キー，単位キー，時間キー，主体キーの順で，名前キー以外は省略可能。本書では後半二つのキーを省略して扱っている。

2）交換代数リテラル（Exalge 型）'@' 演算子により，数値オブジェクト（Decimal）と交換代数基底オブジェクト（ExBase）から交換代数オブジェクト（Exalge）を生成できる。「3.01@<"apple"，"yen">」のように記述し，交換代数オブジェクトを記述できる。

3）リストリテラル：[] でオブジェクトを（カンマ区切りで）複数指定することで，リストを生成できる。リストの要素に指定可能なデータ型は，Boolean，Decimal，String，ExBase，Exalge のみ。また，要素に異なるデータ型のオブジェクトを含めることはできない。

4）変数：変数の宣言は "var" キーワードを使用し，「var 変数名：データ型」の形式で記述する。AADL では，一部を除き，使用する変数は変数を利用する前に宣言する必要がある。変数宣言では，必ずデータ型を指定する必要がある。

　　変数宣言では，値や式を直接代入することも可能。

　　var val:Decimal = 1 + 2;

　　var ss:StringLiteral = ["A"，"B"，"C"];

　　var alge:Exalge = 3.0@<"apple"> + 3.0@^<"cach">;

(4) プログラム引数

　AADL では，プログラム引数を取得するための文字列オブジェクトと
なる特殊な定数が定義されている。「$1」から「$9」までの定数が利用で
き，それぞれが文字列オブジェクトとなっている。この定数とプログラム
引数との対応は次の通り。

　$1　1 番目のプログラム引数
　$2　2 番目のプログラム引数

　$8　8 番目のプログラム引数
　$9　9 番目のプログラム引数

(5) 交換代数標準形でのファイルの入出力

　AADL では，交換代数の標準形ファイルフォーマットに準じ，ファイ
ルの入出力を記述することができる。ファイル入出力に対応するデータ型
は，Exalge，ExAlgeSet，ExBaseSet，TransTable，TransMatrix となる。
特に TransTable，TransMatrix は，ファイルからの入力のみを想定したデー
タオブジェクトである。

　ファイル入出力には，ファイルの種類を示すキーワード（"csvFile"，
"xmlFile"）と，ファイル入出力の方向を示す記号（'->>', '<<-'）を組み
合わせて記述する。ファイル入力は，変数宣言と共に記述することが可
能。

ファイル入力例

1) $1 が示すファイル名から CSV ファイル形式で，デフォルトのエンコー
　ディングで入力：var alge:Exalge; alge <<- csvFile($1);

2) $2 が示すファイル名から CSV ファイル形式で，UTF-8 エンコーディ
　ングで入力：var table:TransTable <<- csvFile($2, "UTF-8");

3) 指定のファイル名から XML ファイル形式で入力：
　var exbaseset:ExBaseSet <<- xmlFile("baseset.xml");

(6) 内包記法

　代数的な関数計算では，繰り返し処理を行うときに，集合論的な内包記
述を用いることで，バグを抑えると同時に，集合論的な仕様記述が可能と
なる。詳細はマニュアルを参照されたい。

変数名＝{内包式|条件}；

　{ }で囲まれたブロックが内包記法。内包記法を記述する場合，必ず変数に代入する必要があり，代入できるデータ型は　内包式　の結果を複数格納できるリストデータ型（DecimalList や ExAlgeSet 等）に限定される。

　内包記法の条件に，イテレータ式，評価式（Boolean 値を返す），エイリアスを，カンマで括り複数記述できる。内包記法の条件に記述した処理は，記述した順序で実行される。

　内包記法の内包式に，単一の式（関数や演算）を記述する。式の実行結果は値を返す必要がある。また値を返さない式は記述できない。

(7) JAVA コードの埋め込み

　AADL では，JAVA プログラムを直接記述するための記述子が 2 種類用意されている。

　AADL から生成された JAVA コードの先頭に配置される JAVA ヘッダーブロック

　JAVA ヘッダーブロックは，AADL プログラム・ブロックの外側に記述される。

　@header{JAVA コード}@

　AADL 内の式として記述できる JAVA アクションブロック

　JAVA アクションブロックは，AADL の式の一部として記述できるブロックであり，このブロック内の記述は，AADL の文法としては評価されず，JAVA プログラムのコンパイル時に評価される。

　@{JAVA コード}@

A2.2.2　AADL エディタを用いたモジュール開発の概略

　ここでは AADL エディタを用いたモジュール開発の概要を示す。AADL エディタは，複数のテキストをタブにより切り替え可能なエディタであり，複数のファイルを開くことができ，タブで編集対象を選択する。アクティブなタブのテキストが編集対象であり，コンパイルや実行の対象となる。AADL の基本操作は，図 A2.2.1 に示される。

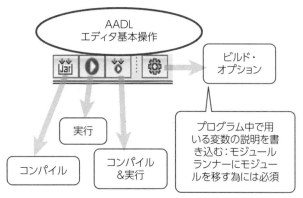

図 A2.2.1　AADL エディタの基本操作

(1) テキストの作成とコンパイル

　　1) 新規作成：メニュー[File]-[New]を選択すると新しいテキストが表示される。

　　2) AADL ソースコードを記述：新しいテキストに AADL ソースコードを記述。他のエディターで作ったテキストのペーストも可能である。

　　3) ファイルに保存：メニュー[File]-[SaveAs]を選択することで，テキストをファイルに保存することができる。

　　4) コンパイル：メニュー[Build]-[Compile]を選択する。新規テキストはファイルに保存されていなければコンパイルできない。コンパイルに成功すると，AADL ソースコードのファイルと同じ場所に，拡張子（*.jar）のファイルが生成される。

(2) 簡単なプログラムとコンパイルの事例

　　ここでは簡単な事例として，二つの交換代数を加えて，バーをとる計算を考える。

```
program plusandbarfilter{
var alge1:Exalge <<- csvFile($1);
var alge2:Exalge <<- csvFile($2);
var alge3:Exalge = alge1 + alge2;
var alge4:Exalge = ~alge3;
alge3 ->> csvFile($3);
```

alge4 ->> csvFile($4);
println(alge1+"+"+alge2+"="+alge3);
println("bar"+alge3+ "="+alge4);

　これを上記の手順でコンパイルすると，成功すれば結果は，画面下段の
［Compile］タブの表示領域に表示される。
Start compile "/Users/deguchi/FALCONSEED/aadlws/test/testprogram.aadl"
...succeeded!
Compile time : 0'01"371

A2.3　Module Runner の利用例

　モジュールランナーは，AADL（ADDL）言語で作成した，交換代数，デー
タ代数のデータ及び csv ファイルを処理するためのフィルターを登録し，そ
れを用いたフィルター型のデータ処理をするためのモジュールである。すで
に組み込みのフィルターがシステムフィルターとして登録されている他に，
AADL/ADDL で開発したフィルターをモジュールランナーに組み込むこと
ができる。またモジュールランナーにはすでに csv ファイルに対するデータ
解析用のフィルターが標準で組み込まれている。これらについてはマニュア
ルを参照されたい。

A2.3.1　モジュールをモジュールランナーに追加する

　AADL で作成してコンパイルして，設定ファイルを記述した jar ファイル
をモジュールランナーにモジュールとして追加することができる。このと
き jar ファイルの内部記述が継承され，実行モジュールの設定がなされる。
図 A2.3.1 は，先の，二つの交換代数を足してバーをとる計算のモジュール
（jar ファイル）をモジュールランナーに追加した例を示す。

図 A2.3.1　モジュールランナーに AADL で開発した jar ファイルを追加する

　AADL/ADDL（DCL）データオブジェクトはフィルター処理によって別の DCL オブジェクトに変換される。この変換（フィルター処理）の連鎖としてデータ処理を行うのがフィルター型データ処理であり，モジュールランナーは GUI を用いてデータと計算結果を確認しながらフィルター処理を行うことのできる実行環境である。

　モジュールランナーでは，すでにあるデータは書き換えない。フィルター計算の結果は別のファイル（画面）に示される。モジュールランナーでは，データファイルをドラッグドロップすることでそのファイルをブラウジングすることができる。

　ファイルを表示してからフィルター処理の対象に，表示中のファイルを指定することで，データ入力からデータ出力までデータを確認しながら作業ができる。

　表示しているデータに対するモジュール処理の基本は次の二つとなる。

(1) 一つのファイルを対象としたデータ処理

　1) データを読み込み（ブラウジング状態にする）

　2) モジュールに移り実行するモジュールを選択する。モジュールからは
　　　対象となるデータ選択の画面が出てくるので，そこでいまアクティブな
　　　データを選択する。ファイルを選択することもできる。

　3) 実行すると別ウィンドウに結果が示されるが，元のデータは改変され
　　　ない。

(2) 二つ以上のファイルを対象としたデータ処理

　1) データを二つ読み込む

　2) モジュールからの対象の選択の際に，それぞれのデータウィンドウを
　　　アクティブにしてからそれをそれぞれ選択する

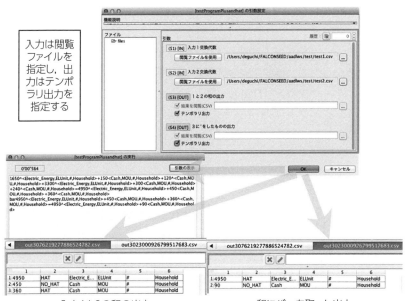

図 A2.3.2　モジュールランナーに上で追加したフィルターを使う

A2.4 Data-Container Editor の利用例

A2.4.1 データコンテナ・データ伝票・データバインダ

　データコンテナは，5章で扱ったデータ伝票（Data Slip）とデータバインダー（Data Binder）という2種類のデータを扱うためのクラスである。データコンテナは，交換代数とデータ代数を格納し，JSON フォーマットでのシリアライズ（ファイルへの出力），デシリアライズ（ファイルからの入力）するためのメソッドを持つ。データ伝票のクラスは DtSlip，データバインダーのクラスは DtBinder で表されている。データバインダーは，データ伝票，及びデータ伝票の順序組を保持する集合（DtSlipList）を要素として格納することができる。

　データ伝票の要素となる交換代数やデータ代数を，「データオブジェクト」と呼ぶ。またデータバインダーの要素となる，データ伝票やデータ伝票集合を，「伝票オブジェクト」と呼ぶ。データ伝票の要素となる交換代数とデータ代数のデータオブジェクトは Java のクラスとして実装されたオブジェクトとなる。データ伝票は，摘要を表すデータ伝票のデータ説明部（ノート）と交換代数からなる。摘要を表すノートは，データ伝票の自由記述的なデータであり，データ代数元（Dtalge）による記述を行う。

　データオブジェクトは Java クラスとして定義されたオブジェクトであり，データ伝票に格納できるデータオブジェクトは次のものとなる。

（1）交換代数元（Exalge）

　　交換代数基底（ExBase）と実数値のペアを複数格納するデータオブジェクト。交換代数基底がキーであり，交換代数基底の重複はない。交換代数基底（ExBase）は，名前キー（name），単位キー（unit）及び，本書では省略したが時間キー（time），主体キー（subject）の2項を加えて，4項の文字列と，ハットの有無を表すハットキー（hat）で構成されている。

（2）交換代数集合（ExAlgeSet）

　　複数の交換代数元（Exalge）を格納するデータオブジェクトで，交換代数元の順序対となり，等値の交換代数元も複数格納できる。

(3)　データ代数元（Dtalge）

　　データ代数基底（DtBase）と値のペアを複数格納するデータオブジェクト。値は，文字列（string），実数値（decimal），真偽値（boolean）のいずれかであり，値に対応するデータ代数基底のデータ型キーと値の型が一致している必要がある。データ代数基底がキーであり，データ代数基底の重複はない。

　　データ代数基底（DtBase）は，名前キー（name），データ型キー（type）及び，本書では省略した属性キー（attr），主体キー（subject）を加えた4項目で構成されている。全て文字列で，データ型キーとして格納できる文字列は，"string"（文字列型），"decimal"（実数値型），"boolean"（真偽値型）のいずれかである。

(4)　データ代数集合（DtAlgeSet）

　　複数のデータ代数元（Dtalge）を格納するデータオブジェクト。データ代数元の順序対であり，等値のデータ代数元も複数格納できる。

A2.4.2　データコンテナエディタ

　　データコンテナエディタは，データ伝票及びデータバインダを扱うためのGUIツールである。詳しくはマニュアルを参照してもらうとして，ここでは簡単に要点を説明する。データコンテナエディタでは，その上に交換代数の元，データ代数の元，交換代数集合，データ代数集合を要素として追加することができる。追加はファイルからインポートすることも，直接データコンテナエディタ上で記入することもできる。図 A2.4.1 は，データコンテナエディタへ要素を追加する操作を示している。なお交換代数集合やデータ代数集合を選択して，そこに交換代数元やデータ代数元を追加，編集することもできる。

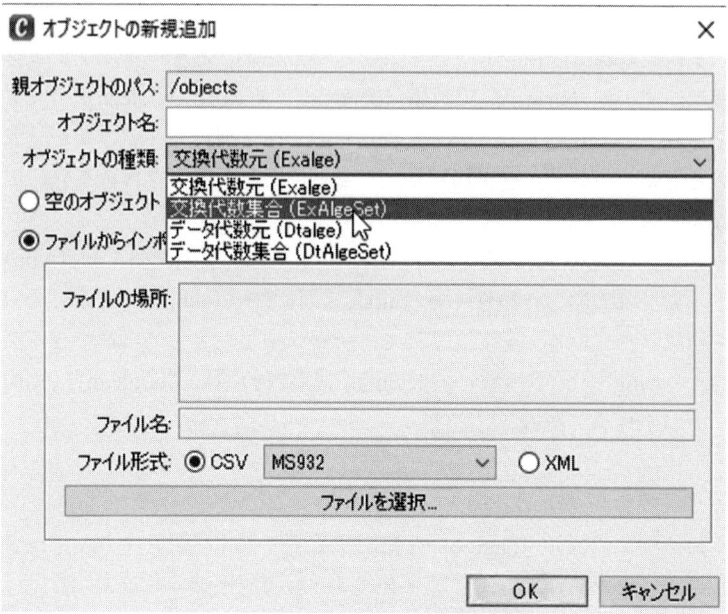

図 A2.4.1　データコンテナエディタへの要素の追加

　データ伝票には，摘要を示すノートを付加することができる。データバインダにもその要素のデータ伝票のノートとは別に，データバインダに対するノートを付け加えることができる。またそのノートの内容をデータコンテナエディタで編集することができる。図 A2.4.2 は，データコンテナエディタ上での，交換代数の編集を，図 A2.4.3 は，データ代数の編集を示している。

オブジェクトパス: /slips/slip1/objects/price

	value	^	name	unit
1	4500	☐	PC	円
2	19800	☑	キーボード	円
3	5	☐	マウス	円
4	32000	☐	スピーカー	円
5	50000	☑	LCDモニター	円
6	24500	☐	デスク	円
7	86980	☐	チェアー	円
8	2300	☐	ラック	円
9	10	☐	CD	円
10	100	☐	DVD	円
11		☐		

図 A2.4.2　データコンテナエディタ上での交換代数の編集

オブジェクトパス: /note

	value	name	type	
1	売上伝票	title	string	∨
2	2022.12.21	作成日	string	∨
3	担当A	作成者	string	∨
4	detail	明細	string	∨
5	pref.codes	都道府県コー...	string	∨
6	prices	単価	string	∨
7			string	∨

図 A2.4.3　データコンテナエディタ上でのデータ代数の編集

　このようにして，データコンテナエディタでは，実物複式データが交換代数で，摘要がデータ代数で，データ伝票に直接書き込んだり書き換えたりファイルから読み込むことができる。またデータ伝票やデータバインダに対して，JSON シリアライズ形式のテキストファイルを出力することで，結果を No SQL データベースに蓄積し，必要な伝票を検索するなどのデータレジスタとしての利活用も可能となる。そのビジョンを示したのが図 A2.4.4 である。

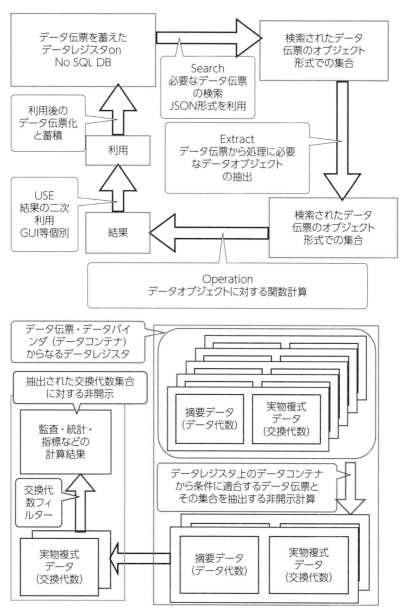

図 A2.4.4　データレジスタに集積されたデータ伝票の利活用

文　献

【A】

［AICPA, 2015］American Institute of Certified Public Accountants, Audit Analytics and Continuous Audit: Looking Toward the Future, American Institute of Certified Public Accountants, Inc., 2015＜https://us.aicpa.org/content/dam/aicpa/interestareas/frc/assuran ceadvisoryservices/downloadabledocuments/auditanalytics_lookingtowardfuture.pdf＞

［Akagi, 2022］Kaya Akagi, Research on Real-Time Economy: Bottom-up construction of SNA from micro-transaction data, Doctoral Thesis, Tokyo Institute of Technology, 2022 ＜https://t2r2.star.titech.ac.jp/rrws/file/CTT100896351/ATD100000413/＞

［Atkinson, 1995］Atkinson and Pearce et al., "*Measuring sustainable development*", Handbook of Environmental Economics, 1995

［Aukrust, 1966］O. Aukrust, "An axiomatic approach to national accounting: An outline", Review of Income and Wealth, 12(3), pp.179-199, 1966

［Autor, 2009］David Autor, David Dorn, This Job is "Getting Old": Measuring Changes in Job Opportunities using Occupational Age Structure, American Economic Review, Vol.99, No.2, pp.45-51, 2009

［Autor, 2013］David Autor, David Dorn, The Growth of Low-Skill Service Jobs and the Polarization of the US Labor Market, American Economic Review, Vol.103, No.5, pp.1553-1597, 2013

【B】

［Balzer, 1991］Balzer, W., Mattessich, R. An axiomatic basis of accounting: A structuralist reconstruction. Theor Decis 30, 213-243 (1991). https://doi.org/10.1007/BF00132445

［Becker, 1976］ゲーリー・ベッカー著，佐野陽子訳『人的資本』，東洋経済新報社，1976

【C】

［Chomsky, 2014］Noam Chomsky, Aspects of the Theory of Syntax, 50th Anniversary Edition, The MIT Press, 2014

［CICA & AICPA, 1999］CICA (The Canadian Institute of Chartered Accountants) & AICPA (American Institute of Certified Public Accountants), Research Report, Continuous Auditing, Toronto, Canada, 1999

【D】

［Deguchi, 1986］Hiroshi Deguchi, B. Nakano, "Axiomatic Foundations of Vector Accounting", *Systems Research*, Vol.3, No.1, pp.31-39, 1986

［Deguchi, 1993］出口弘「ネットワークの利得と産業構造」，*経営情報学会誌*，Vol.2，No.1，pp.41-61，1993

［Deguchi, 2000］出口弘『複雑系としての経済学―自律的エージェント集団の科学としての経済学を目指して』，日科技連出版社，2000

［Deguchi, 2002］出口弘「工業集積上でのオープンものづくり -- 繰返し単品受注生産システムによる産業構造の創成」，組織科学第 36 巻第 2 号，白桃書房，2002，pp.38-53

［Deguchi, 2004］Hiroshi Deguchi, *Economics as an Agent Based Complex System*, Springer-Verlag, 2004

［Deguchi, 2006］Hiroshi Deguchi, Agent Based Social Simulation for Social and Organizational Architecture Design by SOARS, SCIS&ISIS2006 Plenary Talk II＜https://doi.org/10.14864/softscis.2006.0.772.0＞（20230912 Access）

［Deguchi, 2008］出口弘，榊俊吾「統計システムの高度利活用に関する三つの提言」，統計委員会第 4 ワーキンググループ第 12 回配布資料, https://www.soumu.go.jp/main_sosiki/singi/toukei/report/wg/wg4-siryou_2.pdf（2023.05.05 Access）

［Deguchi, 2010］出口弘，榊俊吾，大貫裕二「電子スキャニング統計の構想とそのアーキテクチャデザイン，社会・経済システム」，社会・経済システム学会誌，Vol.31，pp.115-120，2010

［Deguchi, 2011A］出口弘「多様で柔らかなサービスチェーンとしてみた組織・産業・経済システム」，社会・経済システム，Vol.32，pp.149-156，2011

［Deguchi, 2011B］出口弘，市川学，石塚康成，志手一哉，染谷俊介，湯浅洋一「並列プロジェクト・タスク処理への多能工割付けの動的スケジューリング」，国際 *P2M* 学会誌，2011 Oct，Vol.6，No.1，pp.179-189

［Deguchi, 2013A］出口弘「研究のための方法論—社会システムの制度デザインの方法論：政策科学の方法としてのエージェントベースモデリング＆シミュレーション」，計測と制御，2013，Vol.52，No.7，pp.574-581

［Deguchi, 2013B］出口弘「トランザクションベースの経済システム学—そのリサーチプログラムと方法論」，進化経済学論集第 17 集，2013，http://c-faculty.chuo-u.ac.jp/~jafee/papers/Deguchi_Hiroshi2.pdf

［Deguchi, 2013C］出口弘「P2M フレームワークのトランスレーショナルな拡張について」，Journal of the International Association of P2M, Vol.8 No.1, pp.87-98, 2013

［Deguchi, 2014］出口弘「POE（Point of Event）データとその利活用」，システム／制御／情報，pp.274-281，2014

［Deguchi, 2014］出口弘「サービスチェインと仕組みビジネス」，情報処理，55(2)，pp.140-147，2014

［Deguchi, 2016］出口弘「組織・産業・経済システムの人工物としてのデザイン論—IoE 時代の組織・産業・経済システムの現実の再構築に向けて—」，計測と制御，55 巻 1 号，pp.59-70，2016　https://doi.org/10.11499/sicejl.55.59

［Deguchi, 2017］出口弘，竹林知善，吉田宏章，梅宮茂良，紺野剛史，石塚康成，木寺重樹，倉田正，Chang Shuang「エネルギー会計によるエネルギー運用計画デザイン」，国際 *P2M* 学会誌，10 巻，1 号，pp.191-214，2017

［Deguchi, 2018A］出口弘「製造業における IoT の導入支援」，月刊化学工業，Vol.69，No.9 pp.14-21，2018

［Deguchi, 2018B］出口弘，桝岡源一郎，千葉啓司，谷川喜美江，田原慎二，赤木茅「新たな会計情報の利活用〜SDGs を見据えて」，日本計画行政学会第 41 回全国大会　研究報告要旨集，pp.153-156，2018

［Deguchi, 2023］Hiroshi Deguchi, Production Accounting & Realtime Economy (RTE), PAPAIOS - ICES 2023 7th International Conference on Economic Structures Date: 18 and 19 March, 2023＜http://www.gakkai.ne.jp/papaios/en/conference.html＞

【E】

［ESRI, 2019］内閣府経済社会総合研究所「国民経済計算推計手法解説書（年次推計編）平成 23 年基準版」，＜https://www.esri.cao.go.jp/jp/sna/data/reference1/h23/kaisetsu.html＞，（20230906 Access）

【F】

［Fujiwara, 2008］藤原茂章「金融市場におけるショックの伝播：理論モデルのサーベイ，金融研究」，日本銀行金融研究所，2008.1.1

【G】

［Gilman, 1944］Stephen Gilman Accounting Principles and the Current Classification, The Accounting Review, Vol.19, No.2, pp.109–116, 1944（https://www.jstor.org/stable/239593）

［Gleeson-White, 2014］ジェーン・グリーソン・ホワイト著，川添節子訳『バランスシートで読みとく世界経済史』，日経 BP 社，2014

【H】

［Hosoda, 2012］細田衛士『グッズとバッズの経済学―循環型社会の基本原理』，東洋経済新報社，2012

【I】

［Ijiri, 1967］Ijiri, Y., The Foundations of Accounting Measurement: A Mathematical, Economic, and Behavioral Inquiry, Prentice-Hall, Inc.,1967

［Ijiri, 1984］井尻雄士『三式簿記の研究―複式簿記の論理的拡張をめざして』，中央経済社，1984

［Ito, 2009］伊藤嘉博「わが国における環境管理会計の展開―マテリアルフローコスト会計を中心とした検討―環境管理」，Vol.45，pp.34-39，2009

［Ishizuka, 2020］石塚康成，倉田正，橋場浩之，成瀬慶亮，出口弘「IoT を用いた製造工程における状態管理システムの研究」，電気学会論文誌 C，2020，140 巻，6 号，pp.573-582

【J】

［Jansson, 1994］AnnMari Jansson（Editor）, Monica Hammer（Editor）, et al, Investing in Natural Capital: The Ecological Economics Approach To Sustainability, Island Press, 1994

［Jevons, 1865］Jevons, W.S., The Coal Question: An Inquiry Concerning the Progress of the Nation, and the Probable Exhaustion of Our Coal-Mines, Macmillan, 1865

【K】

［Kawamura, 2014］川村淳貴，市川学，出口弘「多様性を考慮した動的な生活行動決定モデルの構築」，第 7 回社会システム部会研究会，2014

［Konishi, 2017］小西啓貴，Shuang Chang，出口弘「交換代数を用いた電力消費行動モデルの研究」，計測自動制御学会第 12 回　社会システム部会研究会，pp.71-86，2017

［Kovalev, 2020］Aleksei Kovalev, Multidimensional Model of Accounting, in Digital Science 2019, Springer, 2020

【L】

［Lévi-Strauss, 2000］クロード・レヴィ＝ストロース（著），福井和美（翻訳）『親族の基本構造』，青弓社，2000

【M】

［MAFF, 2008］農林水産省「食品トレーサビリティシステム　導入の手引き（第 2 版）」，2008，＜https://www.maff.go.jp/j/syouan/seisaku/trace/attach/pdf/index-54.pdf＞（20230911 Access）

［Mattessich, 1957］R. Mattessich, "Towards a general and axiomatic foundation of accountancy: with an introduction to the matrix formulation of Accounting systems", Accounting Research, 8(4), pp.328-355, 1957

［Mattessich, 2007］Richard Mattessich, 『Two Hundred Years of Accounting Research』, Routledge, 2007

［Metcalf, 2021］Gary S. Metcalf, Kyoichi Kijima, Hiroshi Deguchi (ed.), Handbook of Systems Sciences, Springer, 2021

［METI, 2009］経済産業省「マテリアルフローコスト会計手法導入ガイド（ver.3）」，2009

［Mishan, 1969］E.J. Mishan, Growth : the price we pay, Staples Press, 1969

［Mizutani, 2020］水谷美知，出口弘「Evidence-Based Policy Making（EBPM）に基づく政策の推進に関する研究」，計測自動制御学会第 20 回社会システム部会研究会資料，2019，https://journals.socsys.org/symposium020/pdf/socsys020_paper_34.pdf

【O】

［Obana, 2014］尾花尚弥，重茂浩美，河合毅治，大橋毅夫，土谷和之，中尾杏子，黒田昌裕，星野悠哉，出口弘，小笠原敦「「糖尿病の予知・予防」に係る政策オプションの作成」，研究・イノベーション学会年次大会講演要旨集 29，pp.157-162，2014

［OECD, 1999］OECD 編『知を計る―知識経済のための人的資本会計』，インフラックスコム，1999

［Omori, 2006］Masayuki Omori, The Establishment and Development of Cambridge Environmental Economic Thought, Environmental Economy and Policy Research, No.19, pp.1-28, 2006

［Oomori, 2009］大森正之「マーシャルにおける都市アメニティ保全の理論と政策」，政経論叢第 71 巻第 5・6 号，pp.105-140，2009

【P】

［Paton, 1938］Paton, William A., Comments on "A statement of accounting principles", Journal of Accountancy, Vol.65, Number 3, pp.196-207, 1938

［Payatt, 1985］Graham Payatt, Jeffery I. Round, Social Accounting Matrix - A Basis for Planning, The World Bank, 1985

【R】

［Radley Yeldar, 2016］自然資本プロトコル（オンライン），2016
　　www.naturalcapitalcoalition.org/protocol

［Rambaud, 2010］Salvador C. Rambaud, et al., Algebraic Models For Accounting Systems,
　　World Scientific Pub Co Inc., 2010

【S】

［Sakaki, 2008］榊俊吾，大貫裕二，出口弘「国民経済計算（SNA）推計システムの社会情
　　報アーキテクチャデザイン」，社会・経済システム，Vol.29，pp.101-110，2008

［Sakuma, 2010］作間逸雄「生産境界再考」，Discussion Paper Series A, No.534，一橋大学，
　　2010（https://core.ac.uk/download/pdf/6380846.pdf）

［Sakuma, 2021］Itsuo Sakuma, Hiroshi Deguchi , Akira Omori , Alternative Approaches to
　　the Axiomatisation of National Accounting: As a Tribute to the Two Great Norwegian
　　Figures in the World of National Accounting, the 36th IARIW Virtual General Conference,
　　2021

［Sakuma, 2022］作間逸雄，出口弘，大森明「国民経済計算公理化の代替的方法：フリッ
　　シュとオークルストの功績に寄せて」，専修経済学論集，Vol.56（3），pp.11-42，2022

［Sano, 2023］佐野智紀，山村雅幸，出口弘，中小企業食品製造における IoT 活用に見る
　　生産性向上の研究〜OODA ループを用いた実証研究をもとに〜，経営情報学会誌，
　　Vol.32, No.3, pp.89-106, 2023

［Shiokawa, 2018］塩川史也，Shuang Chang，出口弘「生活行動に基づく家庭ごみの減量
　　シナリオに関する研究」，第 15 回社会システム部会研究会，2018

［Siegale, 2002］Ludwig Siegele, "The real-time economy: How about now?"，2002
　　＜https://www.cfo.com/news/the-real-time-economy-how-about-now/682280/＞

［Spohrer, 2007］Spohrer, J., Maggio, P., Bailey, J., Gruel, D.: Steps toward a science of service
　　systems, IEEE Computer, vol.40, no.1, pp.71-77, 2007

［Suga, 2016］菅幹雄「産業統計と統計単位」，経済志林，第 83 巻第 4 号，pp.53-74，法政
　　大学経済学部学会，2016
　　http://doi.org/10.15002/00012863

【T】

［Tomita, 2020］冨田奈穂子，深井颯，鈴木匠，小森賢一郎，出口弘「災害時避難者支援の
　　ための資源需要推計」，計測自動制御学会第 22 回社会システム部会研究会資料，2020
　　https://journals.socsys.org/symposium022/pdf/022-026.pdf

【U】

［UNECE, 2017］国連欧州経済委員会「無償の家計サービス生産の貨幣評価についての指
　　針」，国際連合，2017

【V】

［Vargo, 2006］Lusch, R.F., Vargo, S.L.（eds.）: The Service-Dominant Logic of Marketing:
　　Dialog, Debate, and Directions. M E Sharpe Inc., 2006

【W】

［Wolk, 2016］Harry I. Wolk, James L. Dodd, John J. *Rozycki, Accounting Theory: Conceptual Issues in a Political and Economic Environment*, SAGE Publications, Inc; 9th edition, 2016

【Z】

［Zhu, 2021］朱子源，Chang Shuang，出口弘「ABM によるシステミックリスクに関する研究」，第 24 回社会システム部会研究会，2021
https://journals.socsys.org/symposium024/pdf/024-001.pdf（20230912 Acceaa）

【その他】

日本プロジェクトマネジメント協会（PMAJ）編『改訂 3 版　P2M プログラム＆プロジェクトマネジメント標準ガイドブック』，日本能率協会マネジメントセンター，2014
FALCON-SEED の GitHub
https://github.com/degulab/FALCON-SEED

【特許】

(1) 特許第 5749561 号（スケジューリング装置およびプログラム：プロジェクト集合への資源割付のスケジューリング）
(2) 特許 5794568（2015 登録，データ編集装置およびデータ編集方法：データ蓄積と編集のための代数的なデータオブジェクトの構成とフィルター型データ変換の方法）
(3) 特許 6251166（2017 登録，情報処理システムおよび記録装置：スマートメータのためのエネルギー簿記の設計方法）
(4) 特許 6261079（ワークフロー管理装置，ワークフロー管理方法およびワークフロー管理プログラム：自律的プログラムを持つ IOT 機器をネットで結び統合的なサービスを実現するための方法の発明）
(5) United States Patent 10,296,496（2019 登録，Data editing device and data editing method：データ蓄積と編集のための代数的なデータオブジェクトの構成とフィルター型データ変換の方法：日本の登録特許 6251166 に対応
(6) 特許 7165386（情報処理装置，監査支援方法，およびコンピュータプログラム）

■著者紹介

出口　弘（でぐち　ひろし）

1980 年　東京工業大学物理学部卒業
1986 年　東京工業大学大学院総合理工学研究科システム科学専攻博士後期課程修了
　　　　　（理学博士）
1987 年　福島大学経済学部行政社会学部助手を経て行政社会学部助教授
1989 年　国際大学松下図書情報センター助教授
1991 年　国際大学グローバルコミュニケーションセンター助教授，専任研究員
1995 年　中央大学商学部助教授
1997 年　京都大学経済学部助教授
2001 年　東京工業大学大学院総合理工学研究科知能システム科学専攻教授　京都大学
　　　　　博士（経済学）
2016 年　東京工業大学情報理工学院教授
2021 年　千葉商科大学商経学部教授及び同大学大学院商学研究科修士課程　教授
　　　　　現在に至る

学会・社会活動
　　科学基礎論学会　理事
　　社会経済システム学会　理事・元会長
　　日本シミュレーション&ゲーミング学会　理事・元会長
　　財団法人 科学技術融合振興財団　理事
　　中山隼雄科学技術文化財団　理事

主要著書
　　『複雑系としての経済学』日科技連，2000 年
　　Economics as an agent-based complex system: toward agent-based social systems
　　　sciences　Springer-Verlag 2004
　　『コンテンツ産業論』 東京大学出版会，2009 年（共著）

■ **会計システム理論**（かいけい　りろん）

■ 発行日──2024 年 2 月 26 日　　初 版 発 行　　　〈検印省略〉

■ 著　者──出口　弘（でぐち　ひろし）

■ 発行者──大矢栄一郎

■ 発行所──株式会社 白桃書房（はくとうしょぼう）
　　　　　〒 101-0021　東京都千代田区外神田 5-1-15
　　　　　☎ 03-3836-4781　FAX 03-3836-9370　振替 00100-4-20192
　　　　　https://www.hakutou.co.jp/

■ 印刷・製本──三和印刷

© DEGUCHI, Hiroshi　Printed in Japan　　ISBN978-4-561-36234-0　C3034
本書のコピー，スキャン，デジタル化等の無断複製は著作権法上での例外を除き禁じられています。
本書を代行業者等の第三者に依頼してスキャンやデジタル化することは，たとえ個人や家庭内の利
用であっても著作権法上認められておりません。

JCOPY <出版者著作権管理機構 委託出版物>
本書の無断複写は著作権法上での例外を除き禁じられています。複写される場合は，そのつど事前
に，出版者著作権管理機構（電話 03-5244-5088，FAX03-5244-5089，e-mail: info @ jcopy. or. jp）
の許諾を得てください。

落丁本・乱丁本はおとりかえいたします。

好 評 書

中村元彦【著】
IT 会計帳簿論　　　　　　　　　　　　　　　　　　　本体 2,800 円
　　― IT 会計帳簿が変える経営と監査の未来

石津寿恵・大原昌明・金子良太【編著】
非営利組織会計の基礎知識　　　　　　　　　　　　本体 2,727 円
　　―寄付等による支援先を選ぶために

中島真澄・片山智裕【編著】
フォレンジック会計　　　　　　　　　　　　　　　本体 3,364 円
　　―会計と企業法務との連携

S.H. ペンマン【著】　杉本徳栄・玉川絵美【訳】
ペンマン価値のための会計　　　　　　　　　　　　本体 4,273 円
　　―賢明なる投資家のバリュエーションと会計

H.T. ジョンソン / R.S. キャプラン【著】　鳥居宏史【訳】
レレバンス・ロスト　　　　　　　　　　　　　　　本体 3,500 円
　　―管理会計の盛衰

桜井久勝【編著】
テキスト国際会計基準【新訂版】　　　　　　　　　本体 3,300 円

東京　白桃書房　神田

本広告の価格は本体価格です。別途消費税が加算されます。